21世纪普通高等院校系列教材

中级会计电算化实务

ZHONGJI KUAIJI DIANSUANHUA SHIWU

（第二版）

主　编　陈英蓉

西南财经大学出版社
中国·成都

图书在版编目(CIP)数据

中级会计电算化实务/陈英蓉主编．—2 版.—成都:西南财经大学出版社,
2021. 11
ISBN 978-7-5504-5156-8

Ⅰ.①中…　Ⅱ.①陈…　Ⅲ.①会计电算化　Ⅳ.①F232

中国版本图书馆 CIP 数据核字(2021)第 237717 号

中级会计电算化实务(第二版)
主编　陈英蓉

策划编辑:邓克虎
责任编辑:邓克虎
责任校对:乔雷
封面设计:杨红鹰　张姗姗
责任印制:朱曼丽

出版发行	西南财经大学出版社(四川省成都市光华村街 55 号)
网　　址	http://cbs. swufe. edu. cn
电子邮件	bookcj@ swufe. edu. cn
邮政编码	610074
电　　话	028-87353785
照　　排	四川胜翔数码印务设计有限公司
印　　刷	郫县犀浦印刷厂
成品尺寸	185mm×260mm
印　　张	17. 5
字　　数	384 千字
版　　次	2021 年 11 月第 2 版
印　　次	2021 年 11 月第 1 次印刷
印　　数	1— 2000 册
书　　号	ISBN 978-7-5504-5156-8
定　　价	39. 80 元

Foreword 第二版前言

会计电算化是集会计学、计算机技术和信息管理学为一体的交叉学科。在整个社会都围绕着计算机技术这一中心转动、改造和演化时，会计领域将计算机技术用于会计工作已经成为历史的必然，现代会计学科的各组成部分必然产生与之相对应的电算化实务。例如：基础会计电算化实务主要对应基础会计内容，即在会计电算化信息系统中设置账户、复式记账、填制和审核凭证、登记账簿和编制财务报表；中级会计电算化实务对应中级财务会计内容，即在会计电算化信息系统中核算企业的货币资金、应收应付款、投资、存货、固定资产、无形资产、非货币性资产交换、长短期借款、应付职工薪酬、所有者权益、收入、费用和利润，以及编制财务报告；成本会计电算化实务对应成本会计内容，即在会计电算化信息系统中归集和分配产品生产成本；管理会计电算化实务对应管理会计内容，即在会计电算化信息系统中利用财务会计提供的财务数据和其他资料进行比较和分析，为企业各级管理人员提供对日常发生的各项经济活动进行规划与控制的有用信息。

本书第二版是依据会计信息系统各模块间的数据流程关系和中级财务会计的内容，以及广大师生在使用第一版后提出的改进意见而编写的。全书共十章，结合实用技术从最新的应用层阐述了在会计信息系统中如何搭建财务系统与其他业务系统集成使用的通道，为财务系统与采购、库存、销售、应收应付款管理等系统的集成使用设置应用平台，以及通过会计信息系统中的账务处理子系统、薪资核算子系统、固定资产核算子系统、进销存核算子系统、应收应付款管理子系统和报表处理子系统对企业的货币资金、长短期借款、应付职工薪酬、固定资产、存货、应收应付款、投资、无形资产、非货币性资产交换、所有者权益、收入、费用和利润等进行核算与管理。

本书既可供高等院校会计、财务管理专业教学使用，也可供会计和制造企业业务管理人员进行ERP应用培训学习使用。

本书在撰写过程中参考引用了一些研究文献，特别是《用友 ERP-U8V10.1 使用说明书》，得到了用友公司和攀枝花学院经济与管理学院各位领导的大力支持和帮助，在此，特向大家致以衷心的谢意。

由于计算机信息技术是一个发展极为迅速的领域，而会计电算化理论框架和方法体系还处于逐步发展和不断完善的阶段，加之时间仓促、作者水平有限，书中难免存在错误和不妥之处，恳请读者和同行批评指正。

陈英蓉

2021 年 9 月

目录 Contents

第一章　总论

第一节　中级会计电算化实务的概念及特征

一、中级会计电算化实务的概念

中级会计电算化实务是基于信息技术的基础上，集信息技术、会计专门核算方法与系统管理思想于一体，以系统化的财务管理思想为指导，按照《企业会计准则》搭建企业采购、仓储、销售等业务环节与财务系统的数据通道，通过存货核算、往来款项核算、薪资核算、固定资产核算以及投资和其他日常业务的核算等，来确认、计量、记录和报告企业的财务状况、经营成果和现金流量，为企业利益攸关者提供决策需要的财务信息。会计电算化实务要求企业财务人员严格按照企业会计实务操作规范，遵循一整套确认、计量、记录和报告的公认程序，定期对外提供一套通用的财务报告。该报告的会计信息应该真实和完整，以便外部信息使用者做出合理的投资、信贷等决策。

中级会计电算化实务为企业的管理活动提供基础数据；管理会计电算化实务就是按照管理会计的理论与方法，利用会计电算化实务提供的会计数据，对企业经营活动进行决策、规划、控制和业绩考核。中级会计电算化实务将企业的财务数据和业务数据直接连通，为企业管理当局提供更加详尽的管理信息。

广义的财务系统包括总账管理、应收款管理、应付款管理、薪资管理、固定资产管理、报账中心、财务票据套打、网上银行、UFO 报表（用友软件财务报表）、财务分析等模块。狭义的财务系统仅指总账系统。本书所讲的财务系统特指狭义的财务系统，业务系统包括采购管理、销售管理、库存管理、存货核算、应收应付款管理、薪资管理以及固定资产管理。

二、中级会计电算化实务的特征

中级会计电算化实务是依据会计的专门核算方法，按照《企业会计准则》的要求在会计信息系统中完成的。中级会计电算化实务是传统会计实务的电算化结果，因此中级会计电算化实务和传统会计实务相比较，既有共性又有特性。中级会计电算化实务的特征主要体现在以下三个方面：

（一）由业务处理推动财务处理

中级会计电算化实务搭建了企业采购、仓储、销售等业务环节与财务环节的桥梁，促进了财务信息系统与业务信息系统的一体化，通过业务处理直接推动财务处理，减少人工操作，提高业务数据与财务数据的一致性，实现企业内部信息资源共享。因此，中级会计电算化实务处理是由业务处理推动财务处理。这样，不仅可以提供企业财务信息，还能提供企业详细的业务信息。

（二）由确认、计量和报告等程序所构成

通过收集业务数据对企业经济业务进行确认和计量。财务业务一体化模式之下的会计业务处理流程主要运用事件驱动形式创造原始数据，该数据采集的过程也由业务活动发挥推动作用，进而有效伴随相关的业务活动进行实时运转。业务活动产生的数据经过收集之后进行存储，存储地址为业务数据库，因此，数据库的存储过程直接关系到业务流程的正常运转。业务数据的相关存储库一般作为所有信息用户相关的信息来源，与其质量水平有着重要的联系，逐渐成为系统运行成功与否的关键所在。因此，在财务业务一体化模式下，是通过对业务数据库信息的提取和处理来确认和计量企业的经济业务。

通过会计信息系统向企业利益攸关者报告财务状况和经营成果等，将企业经济业务处理结果和信息传递给信息用户，并在用户需求不断变化的基础上进行有效调整，从而发挥会计信息系统的重要作用。

（三）遵循企业会计规范要求

会计规范是指人们在从事与会计有关的活动时，应遵循的约束性或指导性的行为准则。会计电算化在进行相关实务处理时，应当遵循企业会计规范的要求。因此，中级会计电算化实务在进行确认、计量和报告时，必须遵循会计实务处理的具体规范要求。

第二节　中级会计电算化实务的内容及目标

一、中级会计电算化实务的内容

中级会计电算化实务是搭建财务系统与其他业务系统集成的通道，为财务系统与采购、库存、销售以及应收应付款管理系统等的集成使用设置会计业务处理平台，实现业务与财务信息的传递及相应凭证的自制。因此，中级会计电算化实务的主要内容是参数的设置、基础数据的处理、企业日常业务的处理、期末业务的处理，以及编制会计报表。其中，参数的设置和基础数据的处理是为了保证财务与业务系统能够实现有效的集成，实现信息有效的传递。

（一）转通用财务软件为专用财务软件

通用财务软件是指不含或含有较少的会计核算规则与管理方法的财务软件。其特点是：①通用性强；②成本相对较低；③维护量小且维护有保障；④软件开发水平较高；⑤开发者决定系统的扩充与修改；⑥专业性差。它实质上是一个工具，由企业自行输入会计核算规则，使财务软件突破了空间和时间上的局限，具有真正的通用性。

专用财务软件一般是指由使用单位根据自身会计核算与管理的需要自行开发或委托其他单位开发，专供本单位使用的会计核算软件。其特点是把使用单位的会计核算规则，如会计科目、报表格式、工资核算项目、固定资产核算项目等编入会计软件。专用财务软件非常适合本单位的会计核算，使用起来简便易行，但费用高、后期维护没有保障。

因此，现在大部分企业都是购买通用财务软件，通过参数设置将其转为适合本企业的专用财务软件。

（二）搭建业务系统与财务系统的数据通道

在财务业务一体化模式下，需要通过财务业务系统基础档案和基础数据的设置，以及业务系统的参数设置来搭建业务系统与财务系统的数据通道。

在薪资管理系统中，通过引入部门档案和人员档案，设置薪资费用的分配方案来建立薪资系统与财务系统的数据通道。在固定资产系统中，通过初始化设置，指定折旧方法以及与财务系统接口的固定资产科目和折旧科目，设置折旧分配方案来建立财务系统的数据通道。在应收应付系统中，通过设置应收应付受控科目等来搭建财务系统的数据通道。在供应链系统中，通过设置各模块的参数以及存货出入库科目等来搭建财务系统的数据通道。

（三）日常业务处理

日常业务主要包括企业的货币资金、应收应付款、投资、存货、固定资产、无形资产、非货币性资产交换、长短期借款、应付职工薪酬等的核算和管理。

存货核算是指通过供应链管理系统向财务系统传递数据从而进行的财务核算。因此，日常的存货核算是在采购、销售、库存管理和存货核算系统中处理相关业务，由存货的业务处理带动存货的财务处理，在系统总账中只需对由供应链传入的存货记账凭证进行审核记账。

应收款核算是指在应收款管理系统中对销售系统传入的销售发票进行审核，以及其他应收单据的录入和审核。应付款核算是指在应付款管理系统中对采购系统传入的采购发票进行审核，以及其他应付单据的录入和审核。在总账系统中，对由应收应付款系统传入的记账凭证进行审核和记账。

固定资产核算是指在固定资产系统中，对固定资产进行增减变化的处理和计提折旧，在总账系统中对由固定资产系统传入的记账凭证进行审核和记账。

职工薪酬是指在薪资管理系统中进行归集和分配，并向财务系统传递职工工资、福利费等信息，用于工资财务核算。在薪资管理系统中进行职工薪酬信息变化和薪资分摊的处理，在总账系统中对由薪资管理系统传入的应付职工薪酬记账凭证进行审核和记账。

其他日常经济业务直接在总账系统中填制记账凭证，并对其进行审核和记账。

（四）期末转账处理

通过日常记录反映在分类账户中的一些交易与事项，有时会影响跨越几个会计期间的经营绩效。而企业会计确认的基础是权责发生制，它是以权利和责任的发生来决定收入和费用的归属期，为能将报告期内已赚取的全部收入与同期有关的全部费用进行配比，这就需要每个会计期末，对本期具有权利收取但实际并未收到的收入，以及本期具有责任承担但并未实际支付的费用，进行相关账项调整处理，即期末转账业务处理。

期末转账业务的处理，如借款利息的提取、费用的摊销与预提、制造费用的分摊、销售成本结转、汇兑损益和期间损益的结转等。这些期末转账业务通过设置账务公式提取各分类账相应的数据，并自动生成转账凭证。

（五）编制财务报告

财务报告是指以财务报表或其他财务报告的形式汇总确认企业的财务状况、经营业绩和现金流量信息的过程。在电算化信息系统中，主要是通过编制财务报表函数中的取数公式来汇总各分类账的信息，从而向会计信息使用者提供财务会计信息。

二、中级会计电算化实务的目标

中级会计电算化实务的目标是通过搭建业务系统与财务系统数据通道，使企业业务财务一体化，从而实现从源头开始对财务进行管控。财务管控的前置扭转了过去财务管控方面的被动局面，规范了财务控制流程，提升了企业风险防控能力。

在财务业务的一体化体系中，实现业务和财务子系统的高效结合，能大大提升企业业务财务处理的效率。在处理的整个环节中，建立统一的数据系统，能够对相关业务的资料进行有效共享和传输，达到高度集约化的处理效果。企业财务业务的一体化体系内部相关数据实现高度集中，其相关业务的流程相对集成，对过程中涉及的各项冗余性活动进行消除，促使企业财务的处理流程达到最优化，在财务处理过程中减少人为干预和人为误差，更好地保障财务数据的真实性。

第三节 中级会计电算化实务处理系统

企业通过财务系统收集、存储、加工和传输会计信息，提供企业管理者和决策者对企业经济活动的全面控制所需要的信息资料，并将财务系统的处理结果以报表形式提供给企业利益相关者。中级会计电算化实务是在企业财务业务一体化模式下，以规范业务为先导，以业务的发生推动财务的处理，从而让财务系统能全面、详细地反映企业各个业务环节的财务信息，为企业的精确管理提供基础。因此，中级会计电算化实务的处理系统包括：总账系统、采购管理系统、销售管理系统、库存管理系统、存货核算系统、应收款管理系统、应付款管理系统、薪资管理系统、固定资产管理系统。

一、总账系统

总账系统主要进行凭证处理、各种分类账簿管理、单位和个人往来账管理、部门账管理、项目核算账和出纳管理等。总账系统主要实现以下功能：

（1）根据需要增加、删除、修改会计科目或选用行业标准科目。

（2）通过严密的制单控制保证填制凭证的正确性。提供资金赤字控制、支票控制、预算控制、外币折算误差控制以及查看科目最新余额等功能，加强对发生业务的及时管理和控制。制单赤字控制可控制出纳科目、个人往来科目、客户往来科目、供应商往来科目等。

（3）为出纳人员提供一个集成办公环境，加强对现金及银行存款的管理。提供支票登记簿功能，用来登记支票的领用情况；完成银行日记账、现金日记账，随时编制出最新资金日报表、余额调节表以及进行银行对账。

（4）自动完成月末分摊、计提、对应转账、销售成本、汇兑损益、期间损益结转等业务。

（5）进行试算平衡、对账、结账、生成月末工作报告。

二、采购管理系统

采购管理系统主要对采购业务进行处理，包括请购、订货、到货、入库、开票、采购结算等业务；将采购发票传递到应付款系统进行应付款管理和账务处理，将采购成本传递到存货核算系统进行存货成本核算处理。

三、销售管理系统

销售管理系统主要对普通销售、委托代销、分期收款、直运、零售、销售调拨等多种类型的销售业务进行处理，包括报价、订货、发货、开票、现结业务，以及代垫费用、销售支出的业务处理；将销售发票传递到应收款系统进行应收款管理和账务处理，将销售数量传递到存货核算系统进行销售成本结转处理。

四、库存管理系统

库存管理系统主要对采购入库、销售出库、产成品入库、材料出库、其他出入库、盘点管理等业务进行处理，并对存货进行货位管理、批次管理、保质期管理、出库跟踪管理、可用量管理，将出入库数量传递到存货核算系统进行存货出入库成本核算。

五、存货核算系统

存货核算系统依据采购系统传入的采购成本、销售系统传入的销售数量，以及库存管理系统传入的出入库数量，按照存货计价方式核算其存货的成本；对相关单据进行记账，即登记存货统计台账；对存货出入库业务生成记账凭证传递到总账系统。

六、应收款管理系统

应收款管理系统主要通过销售发票、其他应收单、收款单等单据的录入、审核与自动生成凭证，向总账系统传递应收款账务处理数据，对企业的往来账款进行综合管理，及时、准确地提供客户的往来账款余额资料，提供各种分析报表，如账龄分析表等；通过应收款管理企业能合理地进行资金的调配，提高资金的利用效率。

七、应付款管理系统

应付款管理系统主要通过采购发票、其他应付单、付款单等单据的录入、审核与自动生成凭证，向总账系统传递应付款账务处理数据，对企业的往来账款进行综合管理，及时、准确地提供供应商的往来账款余额资料和各种分析报表，进行合理的资金调配，提高资金的利用效率。

八、薪资管理系统

薪资管理系统主要进行工资核算、工资发放、工资费用分摊、工资统计分析和个人所得税核算等，月末自动完成工资分摊、计提、转账业务，并将生成的会计凭证传递到总账系统。

九、固定资产管理系统

固定资产管理系统主要对厂房、机器设备等固定资产进行核算与管理、计提折旧等；同时为总账系统提供固定资产增减会计业务处理的凭证、计提折旧的会计凭证。

十、各系统的数据传递关系

总账系统接收来自应收应付系统、固定资产系统、薪资管理系统、供应链系统等子系统的数据，同时为UFO报表系统、财务分析系统等子系统提供数据来源，生成财务报表及其他财务分析表。它们之间的关系如图1-1所示。

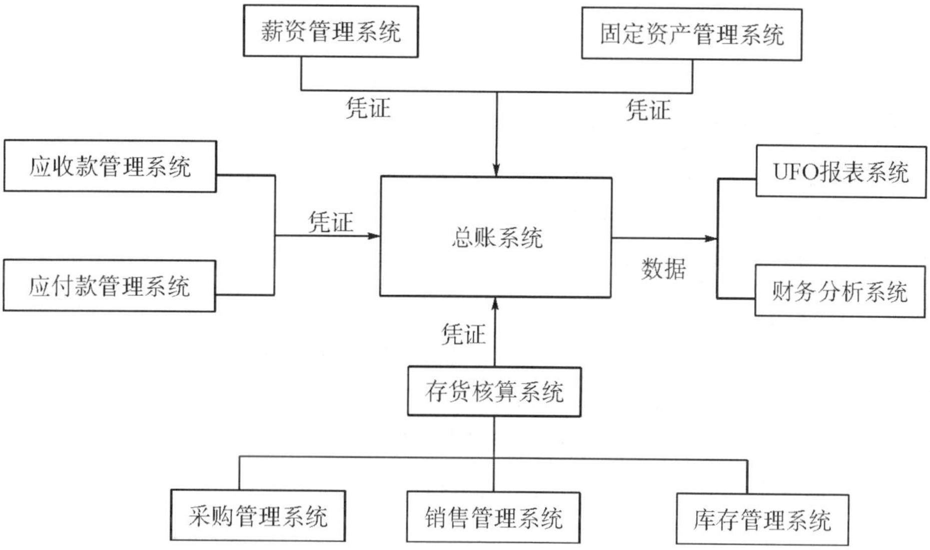

图1-1　财务系统与业务系统的数据传递关系

第四节　会计账务处理程序

一、传统会计的账务处理程序

传统会计的账务处理程序是指在会计循环中，会计主体采用的会计凭证、会计账簿、会计报表的种类和格式与记账程序有机结合的方法与步骤。由于账簿种类、记账程序和记账方法不同，传统会计的账务处理程序分为记账凭证核算组织程序、科目汇总表核算组织程序、汇总记账凭证核算组织程序和日记总账核算组织程序。

（1）记账凭证核算组织程序是指会计主体发生的每项经济业务，根据原始凭证或原始凭证汇总表编制记账凭证，再直接根据记账凭证逐笔登记总分类账，并定期编制会计报表的一种会计核算程序。它的特点是直接根据每一张记账凭证逐笔登记总分类账，是一种最基本的核算组织程序，其他核算组织程序都是在此基础上发展演变而成的。

（2）科目汇总表核算组织程序是指根据原始凭证或原始凭证汇总表填制记账凭证，然后再根据记账凭证定期（或月末一次）汇总编制科目汇总表，最后根据科目汇总表登记总账，并定期编制会计报表的会计核算组织程序。

（3）汇总记账凭证核算组织程序是指定期把收款凭证、付款凭证和转账凭证按照账户的对应关系进行汇总，分别编制成汇总收款凭证、汇总付款凭证和汇总转账凭证，然后再根据各种汇总记账凭证登记总分类账的一种核算形式。

（4）日记总账核算组织程序是指设置日记总账，根据经济业务发生以后所填制的各种记账凭证直接逐笔登记日记总账，并定期编制会计报表的账务处理程序。

二、会计电算化账务处理程序

随着社会的发展，企业管理从原来的纵向一体化转为横向一体化，企业逐渐开始进行流程重组。会计业务流程重组是企业流程重组的重要组成部分，在会计业务重组中需要以财务业务一体化为导向，充分利用信息技术处理会计业务，即实施会计电算化。

会计电算化改变了原来的记账规则和组织结构。由于记录载体的改变，原来人工登记账簿变为计算机登账簿，记账中如果出现了错误，原来的错账改正方法有些也不再适用。原来是以事物特征来划分组织结构和岗位分工的，现在则是通过判断数据处理的形态来划分，改变了原来的人员组成和记账程序。

企业财务业务一体化发展是社会信息技术发展变化的重要体现，会计规则的重心发生变化，体现了会计管理的实际职能。由于信息技术和经济的发展，会计信息处理系统随之进行改进，对信息的统筹程度越来越高，并不断简化会计人员的工作内容，提高会计人员的工作效率。因此，企业会计业务流程的重新组合是适应社会经济发展和企业运转的需要。会计电算化账务处理程序如下：

第一步，依据 ERP 业务系统相关信息，或 ERP 系统外能证明企业经济业务发生的原始凭证，按照企业财务会计准则或会计制度确认和计量财务信息，完成记账凭证的填制和审核。

第二步，根据审核无误的记账凭证，命令计算机自动登记各种明细分类账、总分类账和日记账，自动汇总科目汇总表和汇总记账凭证。

第三步，根据总账和明细账的资料编制会计报表。

非财务业务一体化的财务业务流程，会计进行业务处理是根据会计规则加工并将会计数据存储到数据库。财务业务一体化主要实现了业务流程和财务流程的结合。

在出现业务活动的情况下，存在大量的业务事件数据，这些数据将会被实时采集，并存储到业务数据库中。信息系统会最大限度地存储与业务相关的各类信息，在信息使用者发出请求后，依照相关的规则处理数据，并按要求发送信息给使用者。

第五节　会计电算化信息系统内部控制

一、加强会计电算化信息系统内部控制的必要性

计算机在会计领域的广泛应用不仅改变了传统会计核算手段，使数据处理更快更准确，而且节约了人力、物力，提高了会计工作效率。但会计电算化信息系统同时也改变了会计核算程序、数据存取方式和存储介质，改变了某些与审计线索有关的关键因素，对企业管理提出了更高的要求。为了保证会计信息的真实、正确、完整、及时以及会计处理程序与方法符合国家会计制度的有关规定，保护企业单位财产的完整性，企业必须建立健全会计电算化信息系统内部控制制度。

（一）操作和存储形式的变化加大了会计信息系统的风险

在手工会计信息系统中，会计人员之间很自然地形成一种相互制约、相互监督的关系；将会计核算信息记录在纸上，直观性较强，不同的笔迹也可以作为控制的手段；记录在凭证、账簿、报表等纸介质上的会计记录其钩稽关系较为明确。而在电算化信息系统中，易于辨认的审计线索，如笔迹、印章等已无处可寻；会计信息被存储在U盘、移动硬盘等电磁介质上，容易被改动且不易被发觉；电磁介质易损坏，会计信息存在丢失或毁坏的危险。

（二）内部稽核作用被削弱

在手工会计信息系统中，每笔业务操作都必须严格遵循监督制约机制，如业务经办与授权批准控制、收付款项与会计记录分离控制等，形成了严格的内部牵制制度。实行会计电算化后，许多业务处理程序由计算机完成，一些内部牵制措施无法执行，导致内部控制效率降低，内部稽核的作用被削弱。

（三）会计工作质量依赖于计算机系统的可靠性和会计人员的操作水平

在手工会计信息系统下，会计工作质量取决于会计人员的专业水平和职业道德水平。传统会计信息系统建立在大量实践的基础上，积累了丰富的实践经验，并形成了一整套完整的管理制度。在会计电算化信息系统下，操作环境的改变使传统的手工会计的内部控制方法难以发挥作用，会计工作质量与计算机系统的可靠性和会计人员的操作水平关系密切。一旦系统由于自身或操作员的失误而崩溃，就可能使会计工作陷入瘫痪。

二、会计电算化信息系统的一般控制

一般控制又称为普通控制，包括组织控制、授权控制、职责分工控制、业务处理程序控制、安全保密控制等。

（一）组织控制

组织控制即在会计电算化信息系统中，通过划分不同的职能部门实施内部控制。如将财务部门按照职能分为系统开发部门和系统应用部门。

（二）授权控制

授权控制即通过限制会计电算化信息系统有关人员业务处理的权限，实施内部控制，以保证系统内不相容的职责相互分离，从而使会计信息处理部门与其他部门相互独立，有效地减少发生错误和舞弊的可能性。如系统开发部门承担系统软件的开发和日常维护工作，不能运用软件进行日常业务操作；系统应用部门只能应用系统软件进行日常业务处理，不能对系统软件进行增、删、修改。

（三）职责分工控制

职责分工控制即建立岗位责任制，明确各工作岗位的职责范围，切实做到事事有人管、人人有专责、办事有要求、工作有检查。应明确规定不相容职务相分离，如系统管理、填制凭证、审核凭证、出纳、会计档案保管等职务不相容，必须明确分工、责任到人、不得兼任。

（四）业务处理程序控制

业务处理程序控制即通过明确有关业务处理标准化程序及相关制度，实施内部控制。如规定录入凭证必须有合法、合理、真实、有效的原始凭证，而且要手续齐全；记账凭证必须经审核后才能登账；录入人员不能反审核或反过账。

（五）安全保密控制

安全保密控制即通过严格执行会计软件与数据的维护、保管、使用规程和制度，达到内部控制的目的。会计电算化信息系统中内部控制既要防止操作失误造成的数据破坏，也要防止有意的人为数据破坏。为保证会计软件与数据文件不丢失、不损毁、不泄露，不被非法侵入，可采取设置口令、密码、保存操作日志、对数据文件定时备份并加密等手段。同时，还要防止病毒对会计软件的破坏。

三、会计电算化信息系统的运行控制

运行控制又称为应用控制，包括输入控制、处理控制和输出控制等。运行控制是为了使会计电算化信息系统能适应电算化环境下会计处理的特殊要求而建立的各种能防止、检测及更正错误和处置舞弊行为的控制制度与措施，是为保证会计系统运行安全、可靠的内部控制制度和措施，其目的是确保会计数据的安全、完整和有效。

（一）输入控制

输入控制的主要目的是保证输入数据的合法性、完整性和准确性。输入控制的方法有：①授权审批控制。为保证作为输入依据的原始凭证的真实性、完整性，在输入计算机前必须经过适当的授权和审批。②人员控制。应配备专人负责数据录入工作，同时采用口令加以控制，并对每个会计软件用户建立详细的上机日志。③数据有效性检验。它包括：建立科目名称与代码对照文件，以防止会计科目输错；在系统软件中设置科目代码自动检验功能，以保证会计科目代码输入的正确性；设置对应关系参照文件，用来判断对应账户是否发生错误；试算平衡控制，对每笔分录进行借贷平衡校验，防止金额输入错误。

（二）处理控制

处理控制的主要目的是保证数据计算的准确性和数据传递的合法性、完整性、一致性。处理控制主要针对业务处理程序、处理方法进行控制，如业务处理流程控制、数据修改控制、数据有效性检验和程序化处理检验。①业务处理流程控制。会计业务处理具有一定的时序性，如凭证在审核之前不能做登账处理，记账后才可以出报表等。通过对业务处理流程的控制，可保证业务处理的正确性。②数据修改控制。通过对数据修改过程的控制，可防止业务处理的随意性，降低舞弊发生的可能性。如对于尚未审核的记账凭证，允许任意修改；但对已经审核的记账凭证，则不允许在原记账凭证上直接修改，以体现“有痕迹修改”的原则。对已结账的凭证与账簿，系统不提供更改功能，而且记账凭证录入人员不能被授予反复核、反过账、反结账等权限。

（三）输出控制

输出控制的主要目的是保证输出数据的准确性、输出内容的及时性和适用性。常用的输出控制方法有：检查输出数据是否准确、合法、完整；输出是否及时，能否及时反映最新的会计信息；输出格式是否满足实际工作的需要；数据的表示方式等是否符合工作人员的习惯；只有具有相应权限，才能执行输出操作，并对输出操作进行登记，按会计档案要求保管。通过这些输出控制方法，限制会计信息输出，保证会计信息的安全。同时，要严格按照财政部有关规定的要求，由专人负责会计档案管理；做好防磁、防火、防潮、防尘与防毒工作，重要会计档案应双备份，并存放在两个不同的地点；如果采用电磁介质保存会计档案，要定期进行检查、定期复制，以防止由于电磁介质损坏导致会计档案丢失。

第二章　财务初始处理

第一节　系统管理

用友 ERP-U8 是由多个子系统组成，各个子系统之间相互联系，数据共享，完整实现财务、业务一体化的管理。为了实现一体化的管理模式，要求各个子系统具备公用的基础信息，拥有相同的账套和年度账，操作员和操作权限集中管理并且进行角色的集中权限管理，业务数据共用一个数据库。因此，需要一个平台来进行集中管理，系统管理模块的功能就是提供这样一个操作平台。其优点是：对企业的信息化管理人员可以进行方便管理、及时监控，随时可以掌握企业的信息系统状态。系统管理的使用者为企业的信息管理人员，包括系统管理员（admin）、安全管理员（sadmin）、管理员用户和账套主管。

系统管理模块主要能够实现如下功能：

（1）对账套的统一管理，包括建立、修改、引入和输出（恢复备份和备份）。

（2）对操作员及其功能权限实行统一管理，设立统一的安全机制，包括用户、角色和权限设置。

（3）允许设置自动备份计划，系统根据这些设置定期进行自动备份处理，实现账套的自动备份。

（4）对账套库的管理，包括建立、引入、输出、备份账套库，重新初始化，清空账套库数据。

（5）对系统任务的管理，包括查看当前运行任务、清除指定任务、清退站点等。

一、系统注册

在用友 ERP-U8 V10.1 系统中，系统管理员、安全管理员、管理员用户和账套主管看到的登录界面是有差异的，系统管理员、安全管理员登录界面包括服务器、操作员、密码、语言区域，而管理员用户、账套主管则包括服务器、操作员、密码、账套、操作日期、语言区域。

系统管理员、安全管理员、管理员用户和账套主管可操作的权限明细如表 2-1 所示。

表 2-1　各类管理员和账套主管的权限明细表

主要功能	详细功能 1	详细功能 2	系统管理员（admin）	安全管理员（sadmin）	管理员用户	账套主管
账套操作	账套建立	建立新账套	Y	N	N	N
		建立账套库	N	N	N	Y
	账套修改		N	N	N	Y
	数据删除	账套数据删除	Y	N	N	N
		账套库数据删除	N	N	N	Y
	账套备份	账套数据输出	Y	N	N	N
		账套库数据输出	N	N	N	Y
	设置备份计划	设置账套数据备份计划	Y	N	N	N
		设置账套库数据备份计划	Y	N	Y	Y
		设置账套库增量备份计划	Y	N	Y	Y
	数据引入	账套数据引入	Y	N	N	N
		账套库数据引入	N	N	N	Y
	升级 SQL Server 数据		Y	N	Y	Y
	语言扩展		N	N	N	Y
	清空账套库数据		N	N	N	Y
	账套库初始化		N	N	N	Y

表2-1（续）

主要功能	详细功能 1	详细功能 2	系统管理员（admin）	安全管理员（sadmin）	管理员用户	账套主管
操作员、权限	角色	角色操作	Y	N	Y	N
	用户	用户操作	Y	N	Y	N
	权限	设置普通用户、角色权限	Y	N	Y	Y
		设置管理员用户权限	Y	N	N	N
其他操作	安全策略		N	Y	N	N
	数据清除及还原	日志数据清除及还原	N	Y	N	N
		工作流数据清除及还原	Y	N	N	N
	清除异常任务		Y	N	Y	N
	清除所有任务		Y	N	Y	N
	清除选定任务		Y	N	Y	N
	清退站点		Y	N	Y	N
	清除单据锁定		Y	N	Y	N
	上机日志		Y	Y	Y	N
	视图	刷新	Y	Y	Y	Y

注：Y 表示具有权限，N 表示不具有权限；

管理员用户可操作的功能，以其实际拥有的权限为准，本表中以最大权限为例。

用户运行用友 U8 管理软件系统管理模块，登录注册的主要操作步骤如下：

（1）启动系统管理：执行“开始→程序→用友 U8V10.1→系统服务→系统管理”指令，启动系统管理，如图 2-1 所示。

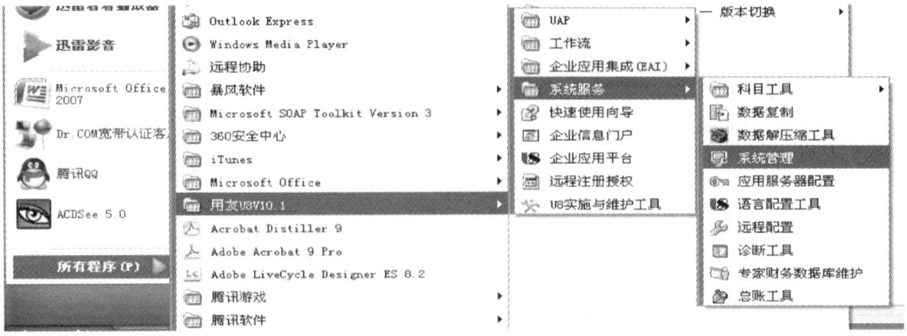

图 2-1　启动系统管理

（2）执行“系统→注册”指令，打开登录系统管理对话框，如图 2-2 所示。

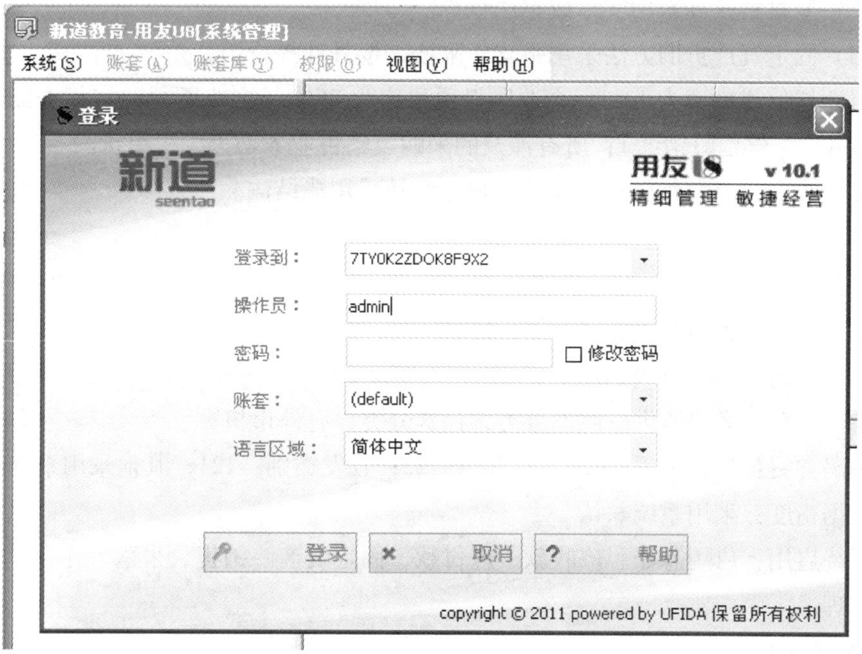

图 2-2　用友 U8 登录界面

（3）选择登录到的服务器：在客户端登录，则选择服务端的服务器名称（标识）；在服务端或单机用户则选择本地服务器名称（标识）。

（4）输入操作员名称和密码，如要修改密码，则单击“改密码”按钮。

（5）第一次登录运行系统，操作员选择系统管理员（admin），密码为空，选择系统默认账套（default），单击“登录”按钮可登录系统管理。

二、建立账套

在使用系统之前，首先要新建本单位的账套。

【实务案例】

（一）实务案例概况

1. 企业基本情况

企业名称：尧顺电子股份有限公司（简称：尧顺电子）（位于××市东区机场路68号）。

企业类型：工业企业。

法定代表人：林尧。

联系电话和传真均为：0812-3339898。

纳税人识别号：08120989868。

2. 企业采用的会计政策和核算方法

（1）企业记账本位币为人民币。

（2）原材料核算采用实际成本法核算。

（3）固定资产折旧方法采用平均年限法，按月计提折旧。

（4）增值税税率为13%，企业所得税税率为25%（企业所得税实行查账计征，按季预缴、年终汇算清缴）；所有涉及的采购及销售业务均为无税单价。

（5）月末计算并结转相关税费，损益结转采用账结法。

（二）企业基础信息

账套号：989。

账套名称：尧顺电子股份有限公司。

启用日期：2020年9月1日。

基础信息：客户、供应商不分类，存货分类，有外币核算。

编码方案：科目编码：42222；部门：22；收发类别：121；其他采用系统默认。

数据精度：采用系统默认。

系统启用：启用总账、应收款、应付款、固定资产、销售、采购、库存、存货、薪资管理。

【操作步骤】

第一步，以系统管理员admin身份注册登录后，执行“账套→建立”指令，进入“创建账套”对话框，选择“新建空白账套”选项，单击“下一步”按钮。

第二步，输入账套信息，用于记录新建账套的基本信息，如图2-3所示。输入完成后，单击“下一步”按钮。

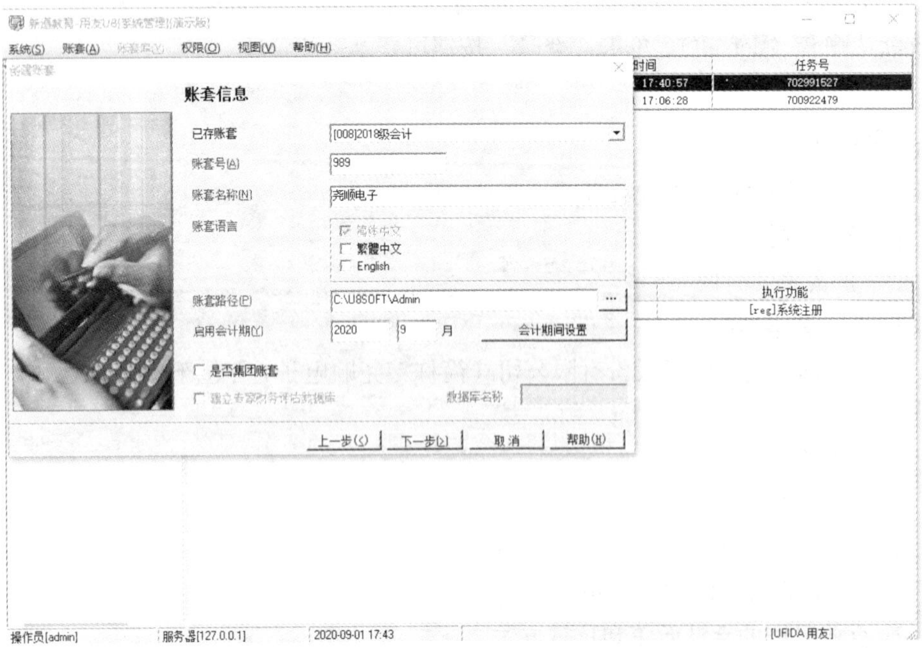

图2-3　账套信息输入界面

界面中的各栏目说明如下：

①已存账套：系统将现有的账套以下拉框的形式在此栏目中表示出来，只能查看，而不能输入或修改。其作用是在建立新账套时可以明晰已经存在的账套，避免在新建账套时重复建立。

②账套号：用来输入新建账套的编号，必须输入，可输入 3 个字符（只能是 001~999 的数字，而且不能是已存账套中的账套号）。

③账套名称：用来输入新建账套的名称，作用是标识新账套的信息，必须输入。

④账套语言：用来选择账套数据支持的语种，也可以在以后通过语言扩展对所选语种进行扩充。

⑤账套路径：用来输入新建账套所要被保存的路径，必须输入，可以参照输入，但不能是网络路径中的磁盘。

⑥启用会计期：用来输入新建账套将被启用的时间，具体到“月”，必须输入。

⑦会计期间设置：因为企业的实际核算期间可能和正常的自然日期不一致，所以系统提供此功能进行设置。在输入“启用会计期”后，用鼠标单击“会计期间设置”按钮，弹出会计期间设置界面。系统根据前面“启用会计期”的设置，自动将启用月份以前的日期标识为不可修改的部分；而将启用月份以后的日期（仅限于各月的截止日期，至于各月的初始日期则随上月截止日期的变动而变动）标识为可以修改的部分。可以任意设置。

例如，本企业由于需要，每月 25 日结账，那么可以在“会计日历-建账”界面双击可修改日期部分（白色部分），在显示的会计日历上输入每月结账日期，下月的开始日期为上月截止日期+1（26 日），年末 12 月份以 12 月 31 日为截止日期。设置完成后，企业每月 25 日为结账日，25 日以后的业务记入下个月。每月的结账日期可以不同，但其开始日期为上一个截止日期的下一天。输入完成后，单击“下一步”按钮，进行第二步设置；单击“取消”按钮，取消此次建账操作。

⑧是否集团账套：勾选表示要建立集团账套，可以启用集团财务等集团性质的子产品。

⑨建立专家财务评估数据库并命名。

第三步，输入单位信息：用于记录本单位的基本信息，单位名称为必须输入项，见图2-4。输入完成后，单击“下一步”按钮。

第四步，核算类型设置：用于记录本单位的基本核算信息，见图 2-5。输入完成后，单击“下一步”按钮。

界面中的各栏目说明如下：

①本币代码：用来输入新建账套所用的本位币的代码，系统默认的是“人民币”的代码 RMB。

②本币名称：用来输入新建账套所用的本位币的名称。系统默认的是“人民币”，此项为必有项。

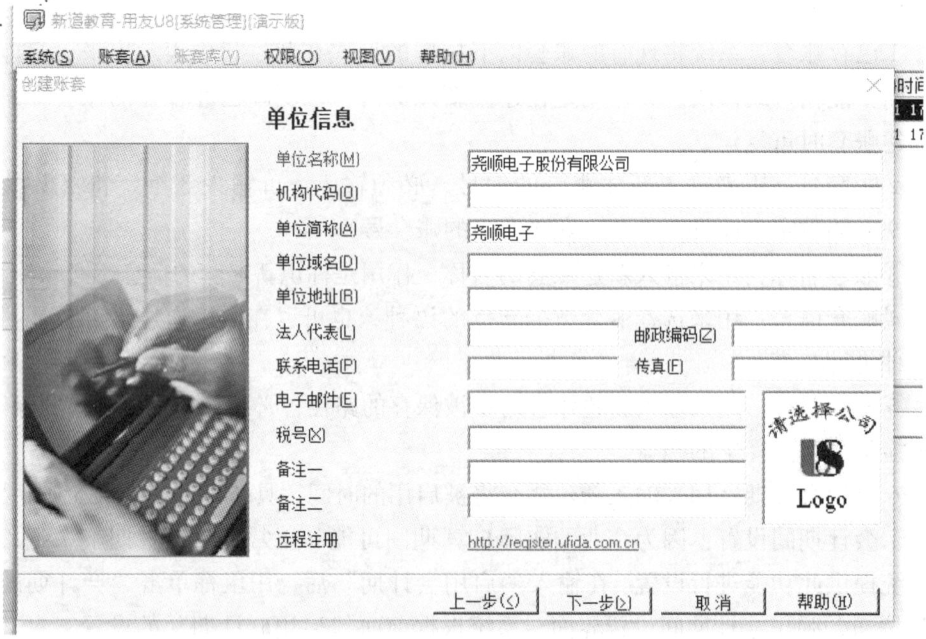

图 2-4 单位信息输入界面

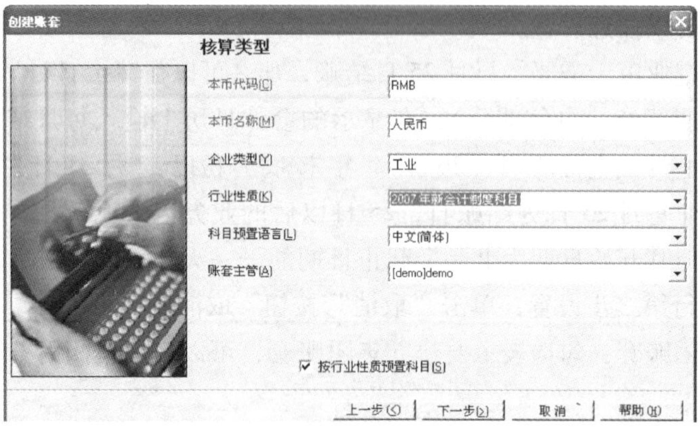

图 2-5 核算类型设置界面

③账套主管：用来确认新建账套的账套主管，只能从下拉框中选择输入。对于账套主管的设置和定义请参考操作员和划分权限。

④企业类型：必须从下拉框中选择输入与自己企业类型相同或最相近的类型。

⑤行业性质：必须从下拉框中选择输入本单位所处的行业性质。选择适用于企业的行业性质。这为下一步“是否按行业预置科目”确定科目范围，并且系统会根据企业所选行业（工业和商业）预制一些行业的特定方法和报表。

⑥是否按行业预置科目：如果希望采用系统预置所属行业的标准一级科目，则在该选项前打钩，那么进入系统后，会计科目已经由系统自动设置；如果不在该选

项前打钩，则由用户自己逐一设置会计科目。输入完成后，单击“下一步”按钮，进行基础信息设置。

第五步，基础信息设置。

界面中的各栏目说明如下：

①存货是否分类：如果单位的存货较多，且类别繁多，可以在存货是否分类选项前打钩，表明要对存货进行分类管理；如果单位的存货较少且类别单一，也可以选择不进行存货分类。注意，如果选择了存货要分类，那么在进行基础信息设置时，必须先设置存货分类，然后才能设置存货档案。

②客户是否分类：如果单位的客户较多，且希望进行分类管理，可以在客户是否分类选项前打钩，表明要对客户进行分类管理；如果单位的客户较少，也可以选择不进行客户分类。注意，如果选择了客户要分类，那么在进行基础信息设置时，必须先设置客户分类，然后才能设置客户档案。

③供应商是否分类：如果单位的供应商较多，且希望进行分类管理，可以在供应商是否分类选项前打钩，表明要对供应商进行分类管理；如果单位的供应商较少，也可以选择不进行供应商分类。注意，如果选择了供应商要分类，那么在进行基础信息设置时，必须先设置供应商分类，然后才能设置供应商档案。

④是否有外币核算：如果单位有外币业务，如用外币进行交易业务或用外币发放工资等，可以在此选项前打钩。

输入完成后，单击“完成”按钮，系统提示“可以创建账套了吗”，单击“是”完成上述信息设置，进行下面设置；单击“否”返回确认步骤界面。单击“上一步”按钮，返回第三步设置；单击“取消”按钮，取消此次建账操作。

第六步，建账完成后，可以继续进行相关设置，也可以以后从企业应用平台中进行设置。如继续操作，系统进入“分类码设置”，然后进入“数据精度”定义。完成后系统提示“×××账套建立成功”，可以现在进行系统启用设置，或以后从“企业应用平台-基础设置-基本信息”进入进行系统启用设置，或修改已设置的信息。

三、操作员及权限设置

（一）角色

角色是指在企业管理中拥有某一类职能的组织，这个角色组织可以是实际的部门，也可以是由拥有同一类职能的人构成的虚拟组织。例如，实际工作中最常见的会计和出纳两个角色（他们可以是一个部门的人员，也可以不是一个部门但工作职能是一样的角色统称）。在设置角色后，可以定义角色的权限，如果其用户归属此角色，其具有该角色相应的权限。此功能的好处是方便控制操作员的权限，可以依据职能统一进行权限的划分。本功能可以进行账套中角色的增加、删除、修改等维护工作。

（二）用户（操作员）

本功能主要完成本账套用户的增加、删除、修改等维护工作。设置用户后系统对于登录操作，要进行相关的合法性检查。其作用类似于 Windows 的用户账号，只有设置了具体的用户之后，才能进行相关的操作。

【实务案例】

尧顺电子股份有限公司的会计电算化系统操作人员及权限如表 2-2 所示。

表 2-2 操作员及权限一览表

操作员编号	操作员姓名	系统权限
201	张红	账套主管
202	刘勇	总账
203	王晓	出纳
204	董小辉	应收款管理、应付款管理、薪资管理、固定资产管理
205	吴红梅	采购管理、销售管理、库存管理、存货核算

【操作步骤】

第一步，在“系统管理”主界面，执行“权限→用户”指令，进入用户管理功能界面。

第二步，在用户管理界面，单击“增加”按钮，显示“增加用户”界面。此时录入编号、姓名、用户类型、认证方式、口令、所属部门、E-mail、手机号、默认语言等内容，并在所属角色中选中归属的内容。然后单击“增加”按钮，保存新增用户信息。

修改：选中要修改的用户信息，单击“修改”按钮，可进入修改状态，但已启用用户只能修改口令、所属部门、E-mail、手机号和所属角色的信息。此时系统会在“姓名”后出现“注销当前用户”的按钮，如果需要暂时停止使用该用户，则单击此按钮。此按钮会变为“启用当前用户”，可以单击继续启用该用户。

删除：选中要删除的用户，单击“删除”按钮，可删除该用户。但已启用的用户不能删除。

对于“刷新”功能的应用，是在增加了用户之后，在用户列表中看不到该用户。此时单击“刷新”按钮，可以进行页面的更新。

单击“退出”按钮，退出当前的功能应用。

（三）划分权限

随着经济的发展，企业对管理要求不断变化、提高，越来越多的信息都表明权限管理必须向更深的方向发展。用友 ERP-U8 提供了集中权限管理，除了提供用户对各模块操作的权限之外，还相应地提供了金额的权限管理和对于数据的字段级和记录级的控制，不同的组合方式将为企业的控制提供有效的方法。用友 ERP-U8 可以实现三个层次的权限管理。

（1）功能级权限管理。该权限将提供划分更为细致的功能级权限管理功能，包括各功能模块相关业务的查看和分配权限。

（2）数据级权限管理。该权限可以通过两个方面进行权限控制。一是字段级的权限控制，二是记录级的权限控制。

（3）金额级权限管理。该权限主要用于完善内部金额控制，实现对具体金额数量划分级别。对不同岗位和职位的操作员进行金额级别控制，限制他们制单时可以使用金额的数量，不涉及内部系统控制的不在管理范围内。

功能权限的分配在系统管理中的权限分配设置，数据权限和金额权限在“企业应用平台”→“系统服务”→“权限”中进行分配。对于数据级权限和金额级的设置，必须是在系统管理的功能权限分配之后才能进行。

【操作步骤】

以系统管理员身份注册登录，执行“权限→操作员权限”指令，进行功能权限分配。

首先选定套账“［989］尧顺电子股份有限公司”，其次从操作员列表中选择操作员，单击“修改”按钮后，设置用户或者角色的权限。系统提供 52 个子系统的功能权限的分配，此时可以单击⊞展开各个子系统的详细功能，在□内单击鼠标使其状态成为☑后，系统将权限分配给当前的用户。此时如果选中根目录的上一级，则系统的相应下级全部为选中状态。如图 2-6 所示。

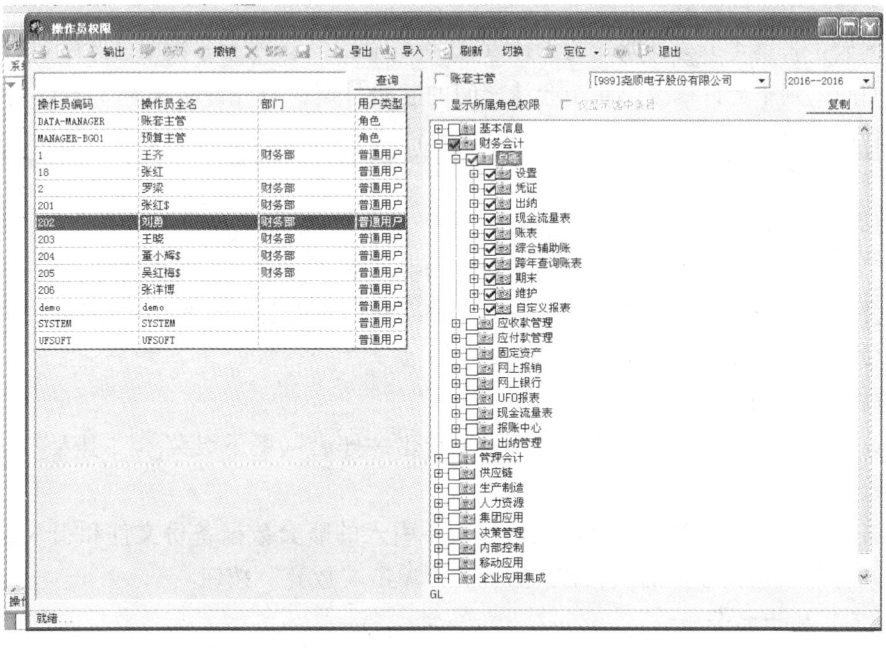

图 2-6　操作员权限设置界面

四、账套管理

（一）修改账套

当系统管理员建完账套后，在未使用相关信息的基础上，需要对某些信息进行调整，以使信息更真实、准确地反映企业的相关内容。只有账套主管可以修改其具有权限的账套库中的信息，系统管理员无权修改。

【操作步骤】

第一步，以账套主管的身份注册，选择相应的账套进入系统管理界面。

第二步，执行“账套→修改”指令，进入修改账套的功能。

系统注册进入后，可以修改的信息主要有：

账套信息：账套名称。

单位信息：所有信息。

核算信息：不允许修改。

基础设置信息：不允许修改。

账套分类信息和数据精度信息：可以修改全部信息。

第三步，单击“完成”按钮，表示确认修改内容；如放弃修改，则单击“放弃”按钮。

在账套的使用中，可以对本年未启用的会计期间修改其开始日期和终止日期。只有没有业务数据的会计期间可以修改其开始日期和终止日期。使用该会计期间的模块均需要根据修改后的会计期间来确认业务所在的正确期间。只有账套管理员才有权限修改相应的账套。

例如：若第4个会计期间为3月26日—4月25日，现业务数据已经做到第4个会计期间，则不允许修改第4个会计期间的起始日期，只允许将第4个会计期间的终止日期修改成大于4月25日（如4月28日），且不允许将第5个会计期间的起始日期修改成小于4月26日（如4月23日）。

（二）引入账套

引入账套功能是指将系统外某账套数据引入本系统中。该功能的增加将有利于集团公司的操作，子公司的账套数据可以定期被引入母公司系统中，以便进行有关账套数据的分析和合并工作。

【操作步骤】

第一步，系统管理员在系统管理界面单击“账套”的下级菜单“引入”，则进入引入账套的功能。

第二步，系统管理员在界面上选择所要引入的账套数据备份文件和引入路径，单击“打开”按钮表示确认；如想放弃，则单击“放弃”按钮。

（三）输出账套

输出账套功能是指将所选的账套数据进行备份输出。对于企业系统管理员来讲，定时将企业数据备份出来存储到不同的介质上（如常见的U盘、移动硬盘、网络磁盘等），对数据的安全性是非常重要的。如果企业由于不可预知的原因（如地震、火灾、计算机病毒、人为的误操作等），需要对数据进行恢复，此时备份数据就可以将企业的损失降到最低。当然，对于异地管理的公司，此种方法还可以解决审计和数据汇总的问题。

【操作步骤】

第一步，以系统管理员身份注册，进入系统管理模块。执行“账套→输出”指令，进入账套输出界面。

第二步，在账套输出界面中的“账套号”处选择需要输出的账套，在“输出文件位置”选择输出账套保存的路径，单击“确认”进行输出。

只有系统管理员才有权限进行账套输出。如果将“删除当前输出账套”同时选中，在输出完成后系统会确认是否将数据源从当前系统中删除。正在使用的账套系统不允许删除。

五、账套库管理

（一）建立新账套库

企业的日常工作是一个连续性的工作。用友ERP-U8支持在一个账套库中保存连续多年的数据，理论上一个账套可以在一个账套库中一直使用下去。但是由于某些原因，比如需要调整重要基础档案、组织机构、部分业务等，或者一个账套库中数据过多影响业务处理性能，需要使用新的账套库并重置一些数据，这样就需要新建账套库。

账套库的建立是在已有账套库的基础上，通过新账套库的建立，自动将老账套库的基本档案信息结转到新的账套库中，对于以前业务的产品余额等信息，需要在账套库完成初始化操作后，由老账套库自动转入新账套库的下年数据中。

【操作步骤】

第一步，以账套主管的身份登录，选定需要进行建立新账套库的账套和上年的时间，进入系统管理界面。例如，需要建立118账套的2022新账套库，此时就要登录118账套的包含2021年数据的那个账套库。

第二步，在系统管理界面，执行“账套库→建立”指令，进入建立账套库的功能。

系统弹出建立账套库的界面，显示当前账套、将要建立的新账套库的起始年度、本账套库内业务系统所在会计期间的清单和建立新账套库的主要步骤及其进度。这些项目都是系统默认的内容，不可修改，便于确认建库的信息。如果需要调整，请单击“放弃”按钮，重新注册登录选择；如果确认可以建立新账套库，单击“确定”按钮；如果放弃新账套库的建立，可单击“放弃”按钮。

在用友ERP-U8软件中，其账套和账套库是有一定的区别的。具体体现在以下几个方面：

账套是账套库的上一级，账套由一个或多个账套库组成，一个账套库含有一年或多年的使用数据。一个账套对应一个经营实体或核算单位，账套中的某个账套库对应这个经营实体的某年度区间内的业务数据。例如，建立账套“118 正式账套”后在 2021 年使用，然后在 2022 年的期初建立 2022 账套库后使用，则“118 正式账套”具有两个账套库即“118 正式账套 2021 年”和“118 正式账套 2022 年”；如果希望连续使用也可以不建立新账套库，直接录入 2022 年的数据，则“118 正式账套”具有一个账套库即“118 正式账套 2021—2022 年”。

对于拥有多个核算单位的集团公司，可以拥有多个账套（用友系统最多可以拥有 999 个账套）。

账套和账套库的两层结构的好处是：便于企业的管理，如进行账套的上报、跨年度区间的数据管理等；方便数据备份输出和引入；减少数据的负担，提高应用效率。

（二）账套库初始化

新建账套库后，为了支持新旧账套库之间的业务衔接，可以通过账套库初始化功能将上一个账套库中相关模块的余额及其他信息结转到新账套库中。为了统计分析的规整性，每个账套库包含的数据都以年为单位，“上一账套库的结束年+1”就是新账套库的开始年。

用户以账套主管的身份注册进入系统管理，执行“账套库→账套库初始化”指令，进入账套库初始化的功能。

【操作步骤】

第一步，系统显示将要初始化的账套，以及数据结转的年度，这些都是用于确认且不可修改的。

第二步，选择需要结转的业务档案和余额信息，已结转过的产品设置为“粉红色”，如图 2-7 所示。

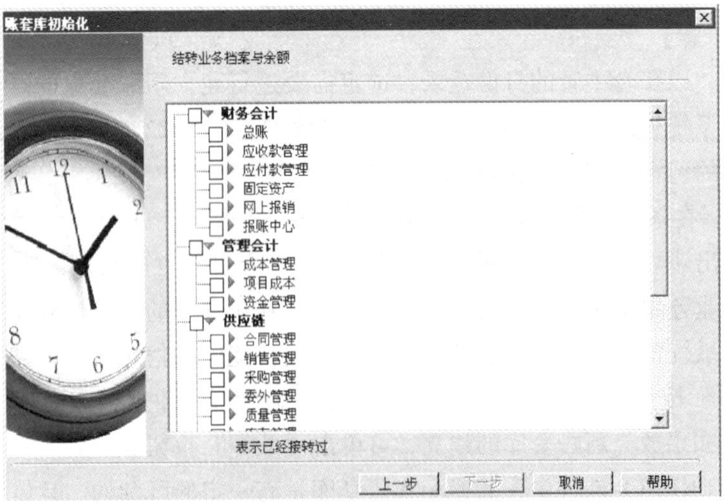

图 2-7　账套库初始化界面

第三步，根据选择内容进行数据检查，系统将分别检查上一账套库的数据是否满足各项结转要求，并列出详细检查结果。如果有产品不满足结转要求，则不允许继续结转。

第四步，如果检查全部通过，单击“下一步”按钮可以看到待结转产品的列表，单击“结转”按钮就开始按照列表逐项结转。

第五步，如果第三步没有全部选择结转，以后还可以再次进入本功能结转其他数据，或清空对应业务产品的数据后再次结转。

【注意事项】

（1）如果登录账套库的上一个账套库不存在，不能进行初始化。

（2）该账套库如果进行过数据卸出操作，不能进行初始化。

（三）清空账套库数据

如账套库中的错误太多，或不希望将上一账套库的余额或其他信息全部转到下一年度，可使用清空账套库数据的功能。“清空”并不是指将账套库的数据全部清空，而是保留一些信息，主要包含基础信息、系统预置的科目表。保留这些信息主要是为了方便用户使用清空后的账套库重新做账。

【操作步骤】

第一步，以账套主管的身份注册，并且选定账套和登录时间，进入系统管理界面。

第二步，在系统管理界面，执行“账套库→清空账套库数据”指令。

第三步，账套主管可以在界面中的会计年度栏目确认要清空的账套库的年度区间（仅供确认，不可修改），同时做好清空前的备份、选择输出路径，单击“确定”按钮表示确认。这时为保险起见，系统还将弹出一个窗口，要求用户进行确认；如果想放弃，则直接单击“放弃”按钮；单击“确认”按钮后系统自动进行清空账套库数据操作。

第四步，账套库数据清空后，系统弹出确认窗口。单击“确认”按钮完成清空账套库数据操作。

（四）数据卸出

当一个账套库中包含过多年份的数据，体积过于庞大而影响业务处理性能时，可以通过数据卸出功能把一些历史年度的历史数据卸出，以减小本账套库的体积，提高运行效率。

数据卸出时，只能以会计年为单位进行处理，从本账套库的最小年度开始，到指定年度结束，卸出这个年度区间中所有业务产品的不常用数据。

数据卸出后，系统将自动生成一个账套库保留这些卸出的数据，相对当前使用的账套库来说，这个包含卸出数据的账套库可以称之为“历史账套库”。

（五）账套库的引入与输出

账套库的引入与输出作用和账套的引入与输出作用相同，操作步骤相似。

第二节　财务系统概述

一、系统概述

用友 ERP-U8 以精确管理为基础，以规范业务为先导，以改善经营为目标，提出“分步实施，应用为先”的实施策略，帮助企业“优化资源，提升管理”。用友 ERP-U8 为企业提供了一套企业基础信息管理平台解决方案，以满足各级管理者对不同信息的需求，如为高层经营管理者提供决策信息，以衡量收益与风险的关系，制定企业长远发展战略；为中层管理人员提供详细的管理信息，以实现投入与产出的最优配比；为基层管理人员提供及时、准确的成本费用信息，以实现预算管理、控制成本费用。

用友 ERP-U8 根据业务范围和应用对象的不同，划分为财务会计、管理会计、供应链管理、生产制造、人力资源、集团财务管理等模块，由 40 多个子系统构成，各系统之间信息高度共享。

（一）财务会计

财务会计主要包括总账管理、应收款管理、应付款管理、工资管理、固定资产管理、报账中心、财务票据套打、网上银行、UFO 报表等模块。这些模块从不同的角度，实现了从预算、核算到报表分析的财务管理的全过程。其中，总账管理是财务系统中最核心的模块，企业所有的核算最终在总账中体现；应收款管理、应付款管理主要用于核算和管理企业销售与采购业务所引起的资金的流入、流出；薪资管理完成对企业工资费用的计算与管理；固定资产管理提供对设备的管理和折旧费用的核算；报账中心是为解决单位发生的日常报账业务的管理系统；财务票据套打解决单位财务部门、银行部门以及票据交换中心对现有各种票据进行套打、批量套打和打印管理的功能需求；网上银行解决了企业足不出户实现网上支付业务的需求；UFO 报表生成企业所需的各种管理分析表和对外报送的财务报表。

（二）管理会计

管理会计主要包括项目管理、成本管理、资金管理、预算管理、专家财务分析等模块。项目管理和成本管理实现了各类工业企业对成本的全面掌控和核算；资金管理主要是通过计算时间轴上各结点将要发生的资金流入量、资金流出量、净现金流量和资金余额等数据，预测企业在一段时间内资金的短缺和盈余情况；预算管理是利用预算对企业内部各部门、各单位的各种财务及非财务资源进行分配、考核和控制，以便有效地组织和协调企业的生产经营活动，完成既定的经营目标；专家财务分析系统及时帮助企业对各种报表进行分析，掌握本单位的财务状况（盈利能力、资产管理效率、偿债能力和投资回报能力等）、销售及利润分布状况、各项费用的明细状况等，为企业的管理决策提供依据、指明方向。

（三）供应链管理

供应链管理主要包括物料需求计划、采购管理、销售管理、库存管理、存货核算等模块，主要功能包括：①增加预测的准确性，减少库存，提高发货供货能力；②减少工作流程周期，提高生产效率，降低供应链成本；③减少总体采购成本，缩短生产周期，加快市场响应速度。同时，在这些模块中提供了对采购、销售等业务环节的控制，以及对库存资金占用的控制，完成对存货出入库成本的核算。使企业的管理模式更加符合实际情况，制定出最佳的企业运营方案，实现管理的高效率、实时性、安全性和科学性。

（四）生产制造

生产制造包括物料清单、主生产计划、产能管理、需求规划、生产订单、车间管理、工序委外、工程变更和设备管理等模块。

（五）人力资源

人力资源包括人事管理、薪资管理、保险福利管理、计件工资、考勤管理、人事合同管理、招聘管理、培训管理、绩效管理等模块。

（六）集团财务管理

集团财务管理主要包括资金管理、行业报表、合并报表等模块及分行业的解决方案。资金管理实现了对企业内外部资金的计息与管理；行业报表和合并报表等则为行业和集团型的用户进行统一管理提供了工具。

二、财务系统功能简介

财务系统是企业 ERP 应用平台中的核心模块。广义的财务系统包括总账、应收款管理、应付款管理、固定资产和 UFO 报表系统等；狭义的财务系统是指总账和 UFO 报表系统。

（一）总账系统的主要功能

用友 ERP-U8 总账系统适用于各类企事业单位进行凭证管理、账簿处理、个人往来款管理、部门管理、项目核算和出纳管理等。该模块主要能够实现如下功能：

（1）根据需要增加、删除或修改会计科目或选用行业标准科目。

（2）通过严密的制单控制保证填制凭证的正确性。提供资金赤字控制、支票控制、预算控制、外币折算误差控制以及查看科目最新余额等功能，加强对发生业务的及时管理和控制。

（3）凭证填制权限可以控制到科目，凭证审核权限可以控制到操作员。

（4）为出纳人员提供一个集成办公环境，加强对现金及银行存款的管理；提供支票登记簿功能，用来登记支票的领用情况；并可以完成银行日记账、现金日记账，随时编制最新资金日报表、余额调节表以及进行银行对账。

（5）自动完成月末分摊、计提、对应转账、销售成本、汇兑损益、期间损益结转等业务。

（6）进行试算平衡、对账、结账、生成月末工作报告。

（二）UFO报表系统的主要功能

UFO报表与其他电子表软件的最大区别在于它是真正的三维立体表，完全实现了三维立体表的四维处理能力。UFO报表的主要功能如下：

1. 各行业报表模板（包括现金流量表）

提供21个行业的标准财务报表模板，包括最新的现金流量表模块。提供自定义模板的新功能，可以根据本单位的实际需要定制模板。

2. 文件管理功能

该版块提供了各类文件管理功能，并且能够进行不同文件格式的转换：文本文件、＊.MDB文件、＊.DBF文件、EXCEL文件、LOTUS1-2-3文件。

支持多个窗口同时显示和处理，可以同时打开的文件和图形窗口多达40个。

提供了标准财务数据的“导入”和“导出”功能，可以和其他流行财务软件交换数据。

3. 格式管理功能

该版块提供了丰富的格式设计功能，如设组合单元、画表格线（包括斜线）、调整行高列宽、设置字体和颜色、设置显示比例等，可以制作各种要求的报表。

4. 数据处理功能

UFO报表以固定的格式管理大量不同的表页，能将多达99 999张具有相同格式的报表资料统一在一个报表文件中管理，并且在每张表页之间建立有机的联系。

该版块提供了排序、审核、舍位平衡、汇总功能；提供了绝对单元公式和相对单元公式，可以方便、迅速地定义计算公式；提供了种类丰富的函数，可以从账务、应收、应付、工资、固定资产、销售、采购、库存等用友子系统中提取数据，生成财务报表。

5. 图表功能

该版块采用“图文混排”，可以很方便地进行图形数据组织，制作包括直方图、立体图、圆饼图、折线图 等10种图式的分析图表；可以编辑图表的位置、大小、标题、字体、颜色等，并打印输出图表。

三、财务系统与各业务系统之间的主要关系

财务系统是用友 ERP-U8 软件的核心子系统，它要接收来自应收款系统、应付款系统、固定资产系统、薪资管理系统、成本管理系统、存货核算系统、网上银行、报账中心等子系统的数据，同时又为 UFO 报表系统、管理驾驶舱、财务分析系统等子系统提供数据来源，生成财务报表及其他财务分析表。它们之间的关系如图 2-8 所示。

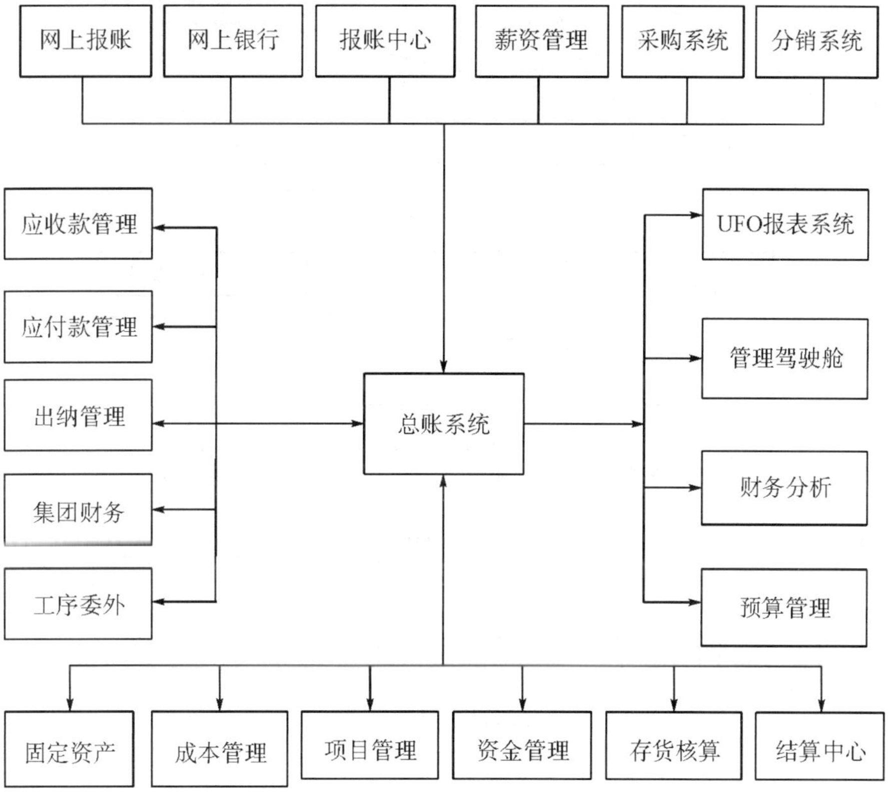

图 2-8　各系统的数据传递关系

四、财务系统处理流程

（一）新用户的操作流程

第一次使用总账时，操作流程如图 2-9 所示。

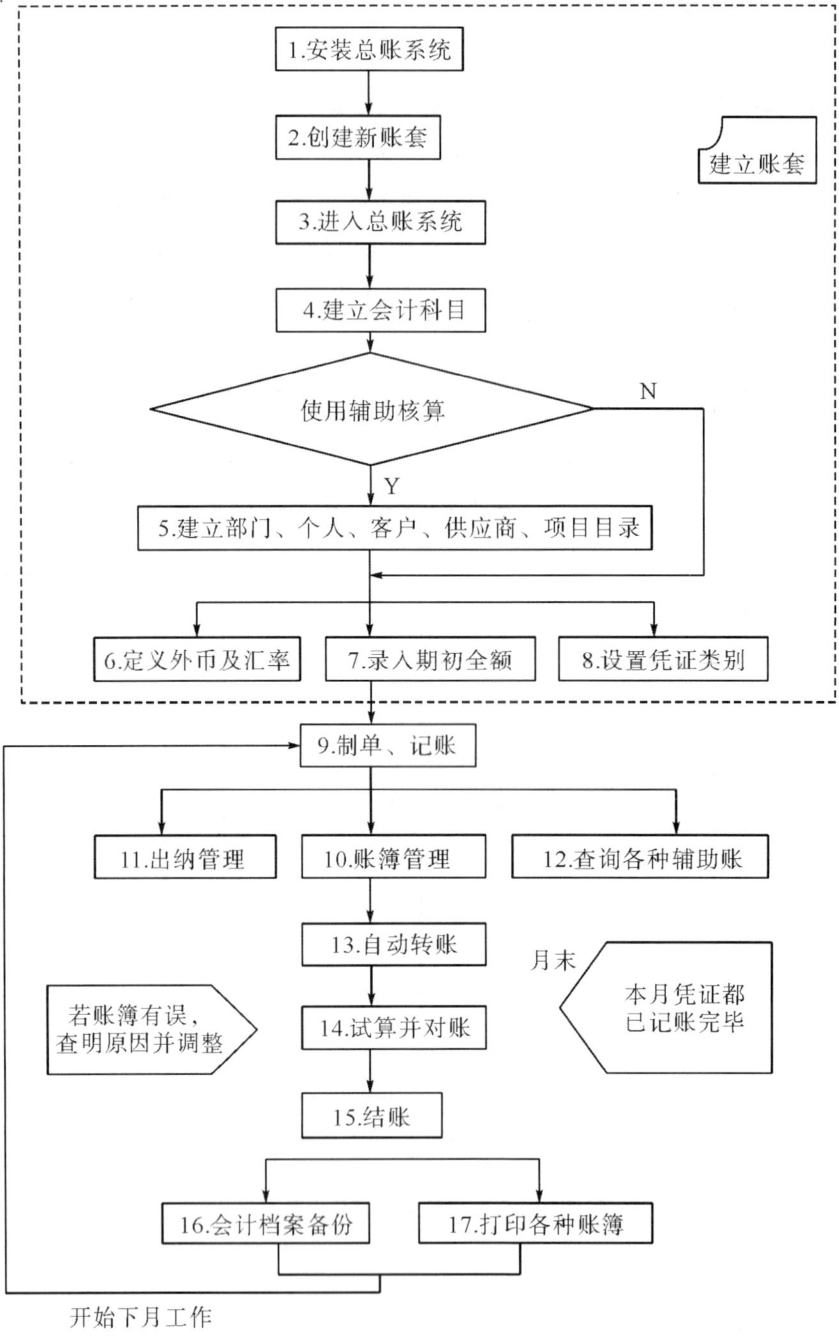

图 2-9　新用户的操作流程示意图

（二）老用户的操作流程

老用户使用以前账套数据时，操作流程如图 2-10 所示。

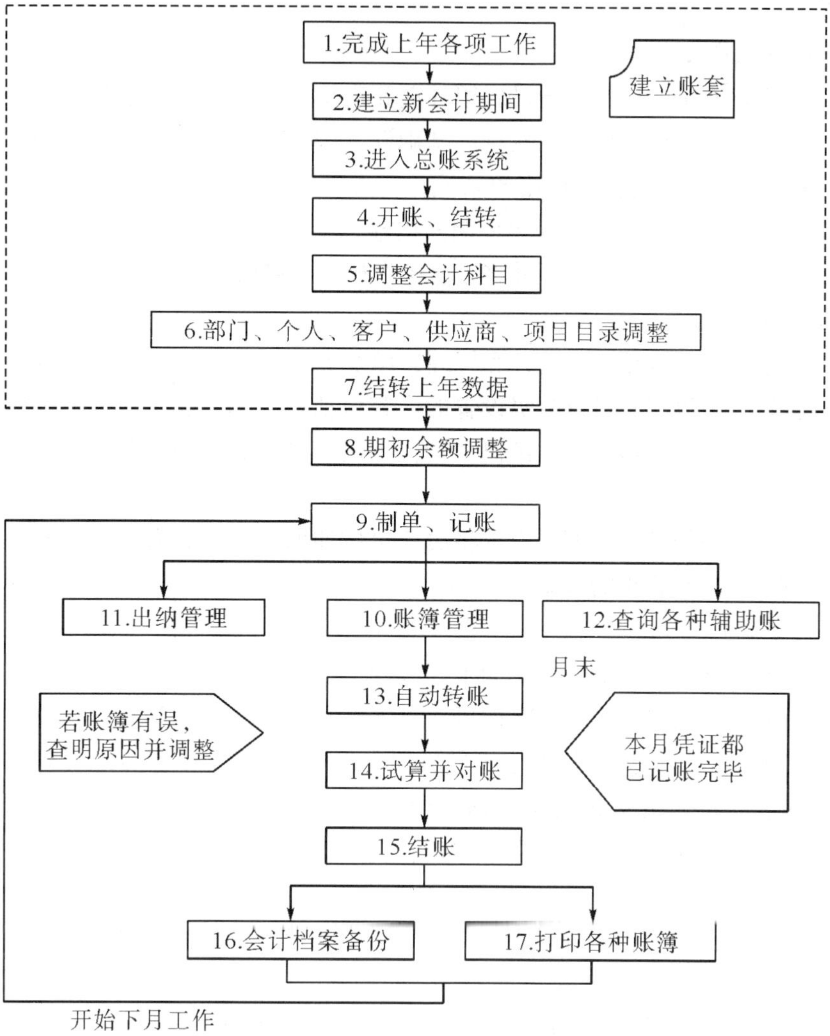

图 2-10　老用户的操作流程示意图

第三节　公共基础档案设置

一、基本信息

建立账套完成后，如未及时设置编码方案、数据精度，启用子系统时，或需修改以前设置的编码方案、数据精度、会计期间以及启用的子系统，可以执行“开始→程序→用友 ERP-U8 V10. 1→企业应用平台”指令，打开“登录”对话框，输入身份为账套主管的操作员；选择相应的账套；单击“确认”按钮，进入 UFIDA U8 窗口。从“企业应用平台-基础设置-基本信息”进入进行系统启用设置，或修改已设置的信息。

（一）系统启用

该功能用于系统的启用，记录启用日期和启用人。要对某个系统操作必须先启用此系统。在企业应用平台中，执行“基础设置-基本信息-系统启用”指令，打开“系统启用”对话框，选择要启用的系统，在方框内打钩，只有系统管理员和账套主管才有系统启用权限；在启用会计期间内输入启用的年、月数据；单击“确认”按钮后，保存此次的启用信息，并将当前操作员写入启用人。

（二）编码方案

为了便于进行分级核算、统计和管理，用友 ERP-U8 V10.1 系统可以对基础数据的编码进行分级设置，可以分级设置的内容包括科目编码、客户分类编码、部门编码、存货分类编码、地区分类编码、货位编码、供应商分类编码、收发类别编码和结算方式编码等。

编码级次和各级编码长度的设置将决定单位如何编制基础数据的编号，进而构成分级核算、统计和管理的基础。

【栏目说明】

科目编码级次：系统最大限制为十三级四十位，且任何一级的最大长度都不得超过九位编码。一般单位用 42222 即可。设定的科目编码级次和长度将决定单位的科目编号如何编制。例如，某单位将科目编码设为 42222，则科目编号时一级科目编码是四位长，二至五级科目编码均为两位长；又如某单位将科目编码长度设为 4332，则科目编号时一级科目编码为四位长，二级科目编码为三位长，四级科目编码为两位长。

客户分类编码级次：系统最大限制为五级十二位，且任何一级的最大长度都不得超过九位编码。

供应商、存货分类编码级次、货位编码级次、收发类别编码级次等同理。

在建立账套时设置存货（客户、供应商）不需分类，则在此不能进行存货分类（客户分类、供应商分类）的编码方案设置。

二、基础档案

设置基础档案就是把手工资料经过加工整理，根据本单位建立信息化管理的需要，建立软件系统应用平台，这是手工业务的延续和提高。

财务基础档案的设置顺序如图 2-11 所示。

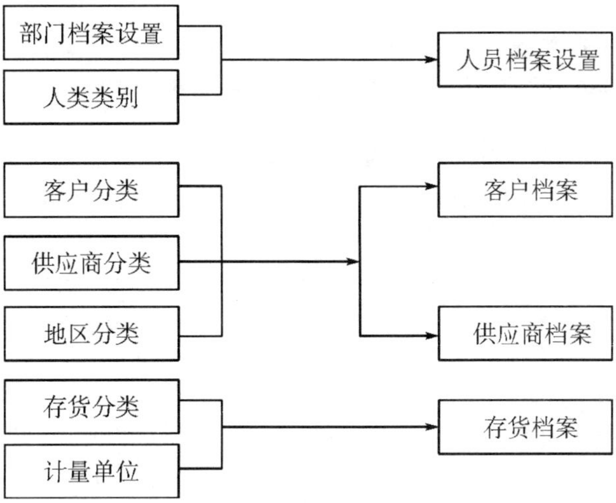

图 2-11　公共基础档案设置顺序

（一）机构人员

1. 部门档案

部门档案主要用于设置企业各个职能部门的信息。部门是指某使用单位下辖的具有分别进行财务核算或业务管理要求的单元体，不一定是实际中的部门机构。

【实务案例】

尧顺电子股份有限公司的部门档案如表 2-3 所示。

表 2-3　部门档案一览表

编号	名称
01	办公室
02	财务部
03	生产部
0301	一车间
0302	二车间
04	市场部
0401	采购部
0402	销售部

【操作步骤】

在企业应用平台中，执行“基础设置→基础档案→机构人员→部门档案”指令，进入部门档案设置主界面，单击“增加”按钮，在编辑区输入部门编码、部门名称、负责人、部门属性、电话、地址、备注、信用额度、信用等级等信息即可，单击“保存”按钮，保存此次增加的部门档案信息后，再次单击“增加”按钮，可以继续增加其他部门的信息，如图 2-12 所示。

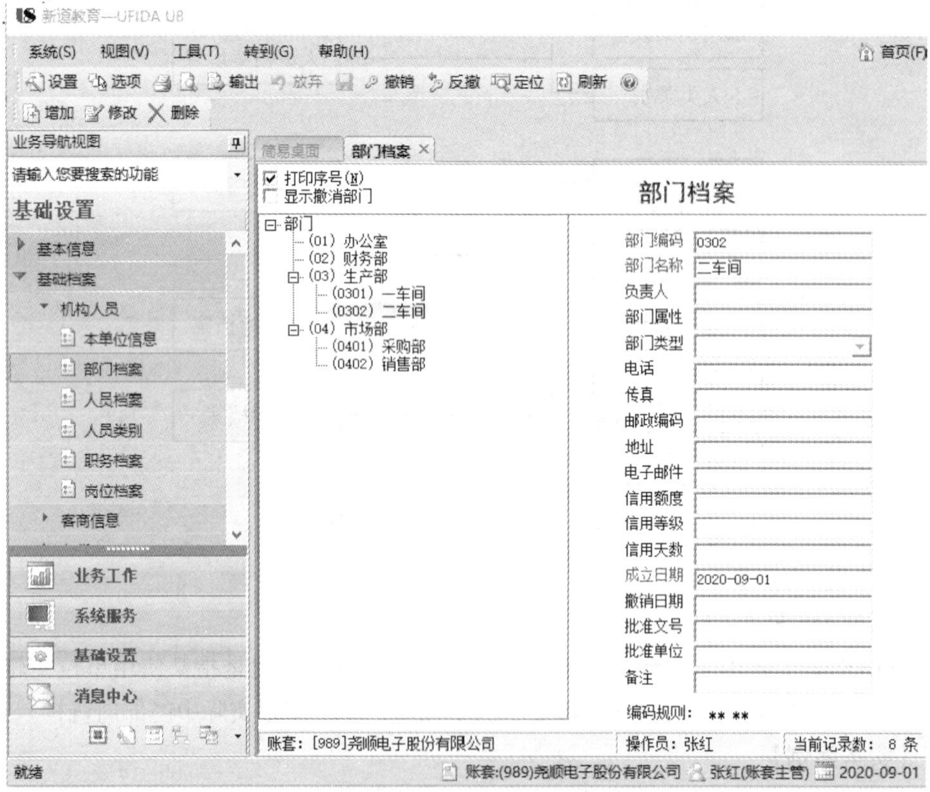

图 2-12 部门档案录入窗口

修改部门档案：在部门档案界面左边，将光标定位到要修改的部门编号上，用鼠标单击“修改”按钮。这时界面即处于修改状态，除部门编号不能修改外，其他信息均可修改。

删除部门档案：单击左边目录树中要删除的部门，背景显示蓝色表示选中，单击“删除”按钮即可删除此部门。注意，若部门被其他对象引用后就不能被删除。

刷新档案记录：在网络操作中，可能同时有多个操作员在操作相同的目录。可以单击“刷新”按钮，查看到当前最新目录情况，即可以查看其他有权限的操作员新增或修改的目录信息。

2. 人员类别档案

人员类别档案是指对企业的人员类别进行分类设置和管理。

【实务案例】

尧顺电子股份有限公司的人员类别如表 2-4 所示。

表 2-4　　人员类别一览表

人员类别编码	人员类别名称
101	管理人员
102	生产人员
103	采购人员
104	销售人员

【操作步骤】

在企业应用平台中，执行“基础设置→基础档案→机构人员→人员类别”指令，进入人员类别设置主界面，单击功能键中的“增加”按钮，显示“添加职员类别”空白页；可以根据自己企业的实际情况，在相应栏目中输入适当内容，单击“保存”按钮；保存此次增加的人员类别信息后，再次单击“增加”按钮，可以继续增加其他类别信息。

3. 人员档案

人员档案主要用于记录本单位使用系统的职员列表，包括职员编号、名称、所属部门及职员属性等。

【实务案例】

尧顺电子股份有限公司的人员档案如表 2-5 所示。

表 2-5　　人员档案一览表

职员编号	职员名称	性别	所属部门	是否操作员	是否业务员	人员类别
101	林越	男	办公室		是	管理人员
201	张红	女	财务部	是	是	管理人员
202	刘勇	男	财务部	是	是	管理人员
203	王晓	女	财务部	是	是	管理人员
204	董小辉	男	财务部	是	是	管理人员
205	吴红梅	女	财务部	是	是	管理人员
301	孙贵武	男	一车间		是	生产人员
302	刘朋	男	一车间		是	生产人员
303	欧阳春	女	二车间		是	生产人员
401	赵巍	男	采购部		是	采购人员
402	张明玉	女	采购部		是	采购人员
403	吴宇	男	销售部		是	销售人员

【操作步骤】

在企业应用平台中，执行“基础设置→基础档案→机构人员→人员档案”指令，进入人员档案设置主界面，在左侧部门目录中选择要增加人员的末级部门，单击功能键中的“增加”按钮，显示“添加职员档案”空白页，用户可以根据自己企业的实际情况，在相应栏目中输入适当内容。其中，蓝色名称为必输入项，如图 2-13所示。然后，单击“保存”按钮，保存此次增加的人员档案信息后，再次单击“增加”按钮，可以继续增加其他人员的信息。

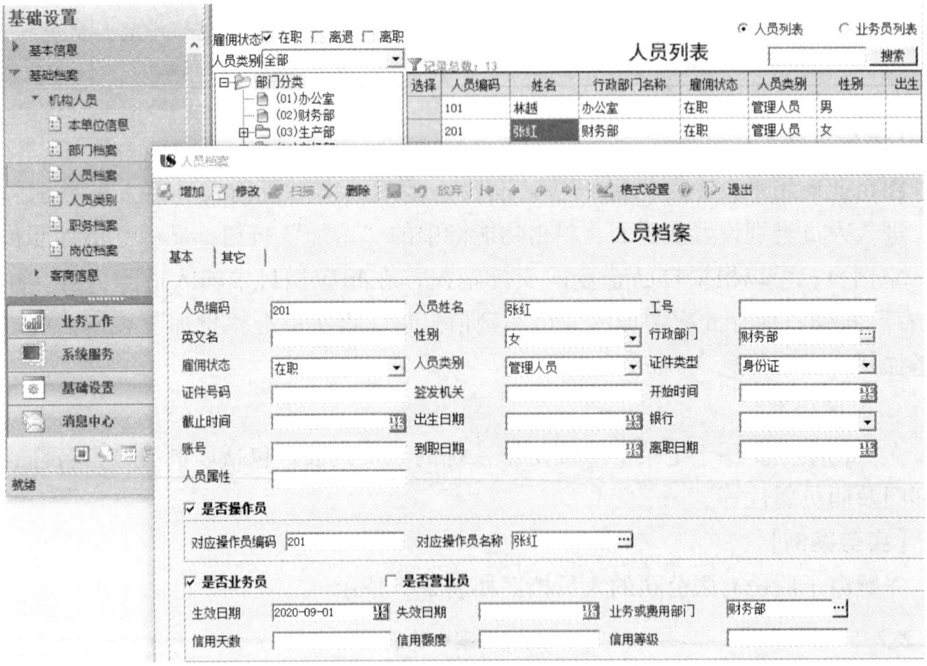

图 2-13　人员档案录入窗口

说明：人员档案设置界面以及其他基础档案设置界面的修改、删除等功能操作与部门档案的功能操作类似。

（二）客商信息

1. 供应商分类

企业可以根据自身管理的需要对供应商进行分类管理，建立供应商分类体系。如可以将供应商按行业、地区等进行划分，设置供应商分类后，根据不同的分类建立供应商档案。

2. 客户分类

企业可以根据自身管理的需要对客户进行分类管理，建立客户分类体系。如可以将客户按行业、地区等进行划分，设置客户分类后，根据不同的分类建立客户档案。

3. 供应商档案

建立供应商档案主要是为企业的采购管理、库存管理、应付账管理服务。在填制采购入库单、采购发票和进行采购结算、应付款结算和有关供货单位统计时都会用到供货单位档案，因此必须先设立供应商档案，以便减少工作差错。在输入单据时，如果单据上的供货单位不在供应商档案中，则必须在此建立该供应商的档案。供应商档案的栏目包括供应商档案基本页、供应商档案联系页、供应商档案信用页、供应商档案其他页等。

（1）供应商档案基本页，如图 2-14 所示。

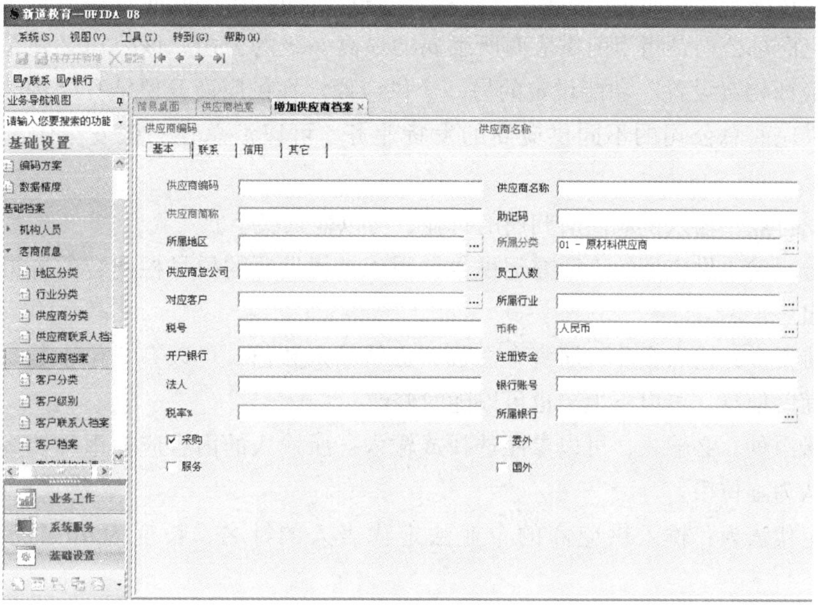

图 2-14 供应商档案基本页界面

本页中蓝字名称的项目为必填项。

供应商编码：供应商编码必须唯一；供应商编码可以用数字或字符表示，最多可以输入 20 位数字或字符。

供应商名称：可以是汉字或英文字母，供应商名称最多可以写 49 个汉字或 98 个字符。供应商名称用于销售发票的打印，即打印出来的销售发票的销售供应商栏目显示的内容为销售供应商的名称。

供应商简称：可以是汉字或英文字母，供应商简称最多可写 30 个汉字或 60 个字符。供应商简称用于业务单据和账表的屏幕显示，如屏幕显示的销售发货单的供应商栏目中显示的内容为供应商简称。

助记码：根据供应商名称自动生成助记码，也可以手工修改；在单据上可以录入助记码快速找到供应商。

对应客户：在供应商档案中输入对应客户名称时不允许记录重复，即不允许有多个供应商对应一个客户情况的出现。而且当在 001 供应商中输入了对应客户编码为 666，则在保存该供应商信息的同时需要将 666 客户档案中的对应供应商编码记录保存为 001。

员工人数：输入本企业员工人数，只能输入数值，不能有小数。此信息为企业辅助信息，可以不填，也可以随时修改。

所属分类码：单击参照按钮选择供应商所属分类，或者直接输入分类编码。

所属地区码：可输入供应商所属地区的代码，输入系统中已存在代码时，自动转换成地区名称，显示在该栏目的右编辑框内。

总公司编码：参照供应商档案选择供应商总公司编码，同时自动显示供应商简称。供应商总公司是指当前供应商所隶属的最高一级的公司，该公司必须是已经通过“供应商档案设置”功能设定的另一个供应商。在供应商开票结算处理时，具有同一个供应商总公司的不同供应商的发货业务，可以汇总在一张发票中统一开票结算。

所属行业：输入供应商所归属的行业，可以输入汉字。

税号：输入供应商的工商登记税号，用于销售发票的税号栏内容的屏幕显示和打印输出。

注册资金：输入企业注册资金总额，必须输入数值，可以有 2 位小数。此信息为企业辅助信息，可以不填，也可以随时修改。

注册币种：必输入，可以参照选择或输入；所输入的内容应为币种档案中的记录，默认为本位币。

法定代表人：输入供应商的企业法定代表人的姓名，长度为 40 个字符，20 个字。

开户银行：输入供应商的开户银行的名称。如果供应商的开户银行有多个，在此处输入该供应商与本企业发生业务往来最常用的开户银行。

银行账号：输入供应商在其开户银行中的账号，可以输入 50 位数字或字符。银行账号应对应开户银行栏目所填写的内容。如果供应商在某开户银行中的银行账号有多个，在此处输入该供应商与本企业发生业务往来最常用的银行账号。

税率：数值类型，大于等于 0。采购单据中，在取单据表体的税率时，优先按“选项”中设置的取价方式取税率，如果取不到或取价方式是手工录入的时候，按供应商档案上的“税率%”值、存货档案上的“税率%”值、表头“税率%”值的优先顺序取税率。

供应商属性：请在采购、委外、服务和国外四种属性中选择一种或多种，采购属性的供应商用于采购货物时可选的供应商，委外属性的供应商用于委外业务时可选的供应商，服务属性的供应商用于费用或服务业务时可选的供应商，国外属性的供应商用于国外业务时可选的供应商。

注意：如果此供应商已被使用，则供应商属性不能删除、修改，可增选其他项。

（2）供应商档案联系页，如图 2-15 所示。

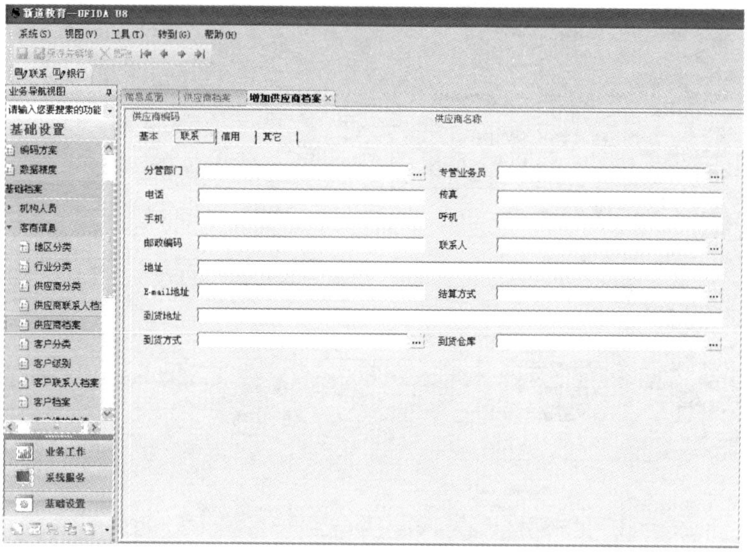

图 2-15　供应商档案联系页界面

分管部门：该供应商归属分管的采购部门。

专营业务员：指该供应商由哪个业务员负责联系业务。

地址：可以用于采购到货单的供应商地址栏内容的屏幕显示和打印输出，最多可以输入 127 个汉字和 255 个字符。如果供应商的地址有多个，在此处输入该供应商同本企业发生业务往来最常用的地址。

电话、手机号码：可以用于采购到货单的供应商电话栏内容的屏幕显示和打印输出。

到货地址：可以用于采购到货单中到货地址栏的缺省取值。

E-mail 地址：最多可以输入 127 个汉字和 255 个字符，手工输入，可以为空。

到货方式：可以用于采购到货单中发运方式栏的缺省取值，输入系统中已存在代码时，自动转换成发运方式名称。

到货仓库：可用于采购单据中仓库的缺省取值，输入系统中已存在代码时，自动转换成仓库名称。

结算方式：在收、付款单据录入时可以根据选择的“供应商”带出“结算方式”进而带出“结算科目”。

（3）供应商档案信用页，如图 2-16 所示。

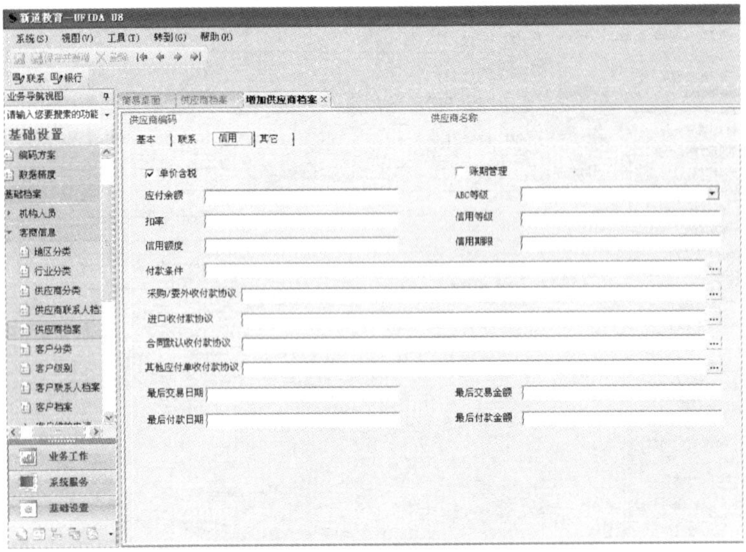

图 2-16 供应商档案信用页界面

单价是否含税：显示的单价是含税价格还是不含税价格。

账期管理：默认为不可修改。如果选中，则表示要对当前供应商进行账期的管理。

应付余额：指供应商当前应付账款的余额。由系统自动维护，不能修改该栏目的内容，单击供应商档案主界面上的“信用”按钮，计算并显示应付款管理系统中供应商当前的应付款余额。

ABC 等级：可以根据该供应商的表现选择 A、B、C 三个信用等级符号表示该供应商的信用等级，可以随时根据实际发展情况予以调整。

扣率：显示供应商在一般情况下给予的购货折扣率，可以用于采购单据中折扣的缺省取值。

信用等级：按照自行设定的信用等级分级方法，依据在供应商应付款项方面的表现，输入供应商的信用等级。

信用额度：内容必须是数字，可以输入两位小数，可以为空。

信用期限：可以作为计算供应商超期应付款项的计算依据，其度量单位为“天”。

付款条件：可以用于采购单据中付款条件的缺省取值，输入系统中已存在代码时，自动转换成付款条件表示。

采购/委外收付款协议：默认为空，可以修改，从收、付款协议中选择。

进口收付款协议：默认为空，可以修改，从收、付款协议中选择。

其他应付单据收付款协议：默认为空，可以修改，从收付款协议中选择。

最后交易日期：由系统自动显示供应商的最后一笔业务的交易日期，即在各种交易中业务日期最大的那天。例如：该供应商的最后一笔业务是开具一张采购发票，那么最后交易日期即为这张发票的发票日期。不能手工修改最后交易日期。

最后交易金额：由系统自动显示供应商的最后一笔业务的交易金额，即在最后交易日期发生的交易金额。

最后付款日期：由系统自动显示供应商的最后一笔付款业务的付款日期。

最后付款金额：由系统自动显示供应商的最后一笔付款业务的付款金额，即最后付款日期发生的金额。金额单位为发生实际付款业务的币种。

提示：

①应付余额、最后交易日期、最后交易金额、最后付款日期、最后付款金额五个条件项，是单击供应商档案主界面上的“信用”按钮，在应付款管理系统中计算相关数据并显示的。如果没有启用应付款管理系统，则这五个条件项不可使用。

②应付余额、最后交易日期、最后交易金额、最后付款日期、最后付款金额在基础档案中只可查看，不允许修改，是单击主界面上的“信用”按钮，由系统自动维护的。

（4）供应商档案其他页。

发展日期：该供应商是何时建立供货关系的。

停用日期：输入因信用等原因，本企业停止业务往来的供应商被停止使用的日期。停用日期栏内容不为空的供应商，在任何业务单据开具时都不能使用，但可以进行查询。如果要使被停用的供应商放弃使用，将停用日期栏的内容清空即可。

使用频度：指供应商在业务单据中被使用的次数。

对应条形码中的编码：最多可输入 30 个字符，可以随时修改，可以为空，不能重复。

所属银行：指付款账号缺省时所属的银行，可输入也可不输入。

默认委外仓：参照/手工录入，来源于具有“委外仓”属性的仓库档案，可随时修改。该仓库用于指定该委外商倒冲领料的默认委外仓，在委外用料表的倒冲子件的默认仓库中，系统会自动带入这里指定的默认委外仓。

以下五项只能查看不能修改：

建档人：在增加供应商记录时，系统自动将该操作员编码存入该记录中作为建档人，以后不管是谁修改这条记录均不能修改这一栏目，且系统也不能自动进行修改。

所属的权限组：该项目不允许编辑，只能查看；该项目在数据分配权限中进行定义。

变更人：新增供应商记录时变更人栏目存放的操作员与建档人的内容相同，以后修改该条记录时系统自动将该记录的变更人修改为当前操作员编码，该栏目不允许手工修改。

变更日期：新增供应商记录时变更日期存放当时的系统日期，以后修改该记录时系统自动将修改时的系统日期替换为原来的信息，该栏目不允许手工修改。

建档日期：自动记录该供应商档案的建立日期，建立后不可修改。（如果以供应商资质审批方式加入的供应商，取该供应商录入供应商档案的时间）。

【实务案例】

尧顺电子股份有限公司的供应商档案如表 2-6 所示。

表 2-6　　供应商档案一览表

编号	名称	简称	税号	开户银行	账号
001	沈阳吉昌公司	吉昌	12345678901238	工行沈阳分行	12345678901288
002	石家庄天悦公司	天悦	98765432109878	工行石家庄分行	98765432109888
003	浙江天目公司	天目	87654321098768	工行杭州分行	25687991235888
004	济南钢铁公司	济南钢铁	88875619321448	工行济南分行	56233132666888

【操作步骤】

在企业应用平台中，执行“基础设置→基础档案→客商信息→供应商档案”指令，进入供应商档案设置主界面，单击“增加”按钮，进入增加状态。选择“基本”“联系”“信用”“其他”页签，填写相关内容。如果设置了自定义项，还需要填写自定义项页签。然后，单击“保存”按钮，保存此次增加的供应商档案信息；或单击“保存并新增”按钮保存此次增加的供应商档案信息，并增加空白页供继续录入供应商信息。

4. 客户档案

本功能主要用于设置往来客户的档案信息，以便于对客户资料管理和业务数据的录入、统计、分析。如果建立账套时选择了客户分类，则必须在设置完成客户分类档案的情况下才能编辑客户档案。客户档案的栏目包括客户档案基本页、客户档案联系页、客户档案信用页、客户档案其他页等。其各页面栏目的含义及录入要求与供应商档案相似。

【实务案例】

尧顺电子股份有限公司的客户档案如表 2-7 所示。

表 2-7　　客户档案一览表

编号	名称	简称	税号
001	辽宁勤力公司	勤力	25689222233588
002	河北益达公司	益达	78906543212388
003	山东海平公司	海平	56789012345688

【操作步骤】

客户档案的增加、修改和删除功能操作与供应商档案的功能操作相同。

（三）存货

1. 存货分类

企业可以根据对存货的管理要求对存货进行分类管理，以便于对业务数据的统计和分析。存货分类最多可分为 8 级，编码总长不能超过 30 位，每级级长用户可以自由定义。存货分类用于设置存货分类编码、名称及所属经济分类。

【实务案例】

尧顺电子股份有限公司的存货分类信息如表 2-8 所示。

表 2-8　**存货分类信息一览表**

存货分类编码	存货分类名称
01	原材料
02	周转材料
03	库存商品

【操作步骤】

在企业应用平台中，执行“基础设置→基础档案→存货→存货分类”指令，进入存货分类设置主界面，单击“增加”按钮，在编辑区输入分类编码和名称等分类信息，单击“保存”按钮，保存此次增加的客户分类后，可以继续增加其他分类信息。

2. 计量单位

要设置计量单位档案，必须首先增加计量单位组，其次再在该组下增加具体的计量单位内容。计量单位组分为无换算、浮动换算、固定换算三种类别，每个计量单位组中有一个主计量单位、多个辅助计量单位，可以设置主辅计量单位之间的换算率；还可以设置采购、销售、库存和成本系统所默认的计量单位。

无换算计量单位组：在该组下的所有计量单位都以单独形式存在，各计量单位之间不需要输入换算率，系统默认为主计量单位。

浮动换算计量单位组：设置为浮动换算率时，计量单位组中只能包含两个计量单位。此时，需要在该计量单位组中标明主计量单位、辅助计量单位。

固定换算计量单位组：设置为固定换算率时，计量单位组中可以包含两个及以上的计量单位，而且每一个辅助计量单位对主计量单位的换算率不为空。

【实务案例】

尧顺电子股份有限公司的计量单位信息如表 2-9 所示。

表 2-9　　　　计量单位信息一览表

计量单位组	计量单位编号	计量单位名称
01 基本计量单位（无换算率）	1	吨
	2	个
	3	箱
	4	件
	5	千克
	6	平方米
	7	千米

【操作步骤】

在企业应用平台中，执行“基础设置→基础档案→存货→计量单位”指令，进入计量单位设置主界面。

第一步，单击“分组”按钮进入设置计量单位组界面，单击“增加”按钮后，输入计量单位组编码和组名称，单击“保存”按钮，保存添加的内容。

第二步，设置计量单位，在计量单位设置主界面的左边选择要增加的计量单位所归属的组名后，单击“单位”按钮，弹出计量单位设置窗口；单击“增加”按钮，录入计量相关信息后；单击“保存”按钮，保存添加的内容，如图 2-17 所示。

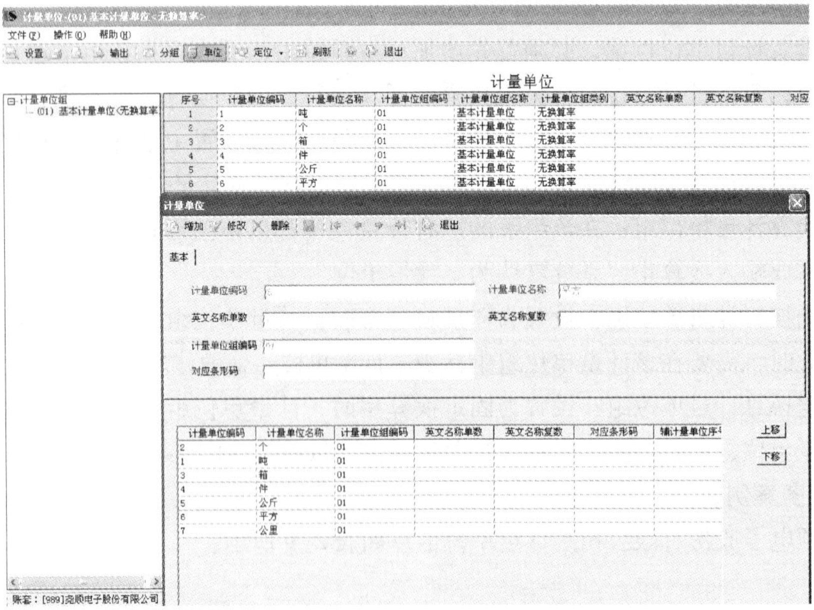

图 2-17　计量单位录入窗口

3. 存货档案

存货档案主要用于设置企业在生产经营中使用到的各种存货信息，以便于对这些存货进行资料管理、实物管理和业务数据的统计、分析。本功能完成对存货目录的设立和管理，随同发货单或发票一起开具的应税劳务等也应设置在存货档案中。同时，提供基础档案在输入中的方便性，完备基础档案中的数据项，提供存货档案的多计量单位设置。用友 ERP-U8 系统中存货档案各页面的主要栏目说明如下：

（1）存货档案基本页。

存货编码：必须输入，最多可以输入 60 位数字或字符。

存货名称：存货名称为必填项。必须输入，最多可以输入 255 位汉字或字符。

计量单位组：可以参照选择录入，最多可输入 20 位数字或字符。

计量单位组类别：根据已选的计量单位组系统自动带入。

主计量单位：根据已选的计量单位组，显示或选择不同的计量单位。

生产计量单位：设置生产制造系统缺省时使用的辅助计量单位。对应每个计量单位组均可以设置一个生产订单系统缺省使用的辅助计量单位。

库存（采购、销售、成本、零售）系统默认单位：对应每个计量单位组均可以设置一个且最多设置一个库存（成本、销售、采购）系统缺省使用的辅助计量单位。其中成本默认辅助计量单位，不可输入主计量单位。

存货分类：系统根据增加存货前所选择的存货分类自动填写，可以修改。

销项税率：录入，此税率为销售单据上该存货默认的销项税税率，默认为 17%，可修改，可以输入小数位，允许输入的小数位长根据数据精度对税率小数位数的要求进行限制，可批改。

进项税率：默认新增档案时进项税 = 销项税 = 13%，可批改。

存货属性：系统为存货设置了多种属性。同一存货可以设置多个属性，但当一个存货同时被设置为自制、委外和（或）外购时，MPS/MRP 系统默认自制为其最高优先属性而自动建议计划生产订单；而当一个存货同时被设置为委外和外购时，MPS/MRP 系统默认委外为其最高优先属性而自动建议计划委外订单。

内销：具有该属性的存货用于销往国内。发货单、内销发票、销售出库单等与销售有关的单据参照存货时，参照的都是具有内销属性的存货。开在发货单或内销发票上的应税劳务，也应设置为销售属性，否则开发货单或内销发票时无法参照。

外销：具有该属性的存货用于销往国外。发货单、外销发票、销售出库单等与销售有关的单据参照存货时，参照的都是具有外销属性的存货。开在发货单或外销发票上的应税劳务，也应设置为外销属性，否则开发货单或外销发票时无法参照。新增存货档案外销默认为不选择。

外购：具有该属性的存货可用于采购。到货单、采购发票、采购入库单等与采购有关的单据参照存货时，参照的都是具有外购属性的存货。开在采购专用发票、普通发票、运费发票等票据上的采购费用，也应设置为外购属性，否则开具采购发票时无法参照。

生产耗用：具有该属性的存货可用于生产耗用，如生产产品耗用的原材料、辅助材料等。具有该属性的存货可用于材料的领用。材料出库单参照存货时，参照的都是具有生产耗用属性的存货。

委外：具有该属性的存货主要用于委外管理。委外订单、委外到货单、委外发票、委外入库单等与委外有关的单据参照存货时，参照的都是具有委外属性的存货。

自制：具有该属性的存货可由企业生产自制。如工业企业生产的产成品、半成品等存货。具有该属性的存货可用于产成品或半成品的入库，产成品入库单参照存货时，参照的都是具有自制属性的存货。

计划品：具有该属性的存货主要用于生产制造中的业务单据，以及对存货的参照过滤。计划品代表一个产品系列的物料类型，其物料清单中包含子件物料和子件计划百分比。可以使用计划物料清单来帮助执行主生产计划和物料需求计划。与“存货”其他所有属性互斥。

选项类：是在 ATO 模型或 PTO 模型物料清单上，对可选子件的一个分类。

备件：具有该属性的存货主要用于设备管理的业务单据和处理，以及对存货的参照过滤。

PTO：指按订单选配出库，使用标准 BOM，既可选择 BOM 版本，也可选择模拟 BOM，直接将标准 BOM 展开到单据表体。BOM 即物料清单（bill of material）的简称，它是详细记录一个项目所用到的所有下阶材料及相关属性，即母件与所有子件的从属关系、单位用量及其他属性，在有些系统称为材料表或配方料表。

ATO：指面向订单装配，即接受客户订单后方可下达生产装配。ATO 在接受客户订单之前虽可预测，但目的在于提前准备其子件供应，ATO 件本身则需按客户订单下达生产。本系统中，ATO 一定同时为自制件属性。若 ATO 与模型属性共存，则是指在客户订购该物料时，其物料清单可列出其可选用的子件物料，即在销售管理或出口贸易系统中可以按客户要求订购不同的产品配置。

模型：在其物料清单中可列出其可选配的子件物料。本系统中，模型可以是 ATO 模型或者 PTO 模型。属性为“ATO 模型”，则供需政策自动选择 LP（批量供应法）。

ATO 模型：具有该属性的存货可用于生产制造中的业务单据和模拟报价，以及对存货的参照过滤。ATO 模型是指在客户订购该物料时，其物料清单可列出其可选用的子件物料，即在销售过滤系统中可以按客户要求订购不同的产品配置。ATO 模型需选配后下达生产订单组装完成再出货。

PTO 模型：指面向订单挑选出库。本系统中，PTO 模型一定同时为模型属性，是指在客户订购该物料时，其物料清单可列出其可选用的子件物料，即在销售管理或出口贸易系统中可以按客户要求订购不同的产品配置。ATO 模型与 PTO 模型的区别在于，ATO 模型需选配后下达生产订单组装完成再出货，PTO 模型则按选配子件直接出货。

资产：“资产”与“受托代销”的属性互斥。“资产”属性的存货不参与计划，“计划方法”（MRP 页签）只能选择 N。资产存货，默认仓库只能录入和参照仓库档案中的资产仓；非“资产”存货，默认仓库只能录入和参照仓库档案中的非资产仓。

工程物料：指企业在进行新品种大批量生产之前，小批量试制用到的新物料。这种物料在采购时需要进行单次采购数量的限制。

计件：选中该项，表示该产品或加工件需要核算计件工资，可批量修改。

应税劳务：指开具在采购发票上的运费费用、包装费用等采购费用或开具在销售发票或发货单上的应税劳务。应税劳务属性应与“自制”“在制”“生产耗用”属性互斥。

服务项目：默认为不选择。

服务配件：默认为不选择，同“服务项目”选择互斥，与备件属性的控制规则相同。

服务产品：服务单选择故障产品时，只可参照该标志的存货。服务产品控制规则同服务配件控制规则。

是否折扣：即折让属性，若选择“是”，则在采购发票和销售发票中录入折扣额。该属性的存货在开发票时可以没有数量，只有金额；或者在蓝字发票中开成负数。它与“生成耗用”“自制”“在制”的属性互斥，即不能与它们三个中任一个属性同时录入。

是否受托代销：在建立账套时，企业类型为商业和医药流通才可以启用受托代销业务。（要选此项，需要先在“库存管理”选项设置中选中“有无受托代销业务”选项）

是否成套件：选择“是”，则该存货可以进行成套业务。（要选此项需要先在“库存管理”选项设置中选中“有无成套件管理”选项）

保税品：进口的被免除关税的产品被称为保税品。只要有业务发生，该存货就不能变为非保税存货。

（2）存货档案成本页。

该页签中的各种属性主要用于在进行存货的成本核算过程中提供价格计算的基础依据。具体属性说明如下：

①在存货核算系统选择存货核算时必须对每一个存货记录设置一个计价方式，缺省选择全月平均，若前面已经有新增记录，则计价方式与前面新增记录相同。

②当存货核算系统中已经使用该存货，就不能修改该计价方式。

费用率：录入，可以为空，可以修改。用于存货核算系统，计提存货跌价准备。

计划单价/售价：采用计划价法核算的账套必须设置，因为在单据记账等处理中必须使用该单价；计算差异和差异率也以该价格为基础，工业企业使用计划价对存货进行核算，商业企业使用售价对存货进行核算，根据核算方式的不同，分别按照仓库、部门、存货设置计划价/售价核算。核算体系为标准成本时，该价格特指材料计划价，采购属性的存货在此录入，半成品或产成品的材料计划价由系统自动计算，无须手工录入。

最高进价：指进货时企业参考的最高进价。如果企业在采购管理系统中选择要进行最高进价控制，则在填制采购单据时，此次进价如高于最高进价，系统会要求输入口令，口令输入正确，方可高于最高进价采购，否则不行。

参考成本：指非计划价或售价核算的存货填制出入库成本时的参考成本。采购商品或材料暂估时，参考成本可作为暂估成本。存货负出库时，参考成本可作为出库成本。该属性比较重要，建议都进行填写。在存货核算系统该值可以和“零成本出库单价确认”“入库成本确认方式”“红字回冲单成本确认方式”“最大最小单价控制方式”等选项配合使用。如果各种选项设置为参考成本，则在各种成本确认的过程中都会自动取该值作为成本。

最新成本：指存货的最新入库成本，可修改。存货成本的参考值，不进行严格的控制。产品材料成本、采购资金预算是以存货档案中的计划售价、参考成本和最新成本为依据，所以如果要使用这两项功能，在存货档案中必须输入计划售价、参考成本和最新成本，可随时修改。如果使用了采购管理产品，那么在做采购结算时，提取结算单价作为存货的最新成本，自动更新存货档案中的最新成本。

最低售价：指存货销售时的最低销售单价。在录入最低售价时，根据报价是否含税录入无税售价或含税售价。

参考售价：可录入。根据报价是否含税录入无税售价或含税售价。

主要供货单位：指存货的主要供货单位，如商业企业商品的主要进货单位或工业企业材料的主要供应商等。

销售加成率：录入百分比。“销售管理”设置取价方式为最新成本加成，则销售报价=存货最新成本×（1+销售加成率）。

零售价格：用于零售系统录入单据时缺省带入的销售价格。

本阶标准人工费用、本阶标准变动制造费用、本阶标准固定制造费用、本阶标准委外加工费：指用于存货在物料清单子件产出类型为“联产品或副产品”时，计算单位标准成本及标准成本时引用此数据作为计算本阶主、副、联产品的权重。

前阶标准人工费用、前阶标准变动制造费用、前阶标准固定制造费用、前阶标准委外加工费：指用于存货在物料清单子件产出类型为“联产品或副产品”时，计算单位标准成本及标准成本时引用此数据作为计算前阶主、副、联产品的权重。

投产推算关键子件：成本管理在产品分配率选择“按约当产量”时，勾选此选项，可作为成本管理推算产品投产数量的依据。此字段属性会直接带到 BOM 子件中。成本管理“月末在产品处理表”取数选择“按关键子件最大套数”或“按关键子件最小套数”时，将根据此选择取出产品的投产数量。注意：在存货档案修改

“投产推算关键子件”属性，仅影响新增 BOM 子件。

（3）存货档案控制页。

最高库存：指存货在仓库中所能储存的最大数量，超过此数量就有可能形成存货的积压。最高库存不能小于最低库存。在填制出入库单时，如果某存货的目前结存量高于最高库存，系统将予以报警。库存管理系统需要设置此选项，才能报警。

最低库存：指存货在仓库中应保存的最小数量，低于此数量就有可能形成短缺，影响正常生产。如果某存货当前可用量小于此值，在库存管理系统填制出库单及登录产品时系统将予以报警。

安全库存：指在库存中，为了预防需求或供应方面不可预料的波动保存的货物项目数量。在库存管理中，根据库存量来进行安全预警。如果补货政策选择“按再订货点（ROP）”方法，库存管理再订货点运算、再订货点维护以及查询安全库存预警报表时以此处的设置为基准。

积压标准：指输入存货的周转率。呆滞积压存货分析根据积压标准进行统计，即周转率小于积压标准的存货，在库存管理中要进行统计分析。在库存管理系统进行呆滞积压存货分析时，用实际存货周转率与该值进行比较，以确定存货在库存中存放的状态（呆滞、积压或非呆滞积压状态）。

替换件：指可作为某存货的替换品的存货，来源于存货档案。录入库存单据时，如果发现被替换品存量不足，可以用替换品代替原存货出库。

货位：指存货的默认存放货位。在库存系统填制单据时，系统会自动将此货位作为存货的默认货位，但用户可修改。在企业中仓库的存放货位一般用数字描述。例如：3-2-12 表示第 3 排第 2 层第 12 个货架。货位可以分级表示。货位的形式既可以是三维立体形式，也可以是二维平面表示。

请购超额上限：设置根据请购单生成采购订单时，可以超过来源请购单订货的上限范围。其指“采购管理”选项设置为“允许超请购订货”时，订货可超过请购量的上限值，具体请参见“采购管理”帮助中“业务及权限控制”部分的说明。

采购数量上限：用于采购时需要进行单次采购数量的限制。如果在基本页签中的工程物料被选中，则可以录入；否则，不可以录入。

入库、出库超额上限：指设置根据来源单据做出入库单时，可以超过来源单据出库或入库的上限范围。

订货超额上限：控制订货时不能超过所需量的上限数量。参照 MPR/MPS 建议在订货量生成采购订单的时候，订购量可超过建议订货量的上限值。

发货允超上限：指发货允许超出订单的上限。

ABC 分类法：指定每一存货的 ABC 类别，只能输入 A、B、C 三个字母的其中之一。其基本原理是：按成本比重高低将各成本项目分为 A、B、C 三类，对不同类别的成本采取不同控制方法。这一方法符合抓住关键少数、突出重点的原则，是一种比较经济合理的管理方法。该方法既适用于单一品种各项成本的控制，又可以用于多品种成本的控制，也可以用于某项成本的具体内容的分类控制。A 类项目的成本占 A、B、C 三类成本总和的比重最大，一般应为 70%以上，但实物数量则不超过 20%；B 类项目的成本占 A、B、C 三类成本总和的比重为 20%左右，其实物量则一般不超过 30%；C 类项目实物量不低于 50%，但其成本占 A、B、C 三类成本总和的比重则不超过 10%。按照 ABC 分类法的要求，A 类项目是重点控制对象，必须逐项严格控制；B 类项目是一般控制对象，可分不同情况采取不同措施；C 类项目不是控制的主要对象，只需采取简单控制的方法即可。显然，按 ABC 分类法分析成本控制对象，可以突出重点，区别对待，做到主次分明，抓住成本控制的主要矛盾。

合理损耗率：可以手工输入小数位数最大为 6 位的正数，可以空，可以随时修改。其用途如下：①库存盘点时使用，库存管理进行存货盘点时可以根据实际损耗率与此值进行比较，确定盘亏存货的处理方式；②作为 BOM 中子件损耗率默认值。

领料批量：可空，可输入小数。如果存货设置成切除尾数，则不允许录入小数。如果设置了领料批量，在根据生产订单、委外订单进行领料及调拨时，系统将执行的领料量调整为领料批量的整数倍。

最小分割量：在进行配额分配时，对于有些采购数量较小的采购需求，企业并不希望将需求按照比例在多个供应商间进行分割，而是全部给实际完成率比较低的那个供应商。因此，这个参数针对存货设置。在进行配额前，系统可以根据企业的设置和这个参数自动判断是否需要分给多个供应商。

ROHS 物料：标识当前存货是不是 ROHS 物料。某些企业在采购 ROHS 涉及的物料时需要从通过 ROHS 认证的供应商处采购。

是否保质期管理：指存货是否要进行保质期管理。如果某存货要进行保质期管理，可用鼠标单击选择框选择“是”，且录入入库单据时，系统将要求输入该批存货的失效日期。

保质期单位：设置保质期值对应的单位，可设为年、月、天，默认为天，可随时修改。只有保质期管理的存货才能选择保质期单位；保质期单位和保质期必须同时输入或不输入，不能一个为空另一个不为空；输入保质期之前必须先选择保质期单位。

是否条形码管理：指在库存系统可以对条形码管理的存货分配条形码规则。可以随时修改该选项。只有设置为条形码管理的存货才可以在库存系统中分配条形码规则。

对应条形码：最多可以输入 30 位数字或字符，可以随时修改，可以为空，但不允许有重复的条形码存在。库存生成条形码时，作为存货对应条形码的组成部分。

是否批次管理：指存货是否需要批次管理。只有在库存选项设置为“有批次管理”时，此项才可选择。如果存货是批次管理，录入出库、入库单据时，系统将要求输入出库、入库批号。

用料周期：指物料从上次出库到下次出库的时间间隔。此参数在库存进行用料周期分析时使用。用料周期分析用于分析若干时间内没有做过出库业务的物料，以便统计物料的使用周期及呆滞积压情况。

领料切除尾数：指经过 MRP/MPS 运算后得到的领料数量是否要切除小数点后的尾数。如果选择“是”，当领料批量存在小数时，给出提示，可修改。

是否序列号管理：默认为“否”，随时可改。存货启用序列号管理作用于“服务管理”和“库存管理”两个子系统。服务管理指服务选项设置为“启用序列号管理”时，服务单执行完工操作时必须输入产品的序列号。库存管理指库存选项设置为“启用序列号管理”时，对于有序列号的存货，在填出库、入库时可以维护其对应序列号信息。

是否呆滞积压：用于设置该存货是否为呆滞积压存货。只有设置成此项时才可以在库存管理的“呆滞积压备查簿”里查询。

是否单独存放：用于设置该存货是否需要单独存放，可以随时修改。

是否来料须依据检验结果入库：用于对入库物料的控制，如果设置为“来料须依据检验结果入库”，则根据来料检验单生成采购入库单时，系统控制累计入库量不得大于检验合格量+让步接受量。

是否出库跟踪入库：可以修改，但是若需要将该选项从不选择状态改为选择状态，则需要检查该存货有无期初数据或者出入库数据，在有数据的情况下不允许修改。只有设置此项时，在录入出库单时需要指定对应的入库单，才可以跟供应商对应存货收发存情况。

产品须依据检验结果入库：库管部门做入库时，有些企业或同一企业的某些品种，能够严格按照质量部门确定的检验合格量入库，而对有些企业来说，入库量与检验合格量之间允许有一定的容差。可以通过勾选进行操作。

（4）存货档案 MPS/MRP 页。

如果是工业账套，则需要显示并输入存货档案 MPS/MRP 页的相关信息资料。

成本相关：表示该物料是否包含在物料清单中其母件的成本累计中。如果存货属性内销/外销不选、生产耗用不选而允许 BOM 子件勾选，则成本相关默认不选。

是否切除尾数：一种计划修正手段，说明由 MRP/MPS 系统计算物料需求时，是否需要对计划订单数量进行取整。选择“是”时，系统会对数量进行向上进位取整。切除尾数的例子：计算出的数量为 3.4，选择切除尾数后，MPS/MRP 会把此数量修正为 4。

是否令单合并：当供需政策为 LP 时，可选择同一销售订单或同一销售订单行号或同一需求分类号（视需求跟踪方式设定）的净需求是否予以合并。

是否重复计划：表示此存货是按重复计划方式还是按离散的任务方式进行计划与生产管理。选择“是”时，MPS/MRP 将重复的日产量方式编制计划和管理生产订单。若不选择此选项，系统则以传统的离散计划方式来管理。只有自制件才可以设置为重复计划。

MPS（主生产计划）：指确定每一具体的最终产品在每一具体时间段内生产数量的计划。根据客户合同和市场预测，确定主生产计划，从而确定需求。

MRP（物料需求计划）：指根据产品结构各层次物品的从属和数量关系，以每个物品为计划对象，以完工时期为时间基准倒排计划，按提前期长短区别各个物品下达计划时间的先后顺序，是一种工业制造企业内物资计划管理模式。即根据市场需求预测和顾客订单制定产品的生产计划，也就是基于产品生产进度计划、组成产品的材料结构表和库存状况，通过计算机计算出所需要物料的需求量和需求时间，从而确定材料的加工进度和订货日程的一种管理模式。

MPS 件：本栏用于区分此物料是 MPS 件还是 MRP 件，供主生产计划系统和物料需求计划之用，可选择或不选择。若选择，则表明此存货为主生产计划对象，称为 MPS 件。列入 MPS 件范围的，通常为销售品、关键零组件、供应提前期较长或占用产能负荷大或作为预测对象的存货等。MPS 件的选择可按各阶段需要而调整，以求适量。若不选择，则不列为主生产计划对象，即为 MRP 件，也称为非 MPS 件。未启用主生产计划系统之前，可将全部存货设定为非 MPS 件，即将全部存货列为 MRP 计算对象。在启用主生产计划或需求规划系统之前，本栏位可不选择。

预测展开：可选择是/否。选项类、PTO 模型属性的存货默认为“是”，不可改；ATO 模型、计划品属性的存货默认为“是”，可改；其他属性的存货默认为“否”，不可改。设置为“是”的存货，在产品预测订单按计划、模型或选项类物料清单执行预测展开时，将视为被展开对象。

允许 BOM 母件：如果存货属性为“计划品、ATO、PTO、选项类、自制、委外件”时，该属性默认为“是”，可改；如果该存货为“外购件”，则该属性默认为“否”，可改；其他存货属性一律为“否”，不可改。

允许 BOM 子件：“计划品、ATO、PTO、选项类、自制、委外件、外购件”默认为“是”，可改；其他存货属性一律为“否”，不可改。

允许生产订单：“自制”属性默认为“是”，可改；“委外、外购”属性默认为“否”，可改；其他存货属性一律为“否”，不可改。

关键物料：指在交期模拟计算时是否考虑该物料。

生产部门：该自制存货通常负责的生产部门。

计划员：说明该存货的计划资料由谁负责，须首先在职员档案中建档。

计划方法：可选择 R/N。R 表示此存货要列入 MRP/MPS 计算的对象，编制 MPS/MRP 计划；N 表示该存货及其以下子件都不计算需求，不列入 MRP/MPS 计划。如量少价低、可随时取得的物料，可采用再订购点或其他方式计划其供应。如果存货属性内销/外销不选、生产耗用不选而允许 BOM 子件勾选，计划方法默认为 N。

需求时栅：在计算 MPS/MRP 时，在某一时段，对某物料而言，其独立需求来源可能是按订单或按预测或两者都有，系统是按各物料所对应的时栅内容而运作的。

系统读取时栅代号的顺序为：先以物料在存货主档中的时栅代号为准，若无则按MPS/MRP计划参数中设定的时栅代号。时栅即时界，指明操作过程中各种约束条件或者改变将会发生的时间界限，如公司政策、规定的改变点，或某项计划的时间段。时格即时间段，指统计数据的一个时间段。

计划时栅天数：可输入最多三位正整数，可不输入。

重叠天数：可输入最多三位正/负整数，可不输入。

供需政策：各存货的供应方式，可以选择PE或LP。本栏位为主生产计划及需求规划系统，规划计划订单之用。对应存货在“现存量”表中有记录则不允许LP、PE转换。

PE（period）：表示期间供应法。在计算MPS/MRP时，按设定期间汇总净需求一次性供应，即合并生成一张计划订单。此方式可增加供应批量、减少供应次数，但需求来源（如销售订单）变化太大时，将造成库存太多、情况不明的现象。若供需政策采用PE且为非重复计划物料，则可在“供应期间类型”“供应期间”“时格代号”栏位输入相关值，并选择“可用日期”参数。

LP（lot pegging）：表示批量供应法，按各时间的净需求各自分别供应。所有净需求都不合并，按销售订单不同各自生成计划订单。此方式可使供需对应关系明朗化，库存较低，但供应批量可能偏低，未达到经济规模。若供需政策选用LP，则可选择“是否令单合并”栏位。

需求跟踪方式：如果供需政策为LP，可选择“订单号/订单行号/需求分类代号”三种需求跟踪方式之一，分别表示按销售订单号、销售订单行或需求分类号来对物料的供需资料分组。

替换日期：因某些原因（如技术、经济上原因等），确定存货将在该日期被另一存货所替代，但在该存货被另一存货替代之前，该存货的现有库存将被使用完毕。将MRP展开时，一旦该存货库存在替换日期之后被完全使用完毕，系统自动将该存货的相关需求分配给另一存货（替换料）。

固定供应量：一种计划修正手段，在编制MPS/MRP时使用。此处输入存货的最低供应量，若该存货有结构性自由项，则新增存货时为各结构自由项默认的固定供应量，如果要按各结构自由项分别设置不同的固定供应量，请按结构自由项个别修改。在计算MPS/MRP时，按各存货（或存货加结构自由项）的固定供应量，将净需求数量调整为固定的计划订单数量，即在净需求不能达到固定供应量时，系统将建议固定供应量；而在净需求超过固定供应量时，系统为建议多个计划数量等于固定供应量的计划订单。

最低供应量：一种计划修正手段，在编制MPS/MRP时使用。输入存货的最低供应量，若该存货有结构性自由项，则新增存货时为各结构自由项默认的最低供应量，如果要按各结构自由项分别设置其不同的最低供应量，请按结构自由项个别修改。在计算MPS/MRP时，如果净需求数量小于最低供应量，将净需求数量修改为最低供应量；否则，保持原净需求数量不变。

供应倍数：一种计划修正手段，在编制 MPS/MRP 时使用。输入存货的供应倍数，若该存货有结构性自由项，则新增存货时为各结构自由项默认的供应倍数，如果要按各结构自由项分别设置不同的供应倍数，请按结构自由项个别修改。在计算 MPS/MRP 时，按各存货（或存货加结构自由项）的供应倍数，将净需求数量修正为供应倍数的整数倍，即各计划订单数量一定为供应倍数的整数倍。注意，此供应倍数可以为小数。

变动基数：如果有变动提前期考虑时，每日产量即为变动基数。

总提前期的计算公式：$\frac{\text{总需求量}}{\text{变动基数}}\times$变动提前期 + 固定提前期

固定提前期：指从发出需求讯息到接收存货为止所需的最少需求时间。以采购件为例，即不论需求量多少，从发出采购订单到可收到存货为止的最少需求时间，称为此采购件的固定提前期。

变动提前期：指生产、采购或委外时，因数量造成生产、采购或委外时间不一致的这段时间。

工程图号：输入工程图号，备注用。

供应类型：用以控制如何将子件物料供应给生产订单和委外订单、如何计划物料需求以及如何计算物料成本。此处定义的供应类型将带入物料清单，成为子件供应类型的默认值。

领用：可按需要直接领料而供应给相应的生产订单和委外订单。

入库倒冲：在用友 ERP-U8 倒冲在生产订单和委外订单母件完成入库时，系统自动产生领料单，将子件物料发放给相应的生产订单和委外订单。

工序倒冲：在生产订单母件工序完工时，系统自动产生领料单，将子件物料发放给相应的生产订单。

虚拟件：虚拟件是一个无库存的装配件，它可以将其母件所需物料组合在一起，产生一个子装配件。MPS/MRP 系统可以通过虚拟件直接展开到该虚拟件的子件，就好似这些子件直接连在该虚拟件的母件上。在成本管理系统中计算产品成本时，这些虚拟件的母件的装配成本将会包括虚拟件的物料成本，但不包含人工及制造费用等成本要素。

直接供应：在生产过程中，如果子件直接由上阶订单生产，且子件实体不必进入库存，则这些子件称为直接供应子件。

低阶码：又称为低层代码，表示该存货在所有物料清单中所处的最低层次，由“物料清单”系统中“物料低阶码自动计算”功能计算得到。在计算 MPS/MRP 时，使用低阶码来确保在计算出此子件的所有毛需求之前不会对此存货进行净需求。

计划品编码：可输入一个计划品的存货编码，目的在于建立存货与某一计划品的对应关系，与“转换因子”栏位值配合，用于将存货的销售订单与该计划品的需求预测进行预测冲抵。只有销售属性的存货才可输入；输入的计划品其“预测展开”设置为否；输入计划品的MPS/MRP属性与原存货相同。

转换因子：输入计划品编码时必须输入，默认为1可改，须大于零。

检查ATP：系统默认为“不检查”，可改为“检查物料”。如果选择为“检查物料”，则在生产订单和委外管理系统中，可以检查该物料的可承诺数量，以进行缺料分析与处理。

SRP和MRP运算是计划生产的两种运算方式，运算方法相似，但MRP主要运算于某一期间内所有订单的需求量，而SRP是针对具体的某一张订单的需求运算。MRP运算会将生产期间内所有的订单合并需求进行生产，这样后续的材料采购、生产领料、产品入库等追溯不到源头的具体的单据；而SRP运算是根据每一张的订单需求生产，不会合并需求，这样的运算模式便于从销售订单或者预测单到产品入库，通过上下联查单据，可以进行全程的追溯跟踪。

ATP规则：可参照输入自定义的ATP规则，资料来源于ATP规则档案，可不输入，支持批改。ATP规则可以定义供应和需求来源、时间栏参数等。执行生产订单/委外订单子件ATP数量查询时，如果子件“检查ATP”设置为“检查物料”，则在此处输入ATP规则，若未输入则以生产制造参数设定中的ATP规则为准。

安全库存方法：选择MPS/MRP/SRP自动规划时安全库存的处理方式。默认为“静态”，可改为“静态/动态”之一。如果设置为“静态”，MPS/MRP/SRP计算以物料档案中输入的安全库存量为准；如果设置为“动态”，则系统自动计算物料基于需求的安全库存量。

ATP：即可承诺量，指企业向客户订单承诺交付产品的能力，它以尚未承诺的库存、计划生产和物料为基准。

ATP模拟：即通过ATP运算，看是否能够满足客户需求。

期间类型：MPS/MRP/SRP计算动态安全库存量，首先必须确定某一期间内物料的需求量。本栏位供选择确定此期间的期间类型，系统依该栏位值与“期间数”输入值确定计算物料需求量的期间长度。如期间类型为天、期间数为12，则期间长度为12天。系统默认为“天”，可改为“天/周/月”之一，安全库存方法选择为“动态”时必须输入。

期间数：安全库存方法选择为“动态”时必须输入。

动态安全库存方法：选择动态安全库存量是以覆盖日平均需求量的天数来计算，或以动态安全库存期间内总需求量的百分比来计算。默认为“覆盖天数”，可改为“覆盖天数/百分比”之一，安全库存方法选择为“动态”时必须输入。

覆盖天数：动态安全库存方法选择为“覆盖天数”时必须输入。

百分比：动态安全库存方法选择为“百分比”时必须输入。

BOM展开单位：指执行BOM展开时，是以子件的基本用量或是以辅助基本用量作为子件使用数量的计算基准。

允许提前天数：输入天数。需求规划进行供需平衡时，如果需求之后存在供应，且供应日期减需求日期小于或等于允许提前天数，则该笔供应的重规划日提前至需求日期；若供应日期减需求日期大于允许提前天数，则不修改该供应的重规划日。

允许延后天数：输入天数。需求规划进行供需平衡时，如果供应之后存在需求，且需求日期减供应日期大于或等于允许延后天数，则该笔供应的重规划日延后至需求日期；若需求日期减供应日期小于允许延后天数，则不修改该供应的重规划日。

销售跟单：如果供需政策为 PE，可选择销售跟单选项。销售跟单选项需要配合需求跟踪方式使用以确定计划订单带入的跟踪号是“订单号/订单行号/需求分类代号”之一。PE 物料的销售跟单只是将跟踪号带入计划订单中显示，其作用仅仅表示计划订单最初是根据哪一个需求跟踪号产生的，再次计划时并不按照需求跟踪号来进行供需平衡。

领料方式：可以选择“直接领料/申请领料”之一。直接领料表示生产时按照生产订单进行领料作业；申请领料表示生产时需要预先按照生产订单申请领料，再进行领料作业。

供应期间类型：对于非重复计划的 PE 件，选择其进行净需求合并的供应期间的期间类型。除了采用时格进行供应期间划分外，其他供应期间类型皆与“供应期间”栏位输入值一并确定供应期间长度。如供应期间类型为天、供应期间为 12，则供应期间长度为 12 天。系统默认为“天”，可改为“天/周/月/时格”之一。

供应期间：输入供应期间数。该栏位值与供应期间类型一起（选择时格时除外），用于计算净需求合并的供应期间长度。

时格代号：如果供应期间类型选择为“时格”，则参照时格档案输入。

可用日期：表示同一供应期间内的净需求合并之后，其需求日期如何确定。系统默认为“第一需求日”，可选择“第一需求日/期间开始日/期间结束日”之一。

（5）存货档案计划页。

在此页签输入存货档案计划页的相关信息资料。用于库存管理的再订货点法（ROP，re-order point），是一种传统的库存规划方法，该方法考虑了安全库存和采购提前期，当库存量降到再订货点时，按照批量规则进行订购。现主要针对未在 BOM 中体现的低值易耗品、劳保用品。如果该存货补货政策为再订货点，则需要在此页签进行相关信息的设置。

ROP 件：设置为外购属性+ROP 的存货，在库存系统中可以参与 ROP 运算，生成 ROP 采购计划。

再订货点方法：设置为 ROP 件时，必选其一。（手工：由手工输入再订货点。自动：由系统自动计算再订货点，不可手工修改，可录入日均耗量）再订货点 = 日均耗量×固定提前期+安全库存。

ROP 批量规则：此处选定的批量规则决定库存系统 ROP 运算时计划订货量的计算规则。

保证供应天数：录入不小于零的数字，默认为1。当ROP批量规则选择历史消耗量时，根据此值计算计划订货量。计划订货量=日均耗量×保证供应天数。

日均耗量：在库存系统进行日均耗量与再订货点维护时，系统自动填写该项。日均耗量=历史耗量/计算日均耗量的历史天数，可修改。

固定供应量：即经济批量。考虑批量可以使企业在采购或生产时按照经济、方便的批量订货或组织生产，避免出现拆箱或量小不经济的情况，多余库存可作为意外消耗的补充、瓶颈工序的缓解、需求变动的调节等。采用ROP批量规则选择固定批量时，根据此值计算计划订货量。

固定提前期：从订货到货物入库的周期。再订货点方法选择“自动”时，系统根据此值计算再订货点。

累计提前期：指从取得原物料开始到完成制造该存货所需的时间，可逐层比较进而取得其物料清单下各层子件的最长固定提前期，再将本存货与其各层子件中最长的提前期累加而得。该值由MPS/MRP系统中“累计提前期天数推算”作业自动计算而得。

【实务案例】

尧顺电子股份有限公司的存货档案如表2-10所示。

表2-10　　存货档案一览表

存货编码	存货名称	所属分类码	计量单位	税率	存货属性
101	塑料	01	千克	13%	外购、生产耗用
102	合金	01	千克	13%	外购、生产耗用
103	推式开关	01	个	13%	外购、生产耗用
104	脚踏开关	01	个	13%	外购、生产耗用
105	2平方米电线	01	平方米	13%	外购、生产耗用
106	4平方米电线	01	平方米	13%	外购、生产耗用
107	木材	01	吨	13%	外购、生产耗用
108	玻璃纤维	01	吨	13%	外购、生产耗用
109	铝材	01	吨	13%	外购、生产耗用
201	润滑油	02	吨	13%	外购、生产耗用
202	包装箱	02	个	13%	外购、生产耗用
301	卧室台灯	03	个	13%	自制、内销
302	落地台灯	03	个	13%	自制、内销

注：本案例中存货费用全月加权平均法核算成本。

【操作步骤】

在企业应用平台中，执行“基础设置→基础档案→存货→存货档案”指令，进入存货档案设置主界面，在左边的树型列表中选择一个末级的存货分类（如果在建立账套时设置存货不分类，则不用进行选择），单击“增加”按钮，进入增加状态。选择“基本”“成本”“控制”“其他”“计划”“MPS/MRP”“图片”“附件”页签，填写相关内容。然后单击“保存”按钮，保存此次增加的存货档案信息；或单击“保存并新增”按钮，保存此次增加的存货档案信息，并增加空白页供继续录入存货信息。

第四节　财务基础设置

一、凭证类型

许多单位为了便于管理或登账方便，一般对记账凭证进行分类编制。如果是第一次进行凭证类别设置，可以按以下几种常用分类方式进行定义：①记账凭证；②收款、付款、转账凭证；③现金、银行、转账凭证；④现金收款、现金付款、银行收款、银行付款、转账凭证。

【实务案例】

尧顺电子股份有限公司的会计凭证类别如表 2-11 所示。

表 2-11　　会计凭证类别一览表

类别字	类别名称	限制类型	限制科目
收	收款凭证	借方必有	1001，1002
付	付款凭证	贷方必有	1001，1002
转	转账凭证	凭证必无	1001，1002

【操作步骤】

在企业应用平台中，执行“基础设置→基础档案→财务→凭证类别”指令，进入凭证类别设置主界面，单击“增加”按钮，在表格中新增的空白行中填写凭证类别字、凭证类别名称，并参照选择限制类型及限制科目等栏目。

“限制类型及科目”的含义如下：

“借方必有”指填制收款凭证时，借方必须有 1001 或 1002 科目，即 1001 和 1002 中至少有一个科目。如果没有，则为不合法凭证，不能保存。

“贷方必有”指填制付款凭证时，贷方必须有 1001 或 1002 科目，即 1001 和 1002 中至少有一个科目。如果没有，则为不合法凭证，不能保存。

“凭证必无”指填制转账凭证时，凭证借贷方均不能有 1001 或 1002 科目。如果有，则为不合法凭证，不能保存。

若限制科目为非末级科目，则在制单时，其所有下级科目都将受到同样的限制。

如限制科目为 1002，且 1002 科目下有 100201、100202 两个下级科目，那么，在填制转账凭证时，将不能使用 100201 和 100202 科目。

已经使用的凭证类别不能删除。

二、结算方式

该功能用来建立和管理企业在经营活动中所涉及的结算方式，如现金结算、支票结算等。结算方式最多可以分为 2 级。结算方式一旦被引用，便不能进行修改和删除操作。

【实务案例】

尧顺电子股份有限公司的结算方式如表 2-12 所示。

表 2-12　**结算方式一览表**

结算方式编号	结算方式名称	是否票据管理
1	现金结算	否
2	支票	否
201	现金支票	是
202	转账支票	是
3	汇兑	否
301	信汇	否
302	电汇	否
4	网银转账	否
5	银行汇票	否
6	POS 机转账	否
7	微信转账	否
9	其他	否

【操作步骤】

在企业应用平台中，执行“基础设置→基础档案→收付结算→结算方式”指令，进入结算方式设置主界面，单击“增加”按钮，输入结算方式编码、结算方式名称和是否票据管理。单击“保存”按钮，便可将本次增加的内容保存，并在左边部分的树形结构中添加和显示。

三、银行档案及本单位开户银行

【实务案例】

银行档案信息：

银行编码：01。

银行名称：中国工商银行。

账号长度：14 位。

【操作步骤】

在企业应用平台中，执行"基础设置→基础档案→收付结算→银行档案"指令，进入银行档案设置主界面，单击"增加"按钮，输入银行档案相关信息后，单击"保存"按钮，便可将本次增加的内容保存。

【实务案例】

本单位开户银行：

编号：001。

银行账号：67676767676789。

开户银行名称：中国工商银行攀枝花市炳草岗支行。

【操作步骤】

在企业应用平台中，执行"基础设置→基础档案→收付结算→本单位开户银行"指令，进入本单位开户银行设置主界面，单击"增加"按钮，输入开户银行相关信息后，单击"保存"按钮，便可将本次增加的内容保存。

四、外汇及汇率

为便于制单时调用外汇，减少录入汇率的次数和差错，需先对外汇及汇率进行设置。在用友 ERP 中，"填制凭证"所用的外汇及汇率应先进行定义。

对于使用固定汇率（即使用月初或年初汇率）作为记账汇率的企业，在填制每月的凭证前，应预先在此录入当月的记账汇率，否则在填制当月外币凭证时，将会出现汇率为零的错误。

对于使用变动汇率（即使用当日汇率）作为记账汇率的企业，在填制当天的凭证前，应预先在此录入当天的记账汇率。

【实务案例】

尧顺电子股份有限公司的外汇及汇率："美元"采用固定汇率 6.28 进行核算。

五、会计科目

会计科目是对会计对象的具体内容分门别类地进行核算所规定的项目，也是填制会计凭证、登记会计账簿、编制会计报表的基础。会计科目设置的完整性影响着会计过程的顺利实施，会计科目设置的层次深度直接影响会计核算的详细、准确程度。除此之外，电算化系统会计科目的设置是应用系统的基础，它是实施各个会计手段的前提。

一般来说，为了充分体现计算机管理的优势，在企业原有会计科目的基础上，应对以往的一些科目结构进行调整，以便充分发挥计算机的辅助核算功能。如果企业原来有许多往来单位、个人、部门、项目是通过设置明细科目来进行核算管理的，那么，在使用总账系统后，最好改用辅助核算进行管理，即将这些明细科目的上级科目设为辅助核算科目，并将这些明细科目设为相应的辅助核算目录。总账系统中一共可设置 11 种辅助核算，包括部门、个人、客户、供应商、项目 5 种辅助核算以及部门客户、部门供应商、客户项目、供应商项目、部门项目及个人项目 6 种组合辅助核算。一个科目设置了辅助核算后，它所发生的每一笔业务都会登记在辅助总账和辅助明细账上。

（一）新增会计科目

单击“增加”按钮，进入会计科目页编辑界面，根据栏目说明输入科目信息，单击“确定”按钮后保存。

（二）修改会计科目

选择要修改的科目，单击“修改”按钮或双击该科目，即可进入会计科目修改界面，可以在此对需要修改的会计科目进行调整。单击“第一页”“前页”“后页”“最后页”找到下一个需要修改的科目，重复上述步骤即可。

没有会计科目设置权的只能在此浏览科目的具体定义，而不能进行修改。已使用的科目可以增加下级，新增第一个下级科目为原上级科目的全部属性。

（三）删除会计科目

删除选中的科目，但已使用的科目不能删除。已有授权系统、已录入科目期初余额、已在多栏定义中使用、已在支票登记簿中使用、已录入辅助账期初余额、已在凭证类别设置中使用、已在转账凭证定义中使用、已在常用摘要定义中使用、已制单、记账或录入待核银行账期初的科目均为已使用科目。

【实务案例】

尧顺电子股份有限公司的会计科目表如下：

（1）对照系统中预置的会计科目表，增加如表 2-13 所示的会计科目。

表 2-13　　2020 年 9 月本单位会计科目表

科目编码	科目名称	外币币种	计量单位	辅助账类型	账页格式	余额方向	受控系统	银行账	日记账
1001	库存现金				金额式	借			Y
1002	银行存款				金额式	借		Y	Y
100201	工行存款				金额式	借		Y	Y

表2-13(续)

科目编码	科目名称	外币币种	计量单位	辅助账类型	账页格式	余额方向	受控系统	银行账	日记账
100202	中行存款	美元			外币金额式	借		Y	Y
1012	其他货币资金				金额式	借			
101201	存出投资款				金额式	借			
101202	银行本票				金额式	借			
101203	信用卡				金额式	借			
101204	银行汇票				金额式	借			
101299	其他				金额式	借			
1101	交易性金融资产			项目核算	金额式	借			
110101	成本			项目核算	金额式	借			
110102	公允价值变动			项目核算	金额式	借			
1111	买入返售金融资产				金额式	借			
1121	应收票据			客户往来	金额式	借	应收系统		
1122	应收账款			客户往来	金额式	借	应收系统		
1123	预付账款			供应商往来	金额式	借	应付系统		
1131	应收股利				金额式	借			
1132	应收利息				金额式	借			
1221	其他应收款			个人往来	金额式	借			
1231	坏账准备				金额式	贷			
1401	材料采购				金额式	借			
1402	在途物资				金额式	借			
1403	原材料				金额式	借			
140301	塑料		千克		数量金额式	借			
140302	合金		千克		数量金额式	借			
140303	推式开关		个		数量金额式	借			
140304	脚踏开关		个		数量金额式	借			
140305	2 平方米电线		平方米		数量金额式	借			
140306	4 平方米电线		平方米		数量金额式	借			
140307	木材		吨		数量金额式	借			
140308	玻璃纤维		吨		数量金额式	借			
140309	铝材		吨		数量金额式	借			
1404	材料成本差异				金额式	借			
1405	库存商品				金额式	借			
140501	卧室台灯		个		数量金额式	借			

表2-13(续)

科目编码	科目名称	外币币种	计量单位	辅助账类型	账页格式	余额方向	受控系统	银行账	日记账
140502	落地台灯		个		数量金额式	借			
1408	委托加工物资				金额式	借			
1411	周转材料				金额式	借			
141101	润滑油		吨		数量金额式	借			
141102	包装箱		个		数量金额式	借			
1461	融资租赁资产				金额式	借			
1471	存货跌价准备				金额式	贷			
1501	债权投资			项目核算	金额式	借			
150101	成本（面值）			项目核算	金额式	借			
150102	利息调整			项目核算	金额式	借			
150103	应计利息			项目核算	金额式	借			
1502	债权投资减值准备				金额式	贷			
1503	其他债权投资			项目核算	金额式	借			
150301	成本			项目核算	金额式	借			
150302	公允价值变动			项目核算	金额式	借			
1511	长期股权投资			项目核算	金额式	借			
151101	投资成本			项目核算	金额式	借			
151102	损益调整			项目核算	金额式	借			
1512	长期股权投资减值准备				金额式	贷			
1521	投资性房地产				金额式	借			
1531	长期应收款				金额式	借			
1532	未实现融资收益				金额式	贷			
1541	存出资本保证金				金额式	借			
1601	固定资产				金额式	借			
1602	累计折旧				金额式	贷			
1603	固定资产减值准备				金额式	贷			
1604	在建工程			项目核算	金额式	借			
1605	工程物资				金额式	借			
1606	固定资产清理				金额式	借			
1611	未担保余值				金额式	借			
1701	无形资产			项目核算	金额式	借			
1702	累计摊销			项目核算	金额式	贷			
1703	无形资产减值准备				金额式	贷			
1711	商誉				金额式	借			

表2-13(续)

科目编码	科目名称	外币币种	计量单位	辅助账类型	账页格式	余额方向	受控系统	银行账	日记账
1801	长期待摊费用				金额式	借			
1901	待处理财产损溢				金额式	借			
2001	短期借款				金额式	贷			
2201	应付票据			供应商往来	金额式	贷	应付系统		
2202	应付账款			供应商往来	金额式	贷	应付系统		
2203	预收账款			客户往来	金额式	贷	应收系统		
2211	应付职工薪酬				金额式	贷			
221101	工资				金额式	贷			
2221	应交税费				金额式	贷			
222101	应交增值税				金额式	贷			
22210101	进项税				金额式	贷			
22210105	销项税				金额式	贷			
22210109	转出多交增值税				金额式	贷			
222102	未交增值税				金额式	贷			
222103	应交营业税				金额式	贷			
222106	应交所得税				金额式	贷			
2231	应付利息				金额式	贷			
2232	应付股利				金额式	贷			
2241	其他应付款				金额式	贷			
2501	长期借款			项目核算	金额式	贷			
250101	本金			项目核算	金额式	贷			
250102	应付利息			项目核算	金额式	贷			
2502	应付债券			项目核算	金额式	贷			
250201	面值			项目核算	金额式	贷			
250202	利息调整			项目核算	金额式	贷			
250203	应计利息			项目核算	金额式	贷			
2701	长期应付款				金额式	贷			
2702	未确认融资费用				金额式	借			
2711	专项应付款				金额式	贷			
2801	预计负债				金额式	贷			
2901	递延所得税负债				金额式	贷			
4001	实收资本				金额式	贷			
4002	资本公积				金额式	贷			

表2-13(续)

科目编码	科目名称	外币币种	计量单位	辅助账类型	账页格式	余额方向	受控系统	银行账	日记账
400201	资本增值				金额式	贷			
400202	其他资本公积				金额式	贷			
4004	其他综合收益				金额式	贷			
4101	盈余公积				金额式	贷			
4102	一般风险准备				金额式	贷			
4103	本年利润				金额式	贷			
4104	利润分配				金额式	贷			
410401	提取法定盈余公积				金额式	贷			
410402	提取任意盈余公积				金额式	贷			
410403	未分配利润				金额式	贷			
4201	库存股				金额式	借			
5001	生产成本				金额式	借			
500101	直接材料			项目核算	金额式	借			
500102	直接人工			项目核算	金额式	借			
500103	制造费用			项目核算	金额式	借			
500104	生产成本结转			项目核算	金额式	借			
5101	制造费用			部门核算	金额式	借			
6001	主营业务收入				金额式	贷			
6051	其他业务收入				金额式	贷			
6061	汇兑损益				金额式	贷			
6101	公允价值变动损益				金额式	贷			
6111	投资收益				金额式	贷			
6112	资产处置损益				金额式	贷			
6301	营业外收入				金额式	贷			
630101	债务重组利得				金额式	贷			
630103	罚没收入				金额式	贷			
630199	其他				金额式	贷			
6401	主营业务成本				金额式	借			
6402	其他业务成本				金额式	借			
6403	税金及附加				金额式	借			
6601	销售费用				金额式	借			
6602	管理费用			部门核算	金额式	借			
660201	工资费用			部门核算	金额式	借			
660202	办公费用			部门核算	金额式	借			

表2-13(续)

科目编码	科目名称	外币币种	计量单位	辅助账类型	账页格式	余额方向	受控系统	银行账	日记账
660203	折旧费用			部门核算	金额式	借			
660204	社保金			部门核算	金额式	借			
660299	其他费用			部门核算	金额式	借			
6603	财务费用				金额式	借			
660301	利息支出				金额式	借			
660302	其他				金额式	借			
6701	资产减值损失				金额式	借			
6711	营业外支出				金额式	借			
6801	所得税费用				金额式	借			
6901	以前年度损益调整				金额式	贷			

【操作步骤】

在企业应用平台中，执行“基础设置→基础档案→财务→会计科目”指令，进入会计科目设置主界面，单击“增加”按钮，进入会计科目页编辑界面，输入科目信息，单击“确定”按钮后保存。

（2）指定现金、银行存款和现金流量科目：现金科目为“库存现金”；银行存款科目为“银行存款”；现金流量科目为“库存现金”以及银行存款、其他货币资金下的所有明细科目。

（3）科目成批复制：由 1405 复制到 6001 和 6401，数量核算；由 6602 复制到 5101，辅助核算。注意将 6001 下的明细科目的余额方向改为“贷”方。

六、项目档案

【实务案例】

企业在实际业务处理中会对多种类型的项目进行核算和管理，如生产成本、对外投资、在建工程、技术改造项目、合同等。

（1）项目大类名称：生产成本，选择“普通项目”，项目级次为 12，项目结构为默认值。

核算科目：500101，500102，500103。

项目分类：基本生产产品、辅助生产产品。

项目目录：101 卧室台灯，所属分类为基本生产产品；102 落地台灯，所属分类为基本生产产品。

（2）项目大类名称：对外投资，选择“普通项目”，项目级次为 12，项目结构为默认值。核算科目如表 2-14 所示，项目分类如表 2-15 所示，项目目录如表 2-16 所示。

表 2-14　　对外投资项目核算科目一览表

科目编码	科目名称
1101	交易性金融资产
110101	成本
110102	公允价值变动
1501	债权投资
150101	成本
150102	利息调整
150103	应计利息
1503	其他债权投资
150301	成本
150302	公允价值变动
1511	长期股权投资
151101	投资成本
151102	损益调整

表 2-15　　对外投资项目分类一览表

分类编码	分类名称
1	交易性金融资产
2	其他债权投资
3	债权投资
4	长期股权投资

表 2-16　　对外投资项目目录一览表

项目编号	项目名称	是否结算	所属分类码	所属分类名称
101	广电网络	否	1	交易性金融资产
201	浙报传媒	否	2	其他债权投资
301	淮北债券	否	3	债权投资
302	三峡债券	否	3	债权投资
401	兖州煤业	否	4	长期股权投资

（3）项目大类名称：对外筹资，选择“普通项目”，项目级次为 12，项目结构为默认值。核算科目如表 2-17 所示，项目分类如表 2-18 所示，项目目录如表 2-19 所示。

表 2-17　　对外筹资项目核算科目一览表

科目编码	科目名称
2501	长期借款
250101	本金
250102	应付利息
2502	应付债券
250201	面值
250202	利息调整
250203	应计利息

表 2-18　　对外筹资项目分类一览表

分类编码	分类名称
1	长期借款
2	应付债券

表 2-19　　对外筹资项目目录一览表

项目编号	项目名称	是否结算	所属分类码	所属分类名称
101	农行借款（2019 年 9 月 30 日农行 2 年期年利率为 12%的借款）	否	1	长期借款
102	工行借款（2019 年 9 月 30 日工行 5 年期年利率为 7%的借款）	否	1	长期借款
201	公司债券（2018 年 9 月 30 日发行的面值 500 000 元、2 年期、票面利率为 6%的债券）	否	2	应付债券

（4）项目大类名称：在建工程成本，选择“普通项目”，项目级次为 12，项目结构为默认值。

核算科目：在建工程。

项目分类：包工不包料、包工包料。

项目目录：201 办公楼。

所属分类：包工包料。

（5）项目大类名称：无形资产，选择“普通项目”，项目级次为 12，项目结构为默认值。

核算科目：无形资产。

项目分类：专利权、非专利技术、商标权、著作权、土地使用权、特许经营权。

项目目录：101 专利权 A、102 专利权 B、103 专利权 C、201 非专利技术 A。

（6）项目大类名称：累计摊销，选择“普通项目”，项目级次为 12，项目结构为默认值。

核算科目：累计摊销。

项目分类：专利权、非专利技术、商标权、著作权、土地使用权、特许经营权。

项目目录：101 专利权 A、102 专利权 B、103 专利权 C、201 非专利技术 A。

第五节　财务控制参数设置

用友 ERP-U8 软件财务控制参数设置如图 2-18 所示。

在建立新的账套后由于具体情况需要或业务变更，发生一些账套信息与核算内容不符的情况，可以通过“总账参数”设置进行账簿选项的调整和查看。可以对“凭证选项”“账簿选项”“凭证打印”“预算控制”“权限选项”“会计日历”“其他选项”“自定义项核算”八部分内容的操作控制选项进行修改。

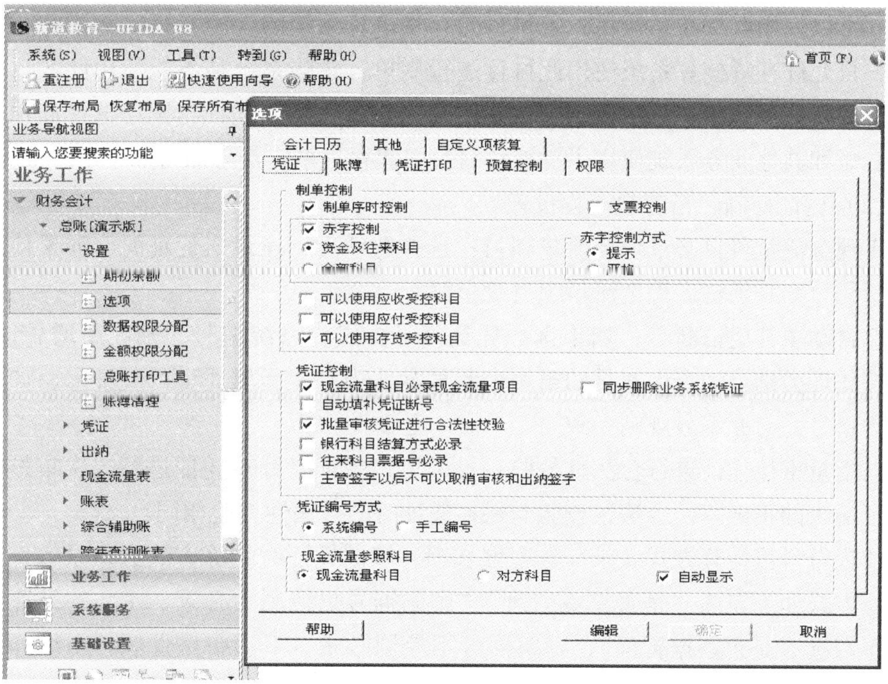

图 2-18　总账参数设置界面

（一）凭证选项

（1）制单控制，主要设置在填制凭证时，系统应对哪些操作进行控制。

①制单序时控制：此项和“系统编号”选项联用，制单时凭证编号必须按日期顺序排列，如 10 月 25 日编制 25 号凭证，则 10 月 26 日只能开始编制 26 号凭证，

即制单序时，如果有特殊需要可以将其改为不序时制单。

②支票控制：若选择此项，在制单时，使用银行科目编制凭证时，系统针对票据管理的结算方式进行登记，如果录入支票号在支票登记簿中已保存，系统提供登记支票报销的功能；否则，系统提供登记支票登记簿的功能。

③赤字控制：若选择了此项，在制单时，当“资金及往来科目”或“全部科目”的最新余额出现负数时，系统将予以提示。系统提供了“提示”“严格”两种方式，可以根据需要进行选择。

④使用应收受控科目：若科目为应收款管理系统的受控科目，为了防止重复制单，只允许应收系统使用此科目进行制单，总账系统是不能使用此科目制单的。所以，如果希望在总账系统中也能使用这些科目填制凭证，则应选择此项。注意：总账和其他业务系统使用了受控科目会引起应收系统与总账对账不平。

⑤可以使用应付受控科目：若科目为应付款管理系统的受控科目，为了防止重复制单，只允许应付系统使用此科目进行制单，总账系统是不能使用此科目制单的。所以，如果希望在总账系统中也能使用这些科目填制凭证，则应选择此项。注意：总账和其他业务系统使用了受控科目会引起应付系统与总账对账不平。

⑥可以使用存货受控科目：若科目为存货核算系统的受控科目，为了防止重复制单，只允许存货核算系统使用此科目进行制单，总账系统是不能使用此科目制单的。所以，如果希望在总账系统中也能使用这些科目填制凭证，则应选择此项。注意：总账和其他业务系统使用了受控科目会引起存货系统与总账对账不平。

（2）凭证控制，指管理流程设置。

①现金流量科目必录现金流量项目：选择此项后，在录入凭证时，如果使用现金流量科目则必须输入现金流量项目及金额。

②自动填补凭证断号：如果选择凭证编号方式为系统编号，则在新增凭证时，系统按凭证类别自动查询本月的第一个断号默认为本次新增凭证的凭证号。如无断号则为新号，与原编号规则一致。

③批量审核凭证进行合法性校验：批量审核凭证时针对凭证进行二次审核，提高凭证输入的正确率，合法性校验与保存凭证时的合法性校验相同。

④银行科目结算方式必录：选中该选项，填制凭证时结算方式必须录入，录入的结算方式如果勾选“是否票据管理”，则票据号也控制为必录，录入的结算方式如果不勾选“是否票据管理”，则票据号不控制必录。不选中该选项，则结算方式和票据号都不控制必录。

⑤往来科目票据号必录：选中该选项，填制凭证时往来科目必须录入票据号。

⑥同步删除外部系统凭证：选中该选项，外部系统删除凭证时相应地将总账的凭证同步删除；否则，将总账凭证作废，不予删除。

（3）凭证编号方式。

系统在“填制凭证”功能中一般按照凭证类别按月自动编制凭证编号，即“系统编号”；但有的企业需要系统允许在制单时手工录入凭证编号，即“手工编号”。

（4）现金流量参照科目。

该项目用来设置现金流量录入界面的参照内容和方式。“现金流量科目”选项选中时，系统只参照凭证中的现金流量科目；“对方科目”选项选中时，系统只显示凭证中的非现金流量科目；“自动显示”选项选中时，系统依据前两个选项将现金流量科目或对方科目自动显示在指定现金流量项目界面中，否则需要手工参照选择。

（二）权限选项

（1）制单权限控制到科目：要在系统管理的“功能权限”中设置科目权限，再选择此项，权限设置有效。选择此项，则在制单时，操作员只能使用具有相应制单权限的科目制单。

（2）制单权限控制到凭证类别：要在系统管理的“功能权限”中设置凭证类别权限，再选择此项，权限设置有效。选择此项，则在制单时，只显示此操作员有权限的凭证类别。同时，在凭证类别参照中按人员的权限过滤出有权限的凭证类别。

（3）操作员进行金额权限控制：选择此项，可以对不同级别的人员进行金额大小的控制，如财务主管可以对 10 万元以上的经济业务制单，一般财务人员只能对 5 万元以下的经济业务制单，这样可以减少由于不必要的责任事故带来的经济损失。如为外部凭证或常用凭证调用生成，则处理与预算处理相同，不做金额控制。

注意：用友 U8-ERPV10.1 系统结转凭证不受金额权限控制；在调用常用凭证时，如果不修改直接保存凭证，此时由被调用的常用凭证生成的凭证不受任何权限的控制，如金额权限控制、辅助核算及辅助项内容的限制等，外部系统凭证是已生成的凭证，得到系统的认可，所以除非进行更改，否则不做金额等权限控制。

（4）凭证审核控制到操作员：如果只允许某操作员审核本部门操作员填制的凭证，则应选择此选项。

（5）出纳凭证必须经由出纳签字：若要求现金，银行科目凭证必须由出纳人员核对签字后才能记账，则选择“出纳凭证必须经由出纳签字”。

（6）凭证必须经由主管会计签字：如果要求所有凭证必须由主管签字后才能记账，则选择“凭证必须经主管签字”。

（7）允许修改、作废他人填制的凭证：若选择了此项，在制单时可以修改或作废别人填制的凭证，否则不能修改。

（8）可查询他人凭证：如果允许操作员查询他人凭证，则选择“可查询他人凭证”。

（9）明细账查询权限控制到科目：这里是权限控制的开关，在系统管理中设置明细账查询权限，必须在总账系统选项中打开，才能起到控制作用。

（10）制单、辅助账查询控制到辅助核算：设置此项权限，制单时才能使用有辅助核算属性的科目录入分录，辅助账查询时只能查询有权限的辅助项内容。

（三）其他选项

（1）外币核算。如果企业有外币业务，则应选择相应的汇率方式——固定汇率、浮动汇率。“固定汇率”即在制单时，一个月只按一个固定的汇率折算本位币金额。“浮动汇率”即在制单时，按当日汇率折算本位币金额。

（2）分销联查凭证 IP 地址。在这里输入分销系统的网址，可以联查分销系统的单据。

（3）启用调整期。如果希望在结账后仍旧可以填制凭证以调整报表数据，可在总账选项中启用调整期。调整期启用后，加入关账操作，则结账之后关账之前为调整期。在调整期内填制的凭证为调整期凭证。

【实务案例】

尧顺电子股份有限公司财务系统参数如下：

制单不序时控制，支票控制，自动填补凭证断号，出纳凭证必须由出纳签字，凭证必须由主管会计签字，不能使用应收应付以及存货受控科目，同步删除业务系统凭证，数量和单价的小数位为2，本位币精度为2，其他参数为系统默认。

第六节　财务期初余额录入

【实务案例】

尧顺电子股份有限公司2020年9月的期初余额信息如下：

（一）期初余额表

期初余额表见表2-20。

表2-20　　**2020年9月期初余额一览表**　　单位：元

科目名称	方向	币别/计量	期初余额
库存现金（1001）	借		5 914.67
银行存款（1002）	借		8 664 888.99
工行存款（100201）	借		8 664 888.99
其他货币资金（1012）	借		6 000 000.00
存出投资款（101201）	借		6 000 000.00
交易性金融资产（1101）	借		110 000.00
成本（110101）	借		90 000.00
公允价值变动（110102）	借		20 000.00

表2-20(续)

科目名称	方向	币别/计量	期初余额
应收票据（1121）	借		84 240.00
应收账款（1122）	借		168 480.00
其他应收款（1221）	借		17 472.00
坏账准备（1231）	贷		1 000.00
原材料（1403）	借		349 600.00
塑料（140301）	借		349 600.00
	借	千克	13 984.00
库存商品（1405）	借		335 000.00
卧室台灯（140501）	借		225 000.00
	借	个	1 000.00
落地台灯（140502）	借		110 000.00
	借	个	1 000.00
周转材料（1411）	借		159 400.00
润滑油（141101）	借		149 400.00
	借	吨	40.00
包装箱（141102）	借		10 000.00
	借	个	1 000.00
债权投资（1501）	借		224 400.00
成本（面值）（150101）	借		200 000.00
利息调整（150102）	借		-1 600.00
应计利息（150103）	借		26 000.00
其他债权投资（1503）	借		15 300.00
成本（150301）	借		15 000.00
公允价值变动（150302）	借		300.00
长期股权投资（1511）	借		26 500 000.00
投资成本（151101）	借		25 000 000.00

表2-20(续)

科目名称	方向	币别/计量	期初余额
损益调整（151102）	借		1 500 000.00
固定资产（1601）	借		1 746 000.00
累计折旧（1602）	贷		222 586.67
在建工程（1604）	借		4 000 000.00
无形资产（1701）	借		799 600.00
累计摊销（1702）	贷		320 000.00
短期借款（2001）	贷		163 600.00
应付账款（2202）	贷		581 350.00
应付职工薪酬——工资（221101）	贷		76 000.00
应交税费（2221）	贷		51 280.00
未交增值税（222102）	贷		43 680.00
应交所得税（222106）	贷		7 600.00
应付利息（2231）	贷		58 850.00
其他应付款（2241）	贷		6 000.00
长期借款（2501）	贷		2 400 000.00
本金（250101）	贷		2 400 000.00
应付债券（2502）	贷		500 330.00
面值（250201）	贷		500 000.00
利息调整（250202）	贷		330.00
实收资本（4001）	贷		38 003 000.00
资本公积（4002）	贷		3 878 320.00
资本增值（400201）	贷		3 000 000.00
其他资本公积（400202）	贷		878 020.00
其他综合收益（4004）	贷		300.00
盈余公积（4101）	贷		2 768 160.00
利润分配（4104）	贷		499 258.99

表2-20(续)

科目名称	方向	币别/计量	期初余额
未分配利润（410403）	贷		499 258.99
生产成本（5001）	借		349 440.00
直接材料（500101）	借		203 840.00
直接人工（500102）	借		93 184.00
制造费用（500103）	借		52 416.00

（二）辅助核算账户期初余额

（1）“应收票据（1121）”辅助账期初余额表（见表2-21）。

表2-21　　单位：元

日期	凭证号	客户	摘要	方向	金额	业务员
2020-08-21	转-21	勤力	赊销卧室台灯351个，单价240元	借	84 240	吴宇

（2）“应收账款（1122）”辅助账期初余额表（见表2-22）。

表2-22　　单位：元

日期	凭证号数	客户	摘要	方向	金额	业务员
2020-8-22	转-28	益达	赊销卧室台灯702个，单价240元	借	168 480	吴宇

（3）“其他应收款（1221）”辅助账期初余额表（见表2-23）。

表2-23　　单位：元

日期	凭证号数	部门名称	个人名称	摘要	方向	金额
2021-8-25	转-32	办公室	林越	出差借款	借	17 472

（4）“应付账款（2202）”辅助账期初余额表（见表2-24）。

表2-24　　单位：元

日期	凭证号数	供应商	摘要	方向	金额	业务员
2021-7-21	转-11	天目	购买塑料3 159千克，单价25元	贷	78 975	赵巍
2021-8-31	转-46	天悦	购买塑料4 095千克，单价25元	贷	102 375	赵巍
2021-8-31	转-101	济南钢铁	购买塑料16 000千克，单价25元	贷	400 000	赵巍

（5）生产成本项目核算辅助账期初余额表（见表 2-25）。

表 2-25　　单位：元

科目名称	项目名称	金额
生产成本		349 440.00
直接材料	卧室台灯	101 920.00
	落地台灯	101 920.00
直接人工	卧室台灯	46 592.00
	落地台灯	46 592.00
制造费用	卧室台灯	26 208.00
	落地台灯	26 208.00

（6）对外投资项目核算辅助账期初余额表（见表 2-26）。

表 2-26　　单位：元

科目编码	科目名称	项目名称	方向	金额
1101	交易性金融资产		借	110 000.00
110101	成本（面值）	广电网络	借	90 000.00
110102	公允价值变动	广电网络	借	20 000.00
1501	债权投资		借	224 400.00
150101	成本	淮北债券	借	100 000.00
		三峡债券	借	100 000.00
150102	利息调整	淮北债券	贷	1 600.00
150103	应计利息	淮北债券	借	6 000.00
		三峡债券	借	20 000.00
1503	其他债权投资		借	15 300.00
150301	成本	浙报传媒	借	15 000.00
150302	公允价值变动	浙报传媒	借	300.00
1511	长期股权投资		借	26 500 000.00
151101	投资成本	兖州煤业	借	25 000 000.00
151102	损益调整	兖州煤业	借	1 500 000.00

（7）对外筹资项目核算辅助账期初余额表（见表 2-27）。

表 2-27　　单位：元

科目编码	科目名称	项目名称	方向	金额
2501	长期借款		贷	2 400 000. 00
250101	本金	农行借款（2019 年 9 月 30 日农行 2 年期年利率为 12%）	贷	2 000 000. 00
250101	本金	工行借款（2019 年 9 月 30 日工行 5 年期年利率为 7%的借款）	贷	400 000. 00
2502	应付债券		贷	500 330. 00
250201	面值	公司债券（2018 年 9 月 30 日发行的面值 500 000 元、2 年期、票面利率为 6%的债券）	贷	500 000. 00
250202	利息调整	公司债券（2018 年 9 月 30 日发行的面值 500 000 元、2 年期、票面利率为 6%）	贷	330. 00

（8）在建工程成本项目核算“在建工程”期初余额全部为“办公楼”期初余额。

（9）无形资产项目核算期初余额表（见表 2-28）。

表 2-28　　单位：元

科目编码	科目名称	项目名称	方向	金额
1701	无形资产		借	799 600. 00
		专利权 B	借	120 000. 00
		专利权 C	借	600 000. 00
		非专利技术 A	借	79 600. 00

（10）累计摊销项目核算期初余额表（见表 2-29）。

表 2-29　　单位：元

科目编码	科目名称	项目名称	方向	金额
1702	累计摊销		贷	320 000. 00
		专利权 B	贷	96 000. 00
		专利权 C	贷	224 000. 00

注：录入总账期初数据后，进行试算平衡（期初平衡余额为 48 986 148. 99 元）和对账；录入应收应付、供应链以及固定资产等模块初始数据后，再在各子系统中进行对账。此为财务账与业务账核对。

【操作步骤】

在总账系统中，执行“设置→期初余额”指令，进入期初余额录入界面，单击需要输入数据的余额栏，直接输入数据即可。有辅助核算的科目余额，需双击对应余额栏，进入其明细录入界面后，再录入辅助核算的明细余额。录完所有余额后，单击“试算”按钮进行试算平衡，单击“对账”按钮检查总账、明细账、辅助账的期初余额是否一致。

【说明】

“试算”显示期初试算平衡表，显示试算结果是否平衡。如果计算结果不平衡，请重新调整至平衡后再进行下一步工作。

“查找”输入科目编码或名称，或通过科目参照输入要查找的科目，可快速显示此科目所在的记录行。如果在录入期初余额时使用查找功能，可以提高输入速度。

“清零”，期初余额清零功能。当此科目的下级科目的期初数据互相抵消使本科目的期初余额为零时，清除此科目的所有下级科目的期初数据。存在已记账凭证时此按钮置灰。

“对账”，期初余额对账。核对总账与部门账、核对总账与客户往来账、核对总账与供应商往来账、核对总账与个人往来账、核对总账与项目账等。

如果对账后发现有错误，可单击“显示对账错误”按钮，系统将把对账中发现的问题列出来。

第三章　业务初始处理

第一节　业务系统概述

业务系统泛指 ERP 中除财务系统外的其他子系统，如采购管理系统、销售管理系统、库存管理系统、存货核算系统、薪资管理系统、固定资产管理系统、应收款管理系统以及应付款管理系统等。

一、采购管理系统

采购管理系统是 ERP 供应链的重要子系统，能对采购业务的全部流程进行管理，提供请购、订货、到货、入库、开票、采购结算的完整采购流程。本系统适用于各类工业企业和商业批发、零售企业、医药、物资供销、对外贸易、图书发行等商品流通企业的采购部门和采购核算财务部门。

采购管理系统既可以单独使用，又可以与合同管理系统、主生产计划系统、需求规划系统、库存管理系统、销售管理系统、存货核算系统、应付款管理系统、质量管理系统、GSP 质量管理系统、售前分析系统、商业智能系统、出口管理系统、资金管理系统、预算管理系统等模块集成使用，提供完整、全面的业务和财务流程处理。采购管理系统与其他系统的主要关系如图 3-1 所示。

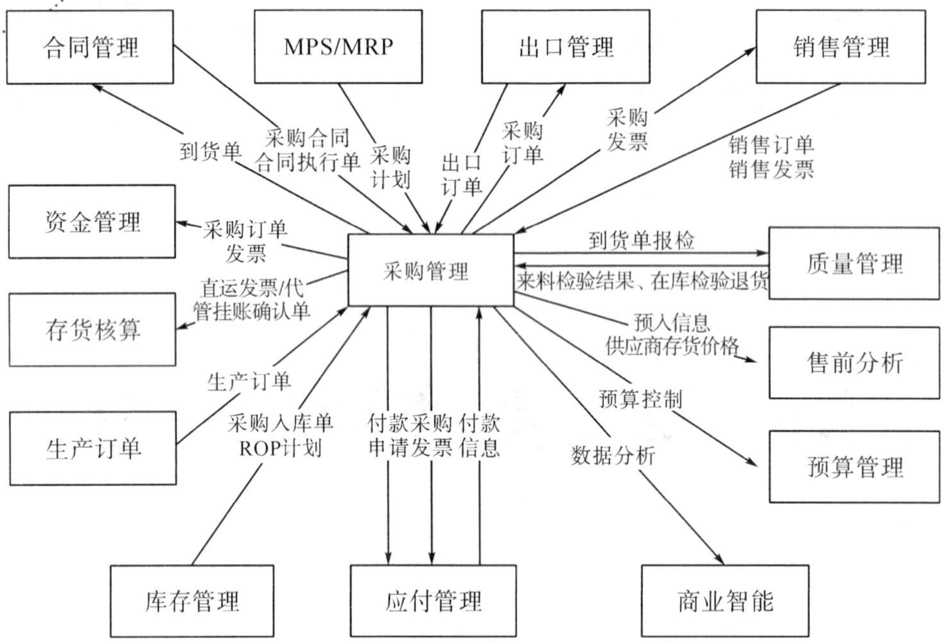

图 3-1　采购管理系统与其他系统的主要关系图

二、销售管理系统

销售是企业生产经营成果的实现过程，是企业经营活动的中心。销售管理系统是 ERP 供应链的重要组成部分，提供了报价、订货、发货、开票的完整销售流程，支持普通销售、委托代销、分期收款、直运、零售、销售调拨等多种类型的销售业务，并可对销售价格和信用进行实时监控。

销售管理系统可以单独使用，也可以与其他系统集成使用。销售管理系统与库存管理系统、采购管理系统、质量管理系统、存货核算系统等集成使用，可以实现物流的管理；销售管理系统与应收款管理系统集成使用，可以实现物流与资金流的管理；销售管理系统与生产制造的主生产计划系统、需求规则系统、生产订单系统集成使用，可以实现从订单到计划、从计划到生产的管理；销售管理系统与售前分析系统集成使用，为 ATP 模拟运算提供预计发货量，为模拟报价提供已选配的 ATO 模型、PTO 模型的客户 BOM；销售管理系统能够根据模拟报价生成实际的报价单；销售管理系统与合同管理系统集成使用，可以实现从签订销售合同到执行销售合同的管理；销售管理系统与商业智能系统集成使用，可以实现对销售数据的综合统计功能。

三、库存管理系统

库存管理系统能够满足采购入库、销售出库、产成品入库、材料出库、其他出入库、盘点管理等业务需要，提供仓库货位管理、批次管理、保质期管理、出库跟踪入库管理、可用量管理、序列号管理等全面的业务应用。

库存管理系统可以单独使用，也可以与采购管理系统、进口管理系统、委外管理系统、销售管理系统、出口管理系统、质量管理系统、GSP 质量管理系统、存货核算系统、售前分析系统、成本管理系统、预算管理系统、项目成本系统、商业智能系统、主生产计划系统、需求规划系统、车间管理系统、生产订单系统、物料清单系统、设备管理系统、售后服务系统、零售管理系统等集成使用，发挥更加强大的应用功能。

库存管理系统与其他系统的主要关系如图 3-2 所示。

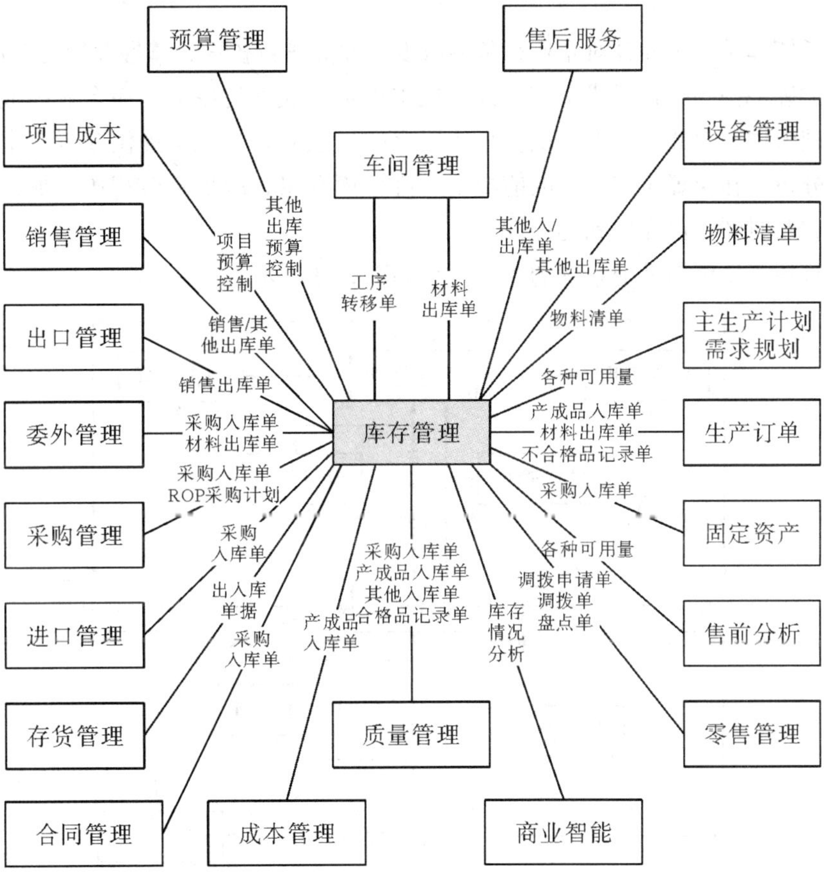

图 3-2 库存管理系统与其他系统的主要关系图

四、存货核算系统

存货是指企业在生产经营过程中为销售或耗用而储存的各种资产，包括商品、产成品、半成品、在产品以及各种材料、燃料、包装物、低值易耗品等。

存货是保证企业生产经营过程顺利进行的必要条件。为了保障生产经营过程连续不断地进行，企业要不断地购入、耗用或销售存货。存货是企业的一项重要的流动资产，其价值在企业流动资产中占有很大的比重。

存货的核算是企业会计核算的一项重要内容，进行存货核算，应正确计算存货购入成本，促使企业努力降低存货成本；反映和监督存货的收发、领退和保管情况；反映和监督存货资金的占用情况，促进企业提高资金的使用效果。

在企业中，存货成本直接影响利润水平。尤其在市场经济条件下，存货品种日益更新，存货价格变化较快，企业领导层更为关心存货的资金占用及周转情况，因而使得存货会计人员的核算工作量越来越大。存货核算系统能减轻财务人员繁重的手工劳动，不仅能提高核算的准确度，而且更重要的是能提高及时性、可靠性和准确性。

存货核算系统主要针对企业存货的收发存业务进行核算，掌握存货的耗用情况，及时、准确地把各类存货成本归集到各成本项目和成本对象上，为企业的成本核算提供基础数据。它并可动态地反映存货资金的增减变动情况，提供存货资金周转和占用的分析，在保证生产经营的前提下，降低库存量，减少资金积压，加速资金周转，具有及时性、可靠性和准确性。

存货核算系统与其他系统的主要关系如图 3-3 所示。

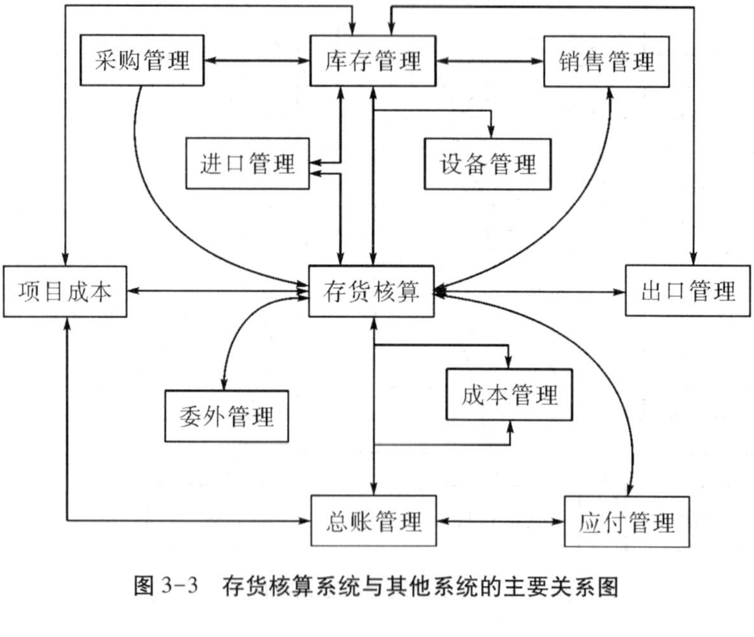

图 3-3　存货核算系统与其他系统的主要关系图

五、薪资管理系统

薪资管理系统能对各类企业、行政事业单位进行工资核算、工资发放、工资费用分摊、工资统计分析和个人所得税核算等。薪资管理系统既可以与总账系统集成使用，将工资凭证传递到总账中，也可以与成本管理系统集成使用，为成本管理系统提供人工费用信息。

在用友 ERP 中，如果启用了人力资源系统的 HR 基础设置和人事管理两个模块，则系统菜单下又会显示“薪资标准”和“薪资调整”两组功能，薪资标准功能可以模拟企业的薪酬体系，根据薪资标准调整员工的档案工资，并记录生效时间。调整后的档案工资不会自动进入当月的工资表，需要手工设置工资项目从薪资档案（工资基本情况表）中获取数据的取数公式，并在工资变动模块执行取数功能。

六、固定资产管理系统

固定资产管理系统能对各类企业和行政事业单位进行资产增加（录入新卡片）、资产减少、卡片修改（涉及原值或累计折旧时）、资产评估（涉及原值或累计折旧变化时）、原值变动、累计折旧调整、计提减值准备调整、转回减值准备调整、折旧分配、增值税调整等，能将有关数据通过记账凭证的形式传输到总账系统，同时通过对账保持固定资产账目的平衡，为成本管理系统提供固定资产的折旧费用依据。

七、应收款管理系统

应收款管理系统是通过发票、其他应收单、收款单等单据的录入，对企业的往来账款进行综合管理，及时、准确地提供客户的往来账款余额资料，提供各种分析报表，如账龄分析表等。通过各种分析报表，能帮助企业合理地进行资金的调配，提高资金的利用效率。

八、应付款管理系统

应付款管理系统是通过发票、其他应付单、付款单等单据的录入，对企业的往来账款进行综合管理，及时、准确地提供供应商的往来账款余额资料，提供各种分析报表，帮助企业合理地进行资金的调配，提高资金的利用效率。

第二节　业务控制参数设置

一、采购参数设置

系统选项也称为系统参数、业务处理控制参数，是指在企业业务处理过程中所使用的各种控制参数。系统参数的设置将决定企业使用系统的业务流程、业务模式、数据流向。

在进行选项设置之前，一定要详细了解选项开关对业务处理流程的影响，并结合企业的实际业务需要进行设置。由于有些选项在日常业务开始后不能随意更改，最好在业务开始前进行全盘考虑，尤其一些对其他系统有影响的选项设置更要考虑清楚。

（一）业务及权限控制

在用友 ERP-U8V10.1 采购系统中，业务及权限控制参数选项如图 3-4 所示。

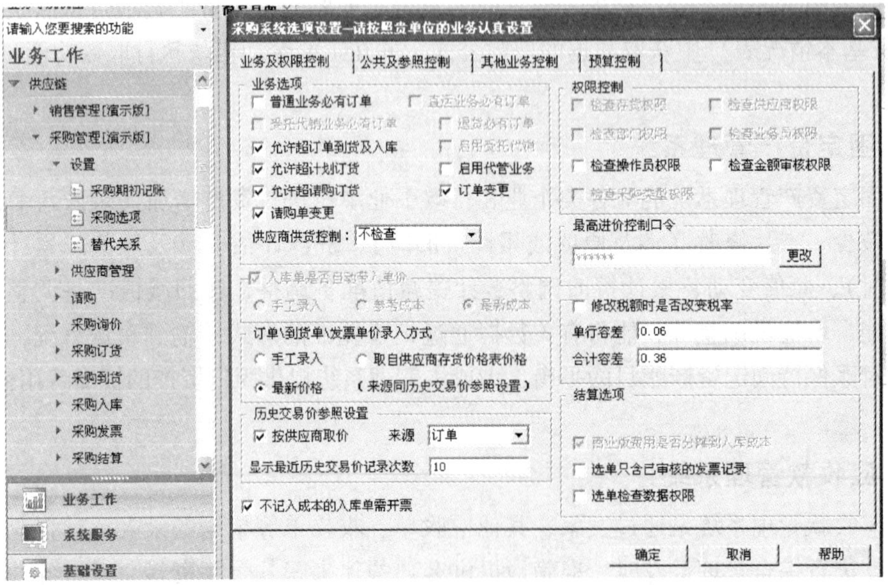

图 3-4　采购业务及权限控制参数选项设置界面

选项说明：

1. 业务选项

普通业务必有订单：打钩选择，可随时修改。

直运业务必有订单：显示销售管理系统选项，不可修改。其设置在销售管理系统的销售选项设置中勾选“是否有直运销售业务”和“直运销售必有订单”。

受托代销业务必有订单：打钩选择，可随时修改。只有在建立账套时选择企业类型为“商业”或“医药流通”的账套，才能选择此项。

退货必有订单：只有在启用“普通业务必有订单”时才可用。在必有订单时，如果启用“退货必有订单”，则在做采购退货单时，只能参照来源单据生成；否则，可手工新增。

允许超订单到货及入库：打钩选择，可随时修改。如果不允许，则参照订单生成到货单、入库单时，不可超订单数量。

允许超计划订货：打钩选择，可随时修改。如果不允许，则参照采购计划（MPS/MRP、ROP）生成采购订单时，累计订货量不可超过采购计划的核定订货量。

允许超请购订货：打钩选择，可随时修改。如果不允许，则参照请购单生成采购订单时，累计订货量不可超过请购单量。

是否启用代管业务：如果不启用代管业务，则不能进行代管业务的处理，代管业务菜单将看不见；如果启用代管业务，可以进行代管业务处理。

订单变更：打钩选择，可随时修改。如果选中，则系统记录变更历史供查询。

供应商供货控制：不检查、不控制供应商存货的对应关系。检查的方式分为两种：①检查提示，只给出是否控制的提示。②严格控制，严格按照供应商存货价格表进行控制。

2. 价格管理

入库单是否自动带入单价：单选，可随时更改。只有在采购管理系统不与库存管理系统集成时使用，即采购入库单在采购管理系统填制时可设置。否则，在“库存管理”中的专项设置中设置。

订单\到货单\发票单价录入方式：单选，可随时修改。①手工录入：手动直接录入。②取自供应商存货价格表价格：带入供应类型为“采购”的无税单价、含税单价、税率，可修改。③最新价格：系统自动取最新的订单、到货单、发票上的价格，包括无税单价、含税单价、税率，可修改。

历史交易价参照设置：填制单据时可参照的存货价格，最新价格的取价规则也在此设置，可随时更改。

来源：单选，可选择在业务中作为价格基准的单据，在参照历史交易价和取最新价格时取该单据的价格。选择内容为订单、到货单、发票。

是否按供应商取价：打钩选择。选中，则按照当前单据的供应商带入历史交易价。按照供应商取价能够更加精确地反映交易价，因为同一种存货，从不同供应商取得的进价可能有所差异。

最高进价控制口令：录入，系统默认为“system”，可修改，可为空。设置口令，则在填制采购单据时，如超过最高进价，系统提示，并要求输入控制口令，口令不正确不能保存采购单据。

修改税额时是否改变税率：打钩选择，默认为不选中。税额一般不用修改，在特定情况下，如系统和手工计算的税额相差很少，可以调整税额尾差。若选择是，则税额变动反算税率，不进行容差控制。若选择否，则税额变动不反算税率，在调整税额尾差（单行）、保存单据（合计）时，系统检查是否超过容差。单行容差：录入，默认为0.005。修改税额超过容差时，系统提示，取消修改，恢复原税额。合计容差：录入，默认为0.03。保存单据超过合计容差时，系统提示，返回单据。

3. 结算选项

商业版费用（采购费用等）是否分摊到入库成本：打钩选择。如果选中，则记入成本仓库对应入库单，可以生成采购发票，但不参与采购结算。它适用于如办公用品采购，采购发票直接转费用，不进行存货核算。如果未选中，则不记入成本仓库对应入库单，不能生成采购发票，对应入库单也不参与采购结算。它适用于如赠品业务的处理，不需要生成采购发票，也不需要进行存货核算。

选单只含已审核的发票记录：打钩选择，可随时修改。如果选中，则自动结算和手工结算时只包含已审核的发票记录。

选单检查数据权限：打钩选择，可随时修改。如果选中，手工结算及费用折扣结算过滤入库单及发票时，根据采购选项/权限控制选中的需要检查的权限进行数据权限控制，控制存货、部门、供应商、业务员、采购类型的查询权限（不要求必须有录入权限）。

4. 权限控制

检查存货权限：打钩选择。如检查，查询时只能显示有查询权限的存货及其记录；填制单据时只能参照录入有录入权限的存货。

检查部门权限：打钩选择。如检查，查询时只能显示有查询权限的部门及其记录；填制单据时只能参照录入有录入权限的部门。

检查操作员权限：打钩选择。如控制，则查询、修改、删除、审核、弃审、关闭、打开单据时，只能对单据制单人有权限的单据进行操作；对单据审核人有权限的单据进行操作；对单据关闭人有权限的单据进行操作；变更不控制操作员数据权限，仅判断当前操作员是否有变更功能权限和其他几项数据的录入权限。

检查供应商权限：打钩选择。如检查，查询时只能显示有查询权限的供应商及其记录；制单时只能参照录入有录入权限的供应商。

检查业务员权限：打钩选择。如检查，查询时只能显示有查询权限的业务员及其记录；填制单据时只能参照录入有录入权限的业务员。

检查采购类型权限：打钩选择。如检查，查询时只能显示有查询权限的采购类型及其记录；填制单据时只能参照录入有录入权限的采购类型。

提示：以上数据权限如果没有在“企业应用平台-系统服务-权限-数据权限控制设置”中进行设置，则相应的选项置灰，不可选择。

检查金额审核权限：打钩选择。如检查，则订单审核时检查当前订单总金额与当前操作员采购限额，在“企业应用平台-系统服务-权限-金额分配权限-采购订单级别”设置当前操作员的采购限额。“订单金额≤采购限额”保存成功，将当前操作员信息写入订单，订单状态变为已审核。“订单金额>采购限额”，提示“对不起，您的订单审核上限为××××元，您不能审核×××号单据。”

（二）其他业务控制

用友 ERP-U8 V10.1 采购系统中，其他业务控制参数选项如图 3-5 所示。

选项说明：

1. 采购预警设置

提前预警天数：录入天数，默认值为空。默认值为空时，表示不对临近记录进行预警。

逾期报警天数：录入天数，默认值为空。默认值为空时，表示不对过期记录进行报警。

设置完成后，系统可以根据设置的预警和报警天数进行预警和报警，预警/报警

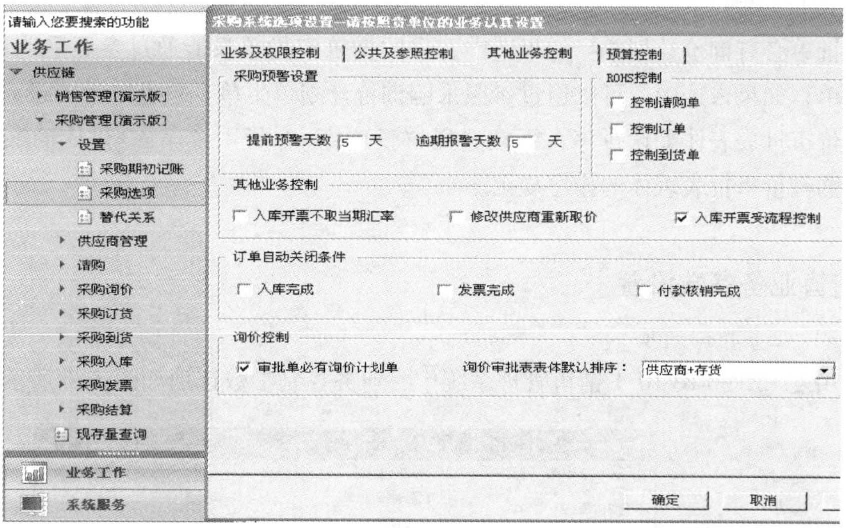

图 3-5　采购系统中其他业务控制参数选项设置界面

的方式是在预警平台中设置的，可以有三种方式：邮件、短信、应用平台通知。当选择应用平台通知时，对于有采购订单预警/报警表查询权限的操作员在录入企业应用平台时，可以在任务中心看到预警/报警的信息。

2. ROHS 控制

选择哪些单据需要对 ROHS 存货进行控制，可多选，可随时修改。

请购单：如果选中，请购单在保存时对 ROHS 存货进行校验，否则不校验。

采购订单：如果选中，采购订单在保存时对 ROHS 存货进行校验，否则不校验。

到货单：如果选中，到货单在保存时对 ROHS 存货进行校验，否则不校验。

3. 其他业务控制

入库开票不取当期汇率：如果选中，发票拷贝入库单生成时，汇率取入库单汇率；如果未选中，发票拷贝入库单生成时，汇率取当月汇率。入库单批量生成发票不受此选项控制，取入库单汇率。

修改供应商重新取价：如果选中，当取价方式为供应存货价格表或最新价格时（勾选按供应商取价），修改供应商时会自动取价；如果未选中，当取价方式为供应存货价格表或最新价格时（勾选按供应商取价），修改供应商表体价格保持不变。

入库开票受流程控制：如果选中，发票拷贝入库单，只有相同流程分支的入库单允许生成同一张发票；如未选中，发票拷贝入库单不考虑入库单的流程模式，允许不同流程的入库单生成同一张发票。入库单批量生成发票不受此选项控制。

4. 订单自动关闭条件

打钩选择，可多选，可随时修改。如果多选，订单必须同时满足条件才可以自动关闭，自动关闭调用定时任务，关闭人为定时任务中指定的执行人，执行人需要具有订单关闭的功能权限和相应的数据权限。

5. 询价控制

审批单必有询价计划单：如果选中，采购询价审批单只能通过参照采购询价计划单生单；如果未选中，可以通过参照采购询价计划单生单，也可以手工录入单据。

询价审批表表体默认排序：下拉选择"供应商+存货""存货+供应商"；设置控制采购询价审批表表体的排序规则。

二、销售业务参数设置

（一）业务控制选项

在用友 ERP-U8V10.1 销售管理系统中，业务控制参数选项如图 3-6 所示。

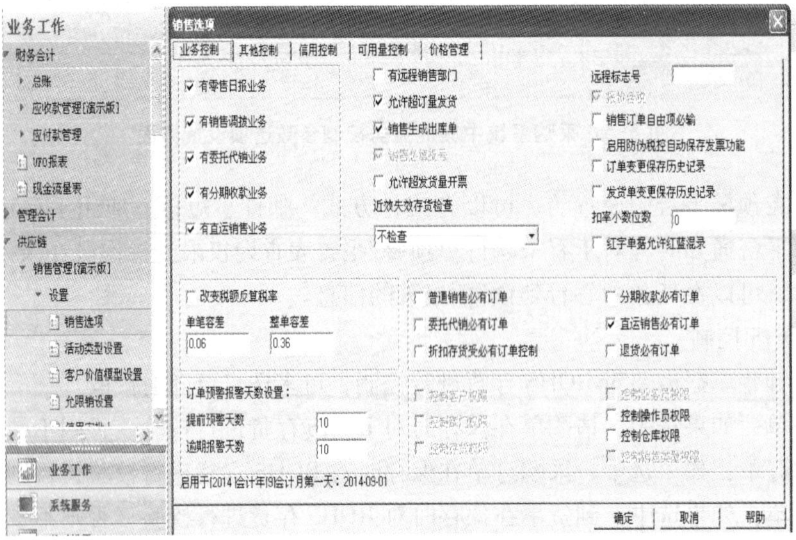

图 3-6　销售业务控制参数选项设置界面

选项说明：

（1）业务选项：可选定是否有零售日报业务、销售调拨业务、委托代销业务、分期收款业务、直运销售业务。

（2）业务控制选项：可选定是否允许超订量发货、超发货量开票、销售生成出库单等。

（3）业务流程选项：可选定普通销售、委托代销、分期收款销售和直运销售是否必有订单。

（4）数据权限控制选项：可选定是否控制客户权限、部门权限、存货权限、业务员权限、操作员权限和仓库权限。

对销售管理系统是否进行以上档案的数据权限控制进行设置。以上权限如果没有在"企业应用平台-系统服务-权限-数据权限控制设置"中进行设置，则相应的选项置灰，不可选择。

（5）销售订单预警天数设置：设定提前预警天数和逾期报警天数后，可以在“任务中心”查看“销售订单预警和报警”报表，可以通过预警平台将符合条件的报警信息通过短信或邮件发送给有关人员，也可以直接查询“销售订单预警和报警”，包括符合条件的未关闭的销售订单记录。

（二）其他控制

（1）生单选项：可选定新增发货单、新增退货单、新增发票的默认值。

（2）可设定订单自动关闭的条件，如出库完成、开票完成和收款核销完成。

（3）可设定质量检验的条件，如发货检验和退货检验。

（4）可设定自动指定批号的条件。

（5）可设定自动匹配入库单的条件。

（三）信用控制

信用控制是指对客户、部门、业务员的信用控制范围的设置。进行信用控制时，根据信用检查点，在保存、审核销售单据时（控制信用的单据），若当前客户（或按照部门、业务员控制）的应收账款余额（应收账款期间）超过了该客户（或部门、业务员）档案中设定的信用额度（信用期限），系统会提示当前客户（或部门、业务员）已超过档案中设定的信用额度（信用期限），并根据需要的信用额度进行控制。

（1）可设定信用控制对象，如客户信用、部门信用和业务员信用。

（2）可设定信用检查点，如单据保存时或单据审核时。

（3）可设定额度检查公式、期间检查公式和立账单据检查公式。

（四）可用量控制

（1）可设定是否允许非批次存货超可用量发货，是否允许批次存货超可用量发货。

（2）可设定发货单、发票非追踪型存货可用量控制公式和其预计库存量查询公式。

（3）可设定订单非追踪型存货预计库存量查询公式。

（五）价格管理

价格管理选项设置取价方式、报价参照、价格政策、最低售价控制等。

三、库存参数设置

（一）通用设置

在用友 ERP-U8V10.1 库存管理系统中，通用设置参数选项如图 3-7 所示。

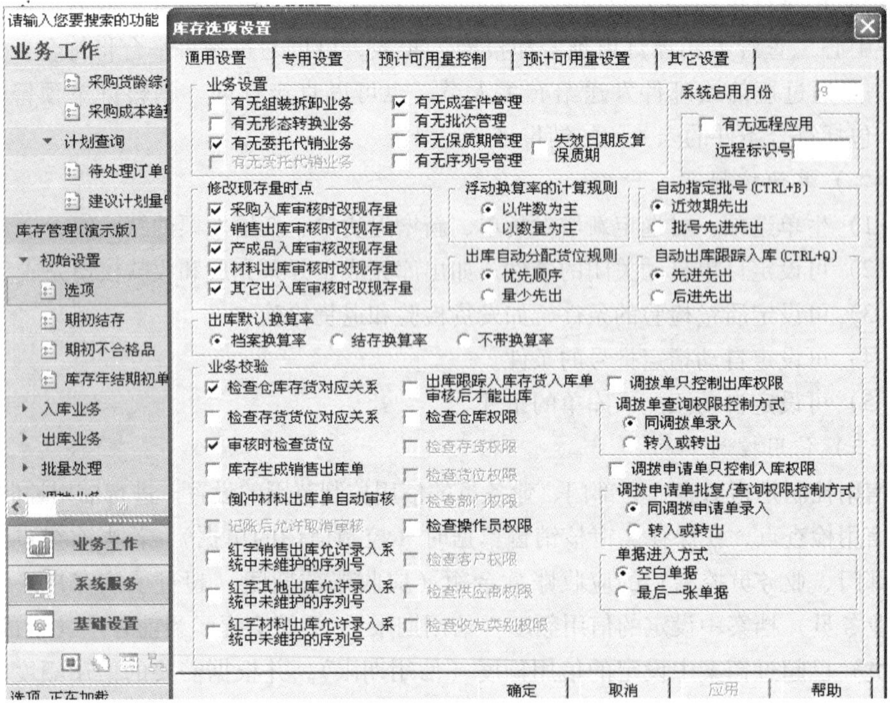

图 3-7　库存管理系统通用设置界面

选项说明：

1. 业务设置

有无组装拆卸业务：打钩选择，不可随时修改。有组装拆卸业务时，系统增加组装拆卸菜单，可以使用组装单、拆卸单，可以查询“组装拆卸汇总表”；无组装拆卸业务时，不显示组装拆卸菜单。

有无形态转换业务：打钩选择，不可随时修改。有形态转换业务时，系统增加形态转换菜单，可以使用形态转换单，可以查询“形态转换汇总表”；无形态转换业务时，不显示形态转换菜单。

有无委托代销业务：打钩选择，不可随时修改。有委托代销业务时，销售出库单的业务类型增加“委托代销”，可以查询“委托代销备查簿”；无委托代销业务时，不能进行以上操作。有无委托代销业务可以在库存管理系统设置，也可以在销售管理系统设置，在其中一个系统进行设置，可同时改变在另一个系统的选项。

有无受托代销业务：打钩选择，不可随时修改。只有商业版才能选择有受托代销业务，工业版不能选择有受托代销业务。有受托代销业务时，可在“存货档案”中设置受托代销存货。采购入库单的业务类型增加受托代销，可查询“受托代销备查簿”；没有受托代销业务时，不能进行以上操作。有无受托代销业务可以在库存管理系统设置，也可以在采购管理系统设置，在其中一个系统进行设置，可同时改变在另一个系统的选项。

有无成套件管理：打钩选择，默认为否，不可随时修改。有成套件管理时，可在存货档案中设置某存货为成套件，可设置成套件档案。“收发存汇总表”“业务类型汇总表”可将成套件按照组成单件展开进行统计。没有成套件管理时，不能进行以上操作。

有无批次管理：打钩选择，默认为否，不可随时修改。有批次管理时，可在存货档案中设置批次管理存货、是否建立批次档案。出入库时，批次管理存货需要指定批号。可执行“其他业务处理”下的“批次冻结”，可查询“批次台账”“批次汇总表”；否则，不能设置和查询。

有无保质期管理：打钩选择，默认为否，不可随时修改。有保质期管理时，可在存货档案中设置保质期管理存货。出入库时，保质期管理存货需要指定生产日期、失效日期。可执行“其他业务处理”下的“失效日期维护”，可查询“保质期预警”。没有保质期管理时，没有以上功能。

失效日期反算保质期：打钩选择，默认为否，可随时修改。选择此选项，在单据上修改失效日期时，生产日期不变，反算保质期；否则，修改失效日期时，保质期不变，反算生产日期。

有无序列号管理：打钩选择，默认为否，可随时更改。

2. 修改现存量时点

采购入库审核时改现存量、销售出库审核时改现存量、材料出库审核时改现存量、产成品入库审核时改现存量和其他出入库审核时改现存量选项：打钩选择，默认为否，可随时修改。

提示：企业根据实际业务的需要，有些单据在保存时进行实物出入库，而有些单据在单据审核时才进行实物出入库。为了解决单据和实物出入库的时间差问题，可以根据不同的单据制定不同的现存量更新时点。该选项会影响现存量、可用量、预计入库量、预计出库量。

3. 浮动换算率的计算规则

浮动换算率的计算规则属于供应链公共选项，任一模块（包括采购、委外、销售、库存、质量管理）修改，其他模块都自动关联更新。单选，选择内容以数量为主、以件数为主。其计算公式为：数量=件数×换算率。

以数量为主：浮动换算率存货，数量、件数、换算率三项都有值时，修改件数，数量不变，反算换算率；修改换算率，数量不变，反算件数；修改数量，换算率不变，反算件数。

以件数为主：浮动换算率存货，数量、件数、换算率三项都有值时，修改件数，换算率不变，反算数量；修改换算率，件数不变，反算数量；修改数量，件数不变，反算换算率。

4. 出库自动分配货位规则

出库自动分配货位规则：单选，可随时修改，设置出库时系统自动分配货位的先后顺序。

优先顺序：根据货位存货对照表中设置的优先顺序分配货位。

量少先出：根据结存量的大小，先从结存量小的货位出库。

5. 业务校验

检查仓库存货对应关系：打钩选择，默认为否，可随时修改。不检查，填制出入库单据时参照存货档案中的存货。如检查，填制出入库单据时可以参照仓库存货对照表中该仓库的存货；手工录入其他存货时，系统提示“存货××在仓库存货对照表中不存在，是否继续?”如果继续，则保存录入的存货。否则，返回重新录入。

检查存货货位对应关系：打钩选择，默认为否，可随时修改。不检查，填制出入库单据时参照表头仓库的所有货位。如检查，填制出入库单据时参照存货货位对照表中表头仓库的当前存货的所有货位；手工录入存货货位对照表以外的货位时，系统提示“货位××在存货货位对照表中不存在，是否继续?”如果继续，则保存录入的货位。否则，返回重新录入。

调拨单只控制出库权限：设置调拨单录入时仓库、部门权限控制的方式。打钩选择，默认为否，可随时修改。若选择是，则只控制出库仓库、部门的权限，不控制入库仓库、部门的权限；若选择否，出库、入库的仓库、部门权限都要控制。该选项在检查仓库权限、检查部门权限设置时有效；如不检查仓库、部门权限，则该选项不起作用。

调拨单查询权限控制方式：设置调拨单查询时仓库、部门权限控制的方式。若选择“同调拨单录入”，则按照“调拨单只控制出库权限”的设置做相应控制。若选择“转入或转出”，则只要有出库仓库、部门或入库仓库、部门中任一方权限就可以查询。

调拨申请单只控制入库权限和调拨单批复/查询权限，其控制方式设置及规则与上述内容相似。

审核时检查货位：打钩选择，默认为是，可随时修改。若选择是，则单据审核时，如果单据表头仓库是货位管理，该单据所有记录的货位信息必须填写完整才可审核，否则不能审核；若选择否，则审核单据时不进行货位检查，货位可以在单据审核后再指定。进行货位管理时，最好设置该选项，可以避免漏填货位。

库存生成销售出库单：打钩选择，默认为否，可随时修改，该选项主要影响库存管理系统与销售管理系统集成使用的情况。销售管理系统的发货单、销售发票、零售日报、销售调拨单在审核/复核时，自动生成销售出库单；库存管理系统不可修改出库存货、出库数量，即一次发货一次全部出库。由销售管理系统生成的销售出库单，允许修改部分数据项，包括单价、金额、货位等。销售出库单由库存管理系统参照上述单据生成，不可手工填制；在参照时，可以修改本次出库数量，即可以一次发货多次出库；生成销售出库单后不可修改出库存货、出库数量。

记账后允许取消审核：打钩选择，默认选中。当存货核算系统选项“单据审核后才允许记账”为否时，可随时修改。当存货核算系统选项“单据审核后才允许记账”为是时，该选项不允许选中。如果“记账后允许取消审核”为否，则弃审（包括批弃）出入库单据时，任意一行记录已经记账的单据不允许取消审核。

出库跟踪入库存货，入库单审核后才能出库：打钩选择，默认为否，可随时修改。若选择此项，则出库跟踪入库时只能参照已审核的入库单。此选项库存管理系统、销售管理系统共用。

倒冲材料出库单自动审核：打钩选择，默认为否，可随时修改。若选择此项，则倒冲生成的材料出库单及盘点补差生成的材料出库单自动审核。

红字销售出库允许录入系统中未维护的序列号、红字其他出库允许录入系统中未维护的序列号和红字材料出库允许录入系统中未维护的序列号选项：打钩选择，默认为否。

6. 权限控制

以下权限如果没有在“企业应用平台-基础设置-数据权限-数据权限控制设置”中进行设置，则相应的选项置灰，不可选择。

检查仓库权限、检查存货权限、检查货位权限、检查部门权限、检查操作员权限、检查供应商权限、检查客户权限以及检查收发类别权限选项：打钩选择。如检查，查询时只能显示有查询权限的记录单据；填制单据时只能参照录入有录入权限的相应单据。

7. 远程应用

远程应用是指库存管理系统、采购管理系统、销售管理系统、应付款管理系统、应收款管理系统共用，即在一个系统中改变设置，在其他四个系统中也同时更改。

有无远程应用：默认为否，可随时修改。有远程应用时，可设置远程标识号，可执行远程应用功能。标识号可设定为两位，最大为99，可随时修改。其为总部与各分支机构之间分配的唯一标识号，此编号必须唯一，以保证数据传递接收时不重号。

8. 其他选项设置

自动指定批号（CTRL+B）：单选，可随时修改，自动指定批号时的分配规则。填制出库单据时，可使用快捷键“CTRL+B”，系统根据分配规则自动指定批号。库存管理系统、销售管理系统分别设置。批号先进先出：按批号的顺序从小到大进行分配。近失效期先出：当批次管理存货同时为保质期管理存货时，按失效日期的顺序从小到大进行分配，适用于对保质期管理进行较严格的存货，如食品、医药等；非保质期管理的存货，按批号先进先出进行分配。

自动出库跟踪入库（CTRL+Q）：单选，可随时修改。自动指定入库单号时，系统分配入库单号的规则。填制出库单据时，可使用快捷键“CTRL+Q”，系统根据分配规则自动指定出库单号。库存管理系统、销售管理系统分别设置。先进先出：先入库的先出库，按入库日期从小到大进行分配。先入库的先出库，适用于医药、食品等对存货的时效性要求较严格的企业。后进先出：按入库日期从大到小进行分配。后入库的后出库，适用于存货体积、重量比较大的存货，先入库的放在里面，后入库的放在外面，这样出库时只能先出库放在外面的存货。

出库默认换算率：单选，默认值为档案换算率，可随时更改。填制出库单据时，浮动换算率存货自动带入的换算率，可再进行修改。档案换算率：取计量单位档案里的换算率，可修改。结存换算率为该存货最新的现存数量和现存件数之间的换算率，可修改。结存换算率=结存数量/结存件数。批次管理的存货取该批次的结存换算率。出库跟踪入库的存货取出库对应入库单记录的结存换算率。不带换算率：手工直接输入。

系统启用月份：根据库存管理系统的启用会计月带入，不可修改。

单据进入方式：单选，默认值为空白单据，可随时修改。进入库存单据时，单据进入方式的设置。空白单据：进入单据卡片时，不显示任何信息。最后一张单据：进入单据卡片时，显示最后一次操作的单据。

（二）专用设置

在用友 ERP-U8V10.1 库存管理系统中，专用设置参数选项如图 3-8 所示。

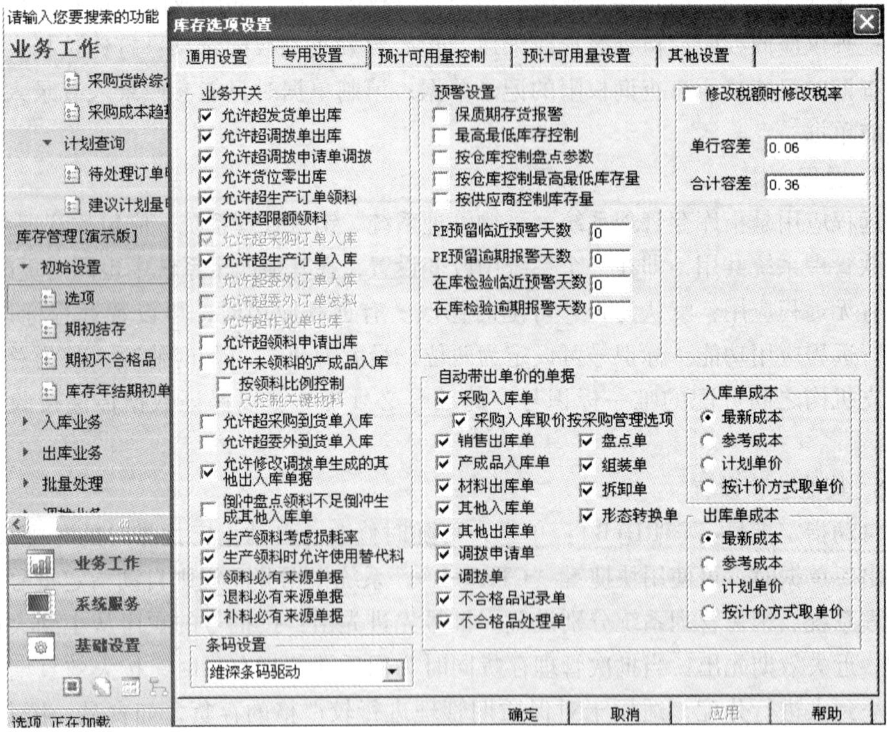

图 3-8 库存管理系统专用设置界面

选项说明：

1. 业务开关

允许超发货单出库、允许超调拨单出库、允许超调拨申请单调拨、允许货位零出库、允许超生产订单领料、允许超限额领料、允许未领料的产成品入库、允许超生产订单入库和允许超领料申请出库等选项：打钩选择，默认为否，可随时修改。在填制相应的出入库单的数量超过对应可发入货数量时，可以保存；否则，不予保存。

允许超采购订单入库、允许超委外订单入库、允许超委外订单发料和允许超作业单出库选项：打钩选择，默认为否，在库存管理系统中只能查询，不能修改；与采购管理系统、委外管理系统用同一个选项，在采购管理系统、委外管理系统中修改。

允许修改调拨单生成的其他出入库单据：打钩选择，默认为否，可随时修改。选中时，调拨生成的其他出入库单可以修改；否则，不可以修改。

倒冲材料领料不足倒冲生成其他入库单：打钩选择，默认为否，可随时修改。选择此项，倒冲仓库盘点单中盘盈记录审核生成单据（补差），如果盘点会计期间有材料耗用，但补差之后导致生产订单或委外订单已领料量<0 时，则补差只补到已领料量等于 0 为止，差额部分生成其他入库单。不选中此项，出现补差之后导致生产订单或委外订单已领料量<0 的情况时，盘点单审核不通过。

生产领料考虑损耗率：打钩选择，默认为是，可随时修改。选择此项，按生产订单领料及调拨时，应领料量为生产订单子件的应领料量。不选择此项，按生产订单领料及调拨时，应领料量为生产订单子件的应领料量/（1+子件损耗率）。

生产领料允许替代：打钩选择，默认为否，可随时修改。选择此项，按生产订单领料时，在材料出库单、配比出库时允许执行替代操作。未选，则不可执行。

领料必有来源单据：打钩选择，默认为否，可随时修改。选择此项，则领料类的业务单据不允许手工新增，只能参照来源单据生单。但单据修改不受限制。不选择此项，则领料类的业务单据既可以手工新增也可以参照来源单据生单。领料类业务单据包括蓝字材料出库单、配比出库等。

退料必有来源单据：打钩选择，默认为否，可随时修改。选择此项，则退料类的业务单据不允许手工新增，只能参照来源单据生单。但单据修改不受限制。不选择此项，则退料类的业务单据既可以手工新增也可以参照来源单据生单。退料类业务单据：红字材料出库单。

补料必有来源单据：打钩选择，默认为否，可随时修改。选择此项，则补料类的业务单据不允许手工新增，只能参照来源单据生单。但单据修改不受限制。不选择此项，则补料类的业务单据既可以手工新增也可以参照来源单据生单。补料类业务单据：材料出库单（补料业务）。

2. 预警设置

保质期存货报警：打钩选择，默认为否，可随时修改。设置保质期存货报警，在填制单据时如果失效日期或有效期至小于当前日期则系统给出提示。

PE 预留临近预警天数：默认为 0，可以录入任意正整数。未过失效日期的，用临近预警天数与距离天数进行比较，对距离天数≤临近预警天数的记录进行预警。

PE 预留逾期报警天数：默认为0，可以录入任意正整数。已过失效日期的，用逾期报警天数与距离天数进行比较，对距离天数≥逾期报警天数的记录进行报警。

在库检验临近预警天数：默认为 0，可以录入任意正整数。未过检验周期的，用临近预警天数与距离天数进行比较，对距离天数≤临近预警天数的记录进行预警。

在库检验逾期报警天数：默认为 0，可以录入任意正整数。已过检验周期的，用逾期报警天数与距离天数进行比较，对距离天数≥逾期报警天数的记录进行报警。

最高最低库存控制：打钩选择，默认为否，可随时修改。保存单据时，若存货的预计可用量低于最低库存量或高于最高库存量，则系统提示报警的存货，可选择是否继续。如果继续，则系统保存单据。如果选择否，则需重新输入数量。提示：预计可用量包括当前单据存货未保存前的数量。

按仓库控制最高最低库存量：打钩选择，默认为否，可随时修改。选择按仓库控制，则最高最低库存量根据仓库存货对照表带入，预警和控制时考虑仓库因素；若当前存货在仓库存货对照表中没有设置，取存货档案的最高最低库存量。若不选择，则最高最低库存量根据存货档案带入，预警和控制时不考虑仓库因素。

安全库存预警也按此设置处理：若选择按仓库控制最高最低库存量，则安全库存量根据仓库存货对照表带入；否则，安全库存量根据存货档案带入，预警时不考虑仓库因素。

按供应商控制最高最低库存量：打钩选择，默认为否，可随时修改。选择按供应商控制，则最高、最低及安全库存量根据仓库存货对照表中针对代管商录入的最高、最低及安全库存量带入，预警和控制时考虑代管商因素。不选择按供应商控制，则不考虑代管商。

按仓库控制盘点参数：打钩选择，默认为否，可随时修改。选择此项，则每个仓库可以设置不同的盘点参数，系统从仓库存货对照表中取盘点参数；否则，盘点参数适用于所有仓库，系统从存货档案中取盘点参数。

3. 自动带出单价的单据

自动带出单价的单据：复选，默认为否，可随时修改。选择内容为采购入库单、销售出库单、产成品入库单、材料出库单、其他入库单、其他出库单、调拨单、调拨申请单、盘点单、组装单、拆卸单、形态转换单、不合格品记录单、不合格品处理单。

（三）预计可用量控制

在用友 ERP-U8V10.1 库存管理系统中，预计可用量控制设置参数选项如图3-9所示。

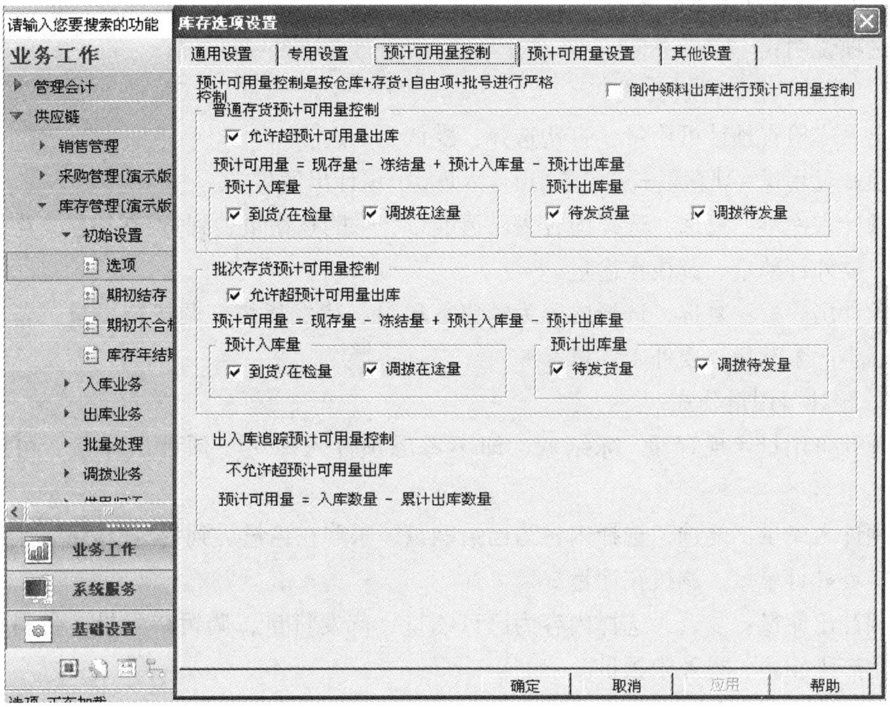

图 3-9　库存管理系统预计可用量控制设置界面

选项说明：

预计可用量控制：严格控制，非 LP 件按照“仓库+存货+自由项+批号+代管商”进行控制；LP 件按照“仓库+存货+自由项+批号+代管商销售订单类别+销售订单号+销售订单行号”进行控制。可用量控制在库存管理系统、销售管理系统、出口管理系统分别设置。

普通存货预计可用量控制：可用量=现存量-冻结量+预计入库量-预计出库量。

允许超预计可用量出库：打钩选择。选择否，则不能超过可用量出库；选择是，则可以超过可用量出库。

批次存货预计可用量控制：选择否，则不能批次零出库；选择是，则可以批次零出库。其他同上。

倒冲领料出库预计可用量控制：默认不进行可用量控制，可随时修改。非批次管理存货预计入库量和预计出库量组成按照普通存货可用量控制中的设置；批次管理存货预计入库量和预计出库量组成按照批次存货可用量控制中的设置。选择不进行可用量控制，在自动倒冲生成材料出库单时，不进行可用量控制，允许超过可用量出库；否则进行可用量控制，自动倒冲生成材料出库单时，如果预计可用量<0，则不允许保存单据（包括材料出库单、工序倒冲时的工序转移单、产成品入库倒冲时的产成品入库单、委外倒冲时的采购入库单）。

（四）预计可用量设置

选项说明：

1. 预计可用量检查公式

出入库检查预计可用量：打钩选择，默认为不选。

预计可用量=现存量-冻结量+预计入库量-预计出库量

预计入库量：复选，选择内容为已请购量、采购在途量、到货/在检量、生产订单量、委外订单量、调拨在途量。

预计出库量：复选，选择内容为销售订单量、待发货量、调拨待发量、备料计划量、生产未领量、委外未领量。

2. 预计可用量公式

预计可用量=现存量-冻结量，即不考虑预计入库量、预计出库量，可随时修改。

预计入库量：复选，选择内容为已请购量、采购在途量、到货/在检量、生产订单量、委外订单量、调拨在途量。

预计出库量：复选，选择内容为已订购量、待发货量、调拨待发量、备料计划量、生产未领量、委外未领量。

（五）其他设置

选项说明：

倒冲盘点补差按代管商合并：打钩选择，默认为否，可随时修改。选择此项，如果盘点仓库是代管仓（同时是现场仓或委外仓），倒冲仓库盘点单中盈/亏记录审核生成单据。系统查找盘点会计期间的倒冲材料出库单时，忽略当前盘点单上的代管商，按所有代管商的材料耗用分摊盈亏量。不选择此项，查询盘点会计期间的倒冲材料出库单时，按盈/亏记录中的代管商查找盘点会计期间的倒冲材料出库单，按对应代管商的材料耗用分摊盈亏量。

生产补料必有补料申请单：打钩选择，默认为否，可随时修改。选中时，蓝字补料材料出库单不允许手工录入，也不允许参照生产订单录入，只能参照子件补料申请单录入。

领料批量处理业务：可以选择材料出库单、调拨单、倒冲材料出库单。材料出库单和调拨单默认选中。选中时，相应业务根据存货档案中设置的领料批量进行处理。

切除尾数处理业务：可以选择材料出库单、调拨单、倒冲材料出库单。材料出库单和调拨单默认选中。选中时，如果存货档案设置为领料切除尾数，则相应业务进行切除尾数的处理。

自动指定代管商：代管仓出库时，系统可根据此选项的设置自动指定代管商。系统包括以下几种自动指定代管商的规则：存货档案默认的供应商、代管商库存孰低先出、代管商库存孰高先出和供应商配额。

指定货位换行时自动保存：如果选择此选项，在单据上指定货位时，换行时自动保存上一行的货位数据，不用再按“保存”按钮。

生单时汇率取值方式：根据采购订单或到货单生成采购入库单时，对于外币业务，汇率可按上游单据的汇率确定，也可取最新的汇率。生单时汇率取值方式：可以选择当月汇率或来源单据汇率两种方式。此选项可以随时修改。如果选择当月汇率，则采购入库单的汇率直接从币种档案中已设置的当月汇率取值；如果选择取来源单据汇率，则直接带上游的采购订单或到货单的汇率。

收发存汇总表查询方式：为提高报表查询效率，在每月月结时系统会将当月的数据汇总记入相应的数据表中，数据表的汇总方式可在库存选项其他设置页签下的收发存汇总表中的查询方式中设置。系统默认是按明细数据记录的，因此数据量可能会比较大，如果收发存汇总表不需要按单据自定义项或项目进行查询时，建议在库存选项中修改此选项，以减少存储的数据量。修改规则：一旦确定了收发存汇总表的查询方式，最好不要频繁修改，尤其不要把粗的维度改为细的维度。

卸载数据时计算库龄是否包括红单：数据卸载时，系统会按库存选项中设置的卸载参数重新计算库龄，以卸载日期作为计算结存的日期，然后按库龄分析的算法计算库龄，并将有结存的单据保留下来不允许卸载。如果选择包括红单，则计算库龄时红字出库单统计在内，否则不包括红字出库单。注意：此选项与结存统计无关，只与库龄算法相关。修改规则：此选项一定要在数据卸载前确定。

四、存货核算参数设置

（一）核算方式设置

用友 ERP-U8V10.1 存货核算系统的核算方式选项如图 3-10 所示。

选项说明：

核算方式：初建账套时，可以选择按仓库核算、按部门核算、按存货核算。如果按仓库核算，则在仓库档案中按仓库设置计价方式，并且每个仓库单独核算出库成本；如果按部门核算，则在仓库档案中按部门设置计价方式，并且相同所属部门的各仓库统一核算出库成本；如果按存货核算，则按在存货档案中设置的计价方式进行核算。只有在期初记账前，核算方式才能改变。系统默认按仓库核算。

销售成本核算方式：即销售出库成本确认标准。普通销售与出口销售共同使用该选项，单选项。当普通销售系统启动而出口管理系统没有启动，可选择用销售发票或销售出库单记账，默认为销售出库单。当出口管理系统启动时，不论普通销售系统是否启动，选项都为按销售出库单核算。修改销售出库成本核算方式选项的条件是：在本月没有对销售单据记账前，当销售单据（发货单、发票）的业务全部处理完毕（即发货单已全部生成出库单和发票、发票全部生成出库单和发货单）方可修改。

委托代销成本核算方式：委托代销记账单据。如果选择按发出商品核算，则按发

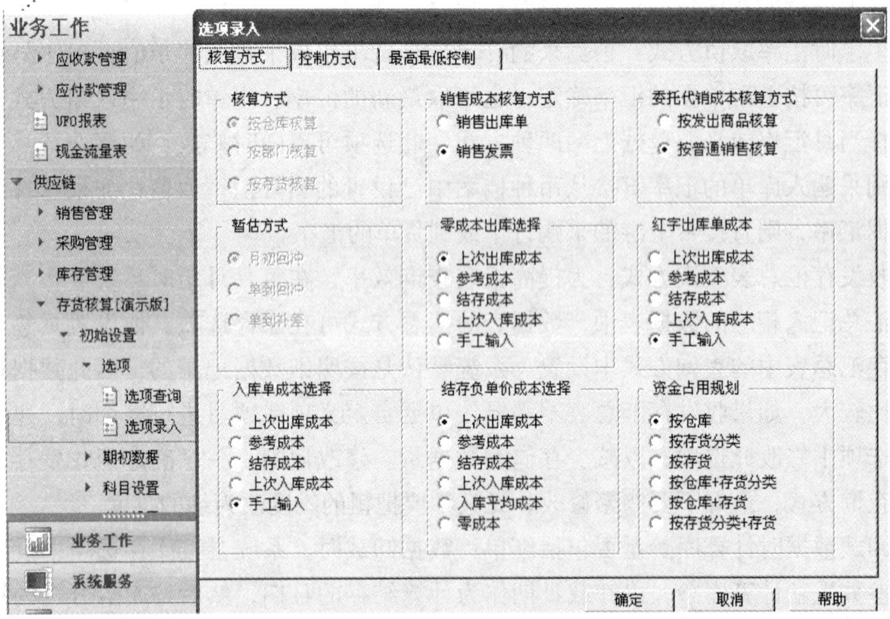

图 3-10　用友 ERP-U8V10.1 存货核算系统的核算方式设置界面

货单+发票记账；如果选择按普通销售核算，则按销售发票或销售出库单进行记账。

暂估方式：如果与采购系统或委外系统集成使用时，用户可以进行暂估业务，并且在此选择暂估入库存货成本的回冲方式，包括月初回冲、单到回冲、单到补差三种。月初回冲是指月初时系统自动生成红字回冲单，报销处理时，系统自动根据报销金额生成采购报销入库单；单到回冲是指报销处理时，系统自动生成红字回冲单，并生成采购报销入库单；单到补差是指报销处理时，系统自动生成一笔调整单，调整金额为实际金额与暂估金额的差额。与采购系统或委外系统集成使用时，如果明细账中有暂估业务未报销或本期未进行期末处理，此时，暂估方式将不允许修改。

零成本出库选择：用于指定核算出库成本时，如果出现账中为零成本或负成本，造成出库成本不可计算时出库成本的取值方式，如上次出库成本、参考成本、结存成本、上次入库成本或手工输入。

红字出库单成本选择：用于指定对先进先出或后进先出方式核算的红字出库单据记明细账时出库成本的取值方式，如上次出库成本、参考成本等。

入库单成本选择：用于指定对入库单据记明细账时，如果没有填写入库成本的入库单价即入库成本为空时入库成本的取值方式，如上次出库成本、参考成本、结存成本、上次入库成本、手工输入。

结存负单价成本选择：用于指定期末存货结存单价小于等于零时，系统按以下方式自动调整期末结存单价并生成出库调整单。需要在期末处理时选择“账面结存为负单价时自动生成出库调整单”选项。结存单价取值方式如上次出库成本、参考成本、结存成本、上次入库成本、入库平均成本、零成本。

资金占用规划：用于确定本企业按某种方式输入资金占用规划，并按此种方式进行资金占用的分析，如按仓库、按存货分类、按存货、按仓库+存货分类、按仓库+存货、按存货分类+存货等方式。

（二）控制方式设置

用友 ERP-U8V10.1 存货核算系统的控制方式选项如图 3-11 所示。

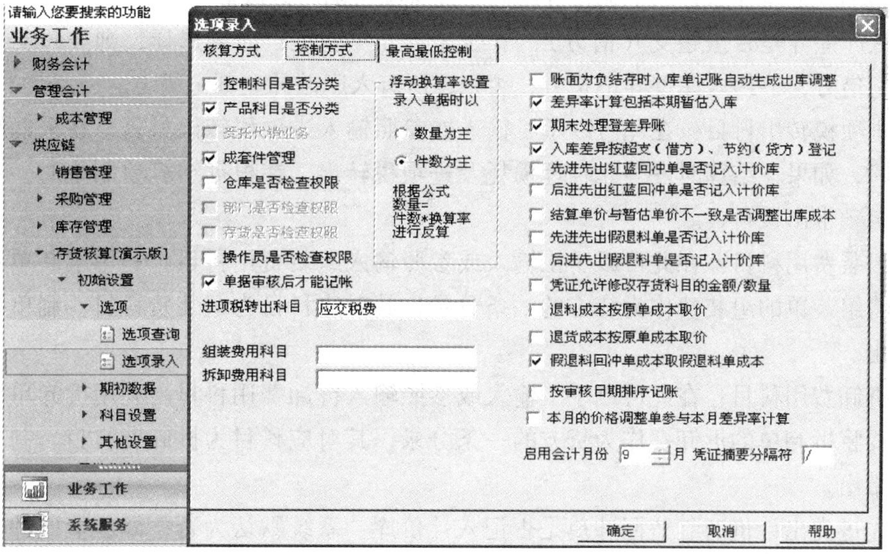

图 3-11　用友 ERP-U8V10.1 存货核算系统的控制方式设置界面

选项说明：

有无受托代销业务：只有商业版才有受托代销业务，工业版不能选择受托代销业务。可在采购管理或库存管理系统设置该选项，其中一个系统设置，同时改变另一个系统选项。

有无成套件管理：成套件是指一种存货由其他几种存货组合而成。有成套件管理时，既可以统计单件的数量金额，也可以统计成套件的数量金额；无成套件管理时，只统计组合件的数量金额。可以随时对有无成套件管理进行重新设置。

单据审核后才能记账：如果选择单据审核后才能记账，则正常单据记账的过滤条件中“包含未审核单据”选项就只能选择不包含，在显示要记账的单据列表时，未审核的单据不显示。如果选择单据审核后才能记账，系统应自动将库存的选项记账后允许取消审核，改为不选择。此选项只针对采购入库单、产成品入库单、其他入库单、销售出库单、材料出库单、其他出库单六种库存单据有效，入库调整单、出库调整单和假退料单不受此选项的约束。库存未启用时，此选项置灰不可选择。

账面为负结存时入库单记账是否自动生成出库调整：如果选择账面为负结存时入库单记账自动生成出库调整，当入库单记账时，如果账面为负结存，按入库的数量比例调整结存成本，并自动生成出库调整单。移动平均、全月平均、先进先出、后进先出、个别计价等方法可使用此选项，计划价/售价不支持此选项。此选项可随时修改。

差异率计算包括是否本期暂估入库：选择此选项，即本期暂估入库的存货也参与计算差异率。此选项可随时修改。

期末处理是否登记差异账：期末生成差异结转单时，选取此项则登记差异账；不选则不登记差异账，期末无差异结转。此选项可随时修改。

入库差异是否按超支（借方）、节约（贷方）登记：如果选择，则按超支入库差异记借方，节约入库差异记贷方；否则，所有入库差异全部记借方。

进项税转出科目：在此可以手工输入或参照输入进项税转出科目。在采购结算制单时，如果在结算时发生非合理损耗及进项税转出，在根据结算单制单时，系统可以自动带出该科目。

组装费用科目：在此可以手工输入或参照输入组装费用科目。利用组装单制单时，将组装单的组装费作为贷方的一条分录，其对应科目为组装费科目。制单时自动带出。

拆卸费用科目：在此可以手工输入或参照输入拆卸费用科目。利用拆卸单制单时，要将拆卸单的拆卸费作为贷方的一条分录，其对应科目为拆卸费科目。制单时自动带出。

先进先出计价时红蓝回冲单是否记入计价库：系统默认为否，即红蓝回冲单不参与成本计算。只有在当月期末处理后月末结账之前可以切换选项；如果计价库中有红蓝回冲单不全的业务时，不能修改选项；如果选项为红蓝回冲单不记入计价库，当月明细账中有红字回冲单，而计价库中有红字回冲单，则不允许恢复期末处理。如果选项为红蓝回冲单记入计价库，则红蓝回冲单记入计价库，参与成本计算。选项为红蓝回冲单记入计价库，如果当月明细账中有红字回冲单，而计价库中没有红字回冲单，则不允许恢复期末处理。

后进先出计价时红蓝回冲单是否参与成本计算、先进先出假退料单是否记入计价库、后进先出假退料单是否记入计价库设置与“先进先出计价时红蓝回冲单是否记入计价库”相似。

结算单价与暂估单价不一致暂估处理时是否调整出库成本：系统默认为否，可随时修改。若选择调整时，在结算成本处理时系统将自动生成出库调整单来调整差异。此方法只针对先进先出、后进先出和个别计价三种方法，因为只有这三种计价方式可以通过出库单跟踪到入库单。此选项与红蓝回冲单记入计价库互斥，必须在红蓝回冲单不记入计价库的情况下才能选择此选项。

控制科目是否分类：指结算单制单所用的应付科目对应的供应商是否按分类设置科目，如果不选，则按明细供应商设置应付科目。应付系统启用后，此项在应付系统设置，此处不可见。

产品科目是否分类：指结算单制单所用的运费科目和税金科目对应的存货是否

按分类设置科目，如果不选，则按明细存货设置运费科目和税金科目。应付系统启用后，此项在应付系统设置，此处不可见。

仓库是否检查权限：若选择检查仓库权限，在录入单据或查询账表时，系统将判断是否有该单据以及该账表的仓库的录入、查询权限，若操作员没有录入或查询该仓库数据权限，则不允许录入或查询该仓库数据。仓库与操作员的对应关系在"企业应用平台→系统服务→权限→数据权限控制"中设置。

部门是否检查权限、存货是否检查权限、操作员是否检查权限同"仓库是否检查权限"相似。

退料成本按原单成本取价：系统默认为否，此选项可随时修改。按生产订单或委外订单领料后的退料时，该选项起作用。如果选项为退料成本按原单成本取价，当参照生产订单或委外订单退料时，能够溯源对应的材料出库单，取原材料出库成本作为本次退料成本。如果对应多张材料出库单，取已领料出库的平均成本作为本次退料成本。该选项对先进先出或移动平均计价方式核算适用。

退货成本按原单成本取价：系统默认为否，此选项可随时修改。当销售成本核算方式选择按销售出库单核算时，该选项起作用。如果选项为退货成本按原单成本取价，当参照原发货单进行退货时，能够溯源对应的销售出库单，取原销售出库成本作为本次退货成本。如果退货单对应多张销售出库单，取已销售出库的平均成本作为本次退货成本。

假退料回冲单成本取假退料单成本：系统默认为否，此选项可随时修改。选择取假退料回冲单成本：月末结账时，生成假退料回冲单，成本取对应的假退料单的成本，按手填成本处理。不选择取假退料回冲单成本：月末结账时，生成假退料回冲单，成本按当月发出成本计算。

按审核日期排序记账：系统默认为否，此选项可随时修改。如果选项为按审核日期记账：采购入库单、产成品入库单、其他入库单、销售出库单、材料出库单、其他出库单六种库存单据和采购挂账确认单、出口发票、出口退货发票按审核日期排序与记账；销售专用发票、销售普通发票、销售调拨单、零售日报按复核日期排序和记账；出、入库调整单和假退料单无审核日期，按单据日期排序和记账。

本月的价格调整单参与本月的差异率计算：系统默认为否，此选项可随时修改。如果选项为本月的价格调整单参与本月差异率计算。即在差异率公式中，本月入库差异含因价格调整产生的差异，本月入库金额含因价格调整产生的金额。

（三）最高最低控制

用友 ERP-U8V10.1 存货核算系统的最高最低控制选项如图 3-12 所示。

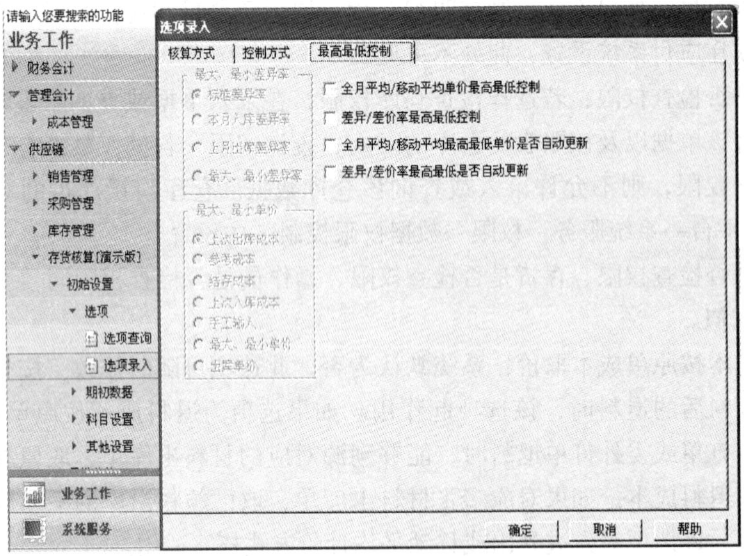

图 3-12　用友 ERP-U8V10.1 存货核算系统的最高最低控制设置界面

选项说明：

全月平均/移动平均单价最高最低控制：如果设置了全月平均/移动平均核算方式进行最高最低控制，则计算出的全月平均单价或移动平均单价如果不在最高最低单价的范围内，系统自动取最高或最低单价进行成本计算。

移动平均计价仓库（部门/存货）：如果企业选择“全月平均/移动平均单价最高最低控制”而且用出库单记账时，若系统自动计算的出库单价高于该仓库该存货最高单价或低于该仓库该存货最低单价，则系统按企业在选项中选择的出库单价超过最高最低单价时的取值方法进行处理。

最高最低单价由系统根据入库单的单价进行维护，也可手工输入最高最低单价。全月平均计价仓库（部门/存货）：如果企业选择“全月平均/移动平均单价最高最低控制”且在期末处理时，若系统自动计算的当月出库单价高于该仓库该存货最高单价或低于该仓库该存货最低单价，则系统按企业在选项中选择的“出库单价超过最高最低单价时的取值”方法进行处理。

全月平均/移动平均最高最低单价是否自动更新：在选项中选择“全月平均、移动平均最高最低单价是否自动更新”为是，则全月平均、移动平均记账时系统在最大最小单价/差异率设置中更新最高最低单价。

差异率（差价率）最高最低控制：针对计划价（售价）核算，可自由选择，没有限制。系统默认为不选择。如果选择差异率/差价率最高最低控制，则设置一个标准的差异率及差异率允许的上下幅度，若系统计算出的差异率超过此范围，企业可选择按标准差异率、当月入库差异率、上月出库差异率、最大最小单价几种方法进行成本计算。最高最低差价率/差异率由系统根据入库单的单价进行维护，也可手工输入最高最低差价率/差异率。

差异/差价率最高最低是否自动更新：在选项中选择“差异/差价率最高最低是否自动更新”为是，则按计划价（售价）核算时，入库单记账时在最大最小单价/差异率设置中进行更新最大最小差异率/差价率。

最大最小差异率/差价率：只有在企业选择了“最高最低差异率（差价率）控制”时，才能选择此选项，否则不可选择此选项。此选项系统默认值为“标准差异率（差价率）”。该选项反映了计划价中出库差异率/差价率超过最高最低差异率时的取值。

最大最小单价：只有在企业选择了“全月平均/移动平均单价最高最低控制”时，才能选择此选项，否则不可选择此选项。此选项系统默认为上次出库成本。该选项反映“全月平均/移动平均单价最高最低控制”出库单价超过最高最低单价时的取值。

五、薪资管理参数设置

系统在建立新的工资账套后，或由于业务的变更，发现一些工资参数与核算内容不符，可以通过薪资管理系统的“选项”进行工资账套参数的调整。它包括对以下参数的修改：扣零设置、扣税设置、参数设置和调整汇率。

六、固定资产参数设置

完成建立账套之后，当需要对账套中某些参数进行修改时，可通过固定资产系统中的“选项”进行重新设置，选项中包括了账套初始化中设置的参数和其他一些账套在运行中用到的一些参数，选项内容分为可修改部分和不可修改部分。不可修改的选项主要是指企业的基本信息和本账套是否计提折旧以及本账套开始使用期间，可修改的选项主要包括与账务系统的接口、折旧信息以及其他信息。当发现某些设置（如本账套是否计提折旧）错误而又不允许修改但必须纠正时，则只能通过“重新初始化”功能实现，但应注意重新初始化将清空对该子账套所做的一切工作。

七、应收款管理参数设置

（一）常规选项定义

用友 ERP-U8V10.1 应收款管理系统的常规选项如图 3-13 所示。

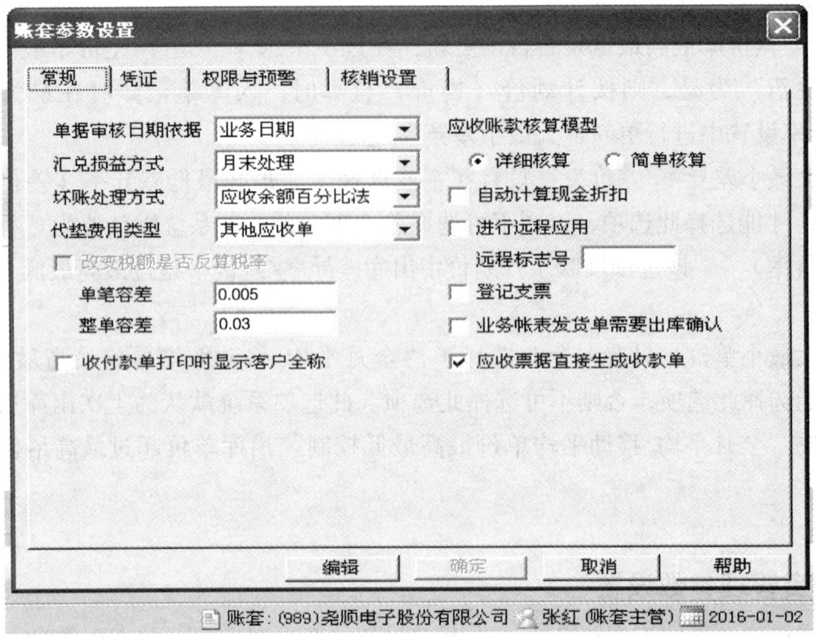

图 3-13　用友 ERP-U8V10.1 应收款管理系统常规选项设置界面

选项说明：

单据审核日期依据：系统提供两种确认单据审核日期的依据，即单据日期和业务日期。如果选择单据日期，则在单据处理功能中进行单据审核时，自动将单据的审核日期（即入账日期）记为该单据的单据日期。如果选择业务日期，则在单据处理功能中进行单据审核时，自动将单据的审核日期（即入账日期）记为当前业务日期（即登录日期）。

汇兑损益方式：系统提供两种汇兑损益的方式，即外币余额结清时计算和月末处理两种方式。外币余额结清时计算：仅当某种外币余额结清时才计算汇兑损益，在计算汇兑损益时，界面中仅显示外币余额为 0 且本币余额不为 0 的外币单据。月末计算：每个月末计算汇兑损益。在计算汇兑损益时，界面中显示所有外币余额不为 0 或者本币余额不为 0 的外币单据。

坏账处理方式：系统提供两种坏账处理的方式，即备抵法和直接转销法。如果选择备抵法，还应该选择具体的方法，如应收余额百分比法、销售收入百分比法或账龄分析法。这三种方法需要在初始设置中录入坏账准备期初和计提比例或输入账龄区间等，并在坏账处理中进行后续处理。如果选择了直接转销法，直接在下拉框中选择该方法即可。当坏账发生时，直接在坏账发生处将应收账款转为费用即可。

代垫费用类型：解决从销售管理系统传递的代垫费用单在应收系统用何种单据类型进行接收的功能。系统默认为其他应收单，也可在单据类型设置中自行定义单据类型，然后在系统选项中进行选择。

应收账款核算模型：系统提供两种应收款管理系统的应用模型。选择简单核算：应收账款只是完成将销售传递过来的发票生成凭证传递给总账的模式。（在总账中以凭证为依据进行往来业务的查询）选择详细核算：应收账款可以对往来账款进行详细的核算、控制、查询、分析。如销售业务以及应收账款核算与管理业务比较复杂，或者需要追踪每一笔业务的应收款等情况，或者需要将应收账款核算到产品一级，那么需要选择详细核算。

是否自动计算现金折扣：为了鼓励客户在信用期间内提前付款而采用现金折扣政策，可以在系统中选择自动计算现金折扣。若选择自动计算，则需要在发票或应收单中输入付款条件，在核销处理界面中系统会依据付款条件自动计算该发票或应收单可享受的折扣，可输入本次折扣进行结算，原币余额=原币金额-本次结算金额-本次折扣。如不选择，则系统不自动计算现金折扣。

是否进行远程应用：如选择了进行远程应用，则系统在后续处理中提供远程传输收付款单的功能。但必须在此填上远程标识号，远程标识号必须为两位数（01~99）。如果你在异地有应收业务，则可通过远程应用功能，在两地之间进行单据等的传递。

是否登记支票：选择登记支票，则系统自动将具有票据管理的结算方式的付款单登记在支票登记簿上。若不选择登记支票登记簿，则也可以通过单击付款单上的“登记”按钮，手工填制支票登记簿。

改变税额是否反算税率：打钩表示改变税额时反算税率，系统默认为不选中，即改变税额时不反算税率。

单笔容差：录入，默认为0.005。修改税额超过容差时，系统提示超出容差范围，取消修改，恢复原税额。

整单容差：录入，默认为0.03。保存单据超过合计容差时，系统提示，返回单据。

业务账表发货单需要出库确认：当选中此选项时，如按发货单查询，发货单审核后必须有出库单生成才会在应收账表中显示。当未选中此选项时，按发货单查询，发货单审核后无论是否有对应的出库单生成，都会在应收账表中显示。

应收票据直接生成收款单：如选择“是”，表示应收票据保存时，同时生成收款单；否则表示应收票据保存后，不生成收款单，需通过“生成”按钮才可以生成收款单。

（二）凭证选项设置

用友ERP-U8V10.1应收款管理系统的凭证选项如图3-14所示。

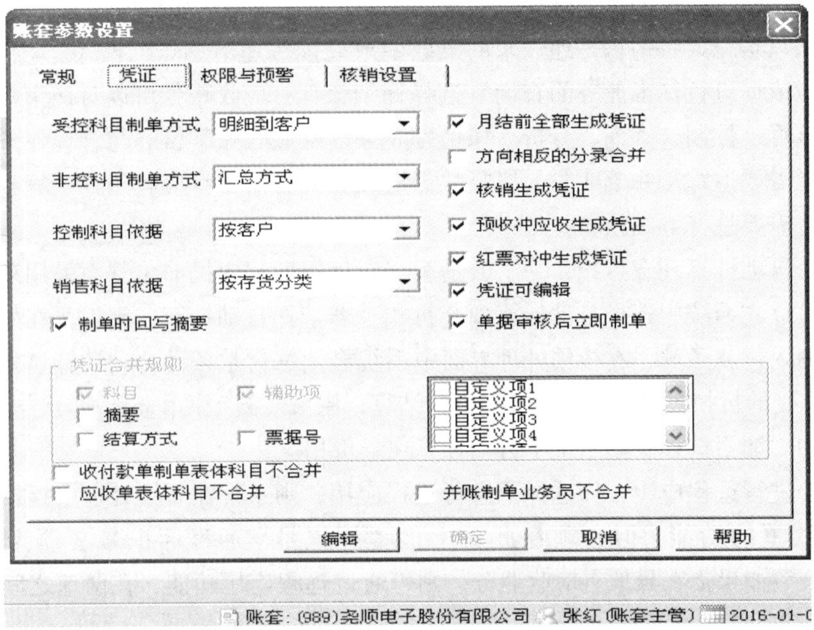

图 3-14　用友 ERP-U8V10.1 应收款管理系统凭证选项设置界面

选项说明：

受控科目制单方式：有两种制单方式供选择，即明细到客户、明细到单据的方式。明细到客户：当将一个客户的多笔业务合并生成一张凭证时，如果核算多笔业务的控制科目相同，系统会自动将其合并成一条分录。这种方式的目的是在总账系统中能够根据客户来查询其详细信息。明细到单据：当将一个客户的多笔业务合并生成一张凭证时，系统会将每一笔业务形成一条分录。这种方式的目的是在总账系统中也能查看到每个客户的每笔业务的详细情况。

非控科目制单方式：有三种制单方式供选择，即明细到客户、明细到单据、汇总制单的方式。明细到客户：当将一个客户的多笔业务合并生成一张凭证时，如果核算多笔业务的非受控制科目相同且其所带辅助核算项目也相同，则系统会自动将其合并成一条分录。这种方式的目的是在总账系统中能够根据客户来查询其详细信息。明细到单据：当将一个客户的多笔业务合并生成一张凭证时，系统会将每一笔业务形成一条分录。这种方式的目的是在总账系统中也能查看到每个客户的每笔业务的详细情况。汇总制单：当将多个客户的多笔业务合并生成一张凭证时，如果核算多笔业务的非控制科目相同且其所带辅助核算项目也相同，则系统会自动将其合并成一条分录。这种方式的目的是精简总账中的数据，在总账系统中只能查看到该科目的一个总的发生额。

控制科目依据：应收控制科目是指所有带有客户往来辅助核算并受控于应收系统的科目。其在会计科目中进行设置。本系统提供六种设置控制科目的依据，即按客户分类、按客户、按地区、按销售类型、按存货分类、按存货。

销售科目依据：本系统提供了四种设置存货销售科目的依据，即按存货分类、按存货、按客户、按客户分类，销售类型设置存货销售科目。在此设置的销售科目，是系统自动制单科目取值的依据。

月末结账前是否全部生成凭证：如果选择了月末结账前需要将全部的单据和处理生成凭证，则在进行月末结账时将检查截至结账月是否有未制单的单据和业务处理。若有，系统将提示不能进行本次月结处理，但可以详细查看这些记录；若没有，才可以继续进行本次月结处理。否则，在月结时只是允许查询截至结账月的未制单的单据和业务处理，不进行强制限制。

方向相反的分录是否合并：选择合并，则在制单时若遇到科目相同、辅助项相同、方向相反的凭证分录时，系统自动将这些分录合并成一条，根据显示为正数的原则来显示当前合并后分录的显示方向；否则，在制单时若遇到满足合并分录的要求，且分录的情况如上所描述的，则不能合并这些分录，要根据原样显示在凭证中。

核销是否生成凭证：如果选择是，则需要判断核销双方的单据在当时的入账科目是否相同，不相同时，需要生成一张调整凭证；否则，不管核销双方单据的入账科目是否相同均不需要对这些记录进行制单。

预收冲应收是否生成凭证：如果选择是，则对于预收冲应收业务，当预收、应收科目不相同时，需要生成一张转账凭证；否则，对于预收冲应收业务不管预收、应收科目是否相同均不需要生成凭证。

红票对冲是否生成凭证：如果选择是，则对于红票对冲处理，当对冲单据所对应的受控科目不相同时，需要生成一张转账凭证；否则，对于红票对冲处理，不管对冲单据所对应的受控科目是否相同均不需要生成凭证。

凭证是否可编辑：选择是，生成的凭证可修改；否则，生成的凭证不可以修改。

单据审核后是否立即制单：选择是，表示所有单据或业务处理后需要提示是否立即生成凭证；否则，表示所有单据或业务处理后不再提示是否立即生成凭证。

收付款单制单表体科目不合并：选择此项，表示收、付款单制单时表体科目无论是否科目相同、辅助项相同，制单时均不合并；否则，表示收、付款单制单时要依据制单的业务规则进行合并。

应收单制单表体科目不合并：不选择此项，表示应收单制单时要依据制单的业务规则进行合并。选择此项，表示应收单制单时表体科目无论是否科目相同、辅助项相同，制单时均不合并。

并账制单业务员不合并：此选项是在应收冲应收时，按业务员进行并账处理时使用。选择是，表示在应收冲应收时，按业务员进行并账处理时不能按业务员进行合并制单；选择否，表示在应收冲应收时，按业务员进行并账处理时可以按业务员进行合并制单。

（三）权限与预警选项设置

用友 ERP-U8V10.1 应收款管理系统的权限与预警选项如图 3-15 所示。

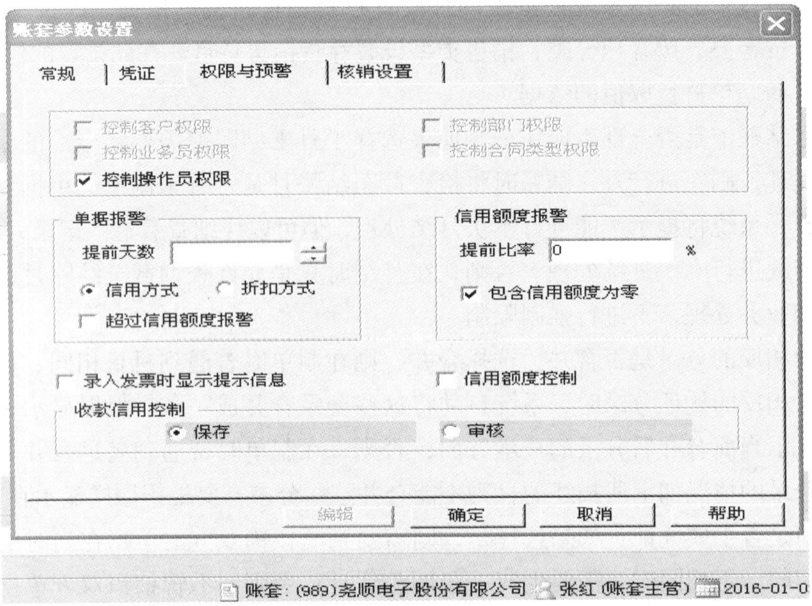

图 3-15 用友 ERP-U8V10.1 应收款管理系统权限与预警选项设置界面

选项说明：

控制客户权限：只有在企业应用平台中进行了数据权限控制时，该选项才可以设置。选择启用，则在所有的处理、查询中均需要根据该用户的相关客户数据权限进行限制。通过该功能，企业可加强客户管理的力度，提高数据的安全性。选择不启用，则在所有的处理、查询中均不需要根据该用户的相关客户数据权限进行限制。

控制部门权限、控制业务员权限、控制合同类型权限、控制操作员权限都与控制客户权限相似。

录入发票时显示提示信息：如果选择了显示提示信息，则在录入发票时，系统会显示该客户的信用额度余额，以及最后的交易情况；否则，不提示任何信息。

单据报警：如果选择了根据信用方式报警，则还需要设置报警的提前天数。在使用预警平台时会依据这个设置自动将“单据到期日-提前天数≤当前注册日期”的已经审核的单据显示出来，以提醒及时通知客户哪些业务应该回款了。如选择了根据折扣方式自动报警，则还需要设置报警的提前天数。在使用预警平台时会依据这个设置自动将“单据最大折扣日期-提前天数≤当前注册日期”的已经审核的单据显示出来，以提醒及时通知客户哪些业务将不能享受现金折扣待遇。如果选择了超过信用额度报警，则满足上述设置的单据报警条件的同时，还需满足该客户已超过其设置的信用额度这个条件才可以报警。

信用额度控制：如果选择了进行信用控制，则在应收款管理系统保存录入的发票和应收单时，当票面金额+应收借方余额-应收贷方余额>信用额度，系统会提示本张单据不予保存处理；否则，在保存发票和应收单时不会出现控制信息。

信用额度报警：信用比率=信用余额/信用额度，信用余额=信用额度-应收账款余额。当信用额度预警时，需要输入预警的提前比率，且可以选择是否包含信用额度=0的客户。当选择使用预警平台预警时，系统根据设置的预警标准显示满足条件的客户记录。即只要该客户的信用比率小于或等于设置的提前比率时就对该客户进行报警处理。若选择信用额度=0的客户也预警，则当该客户的应收账款>0时即进行预警。信用额度控制值选自客户档案的信用额度。

（四）核销选项设置

用友ERP-U8V10.1应收款管理系统的核销选项如图3-16所示。

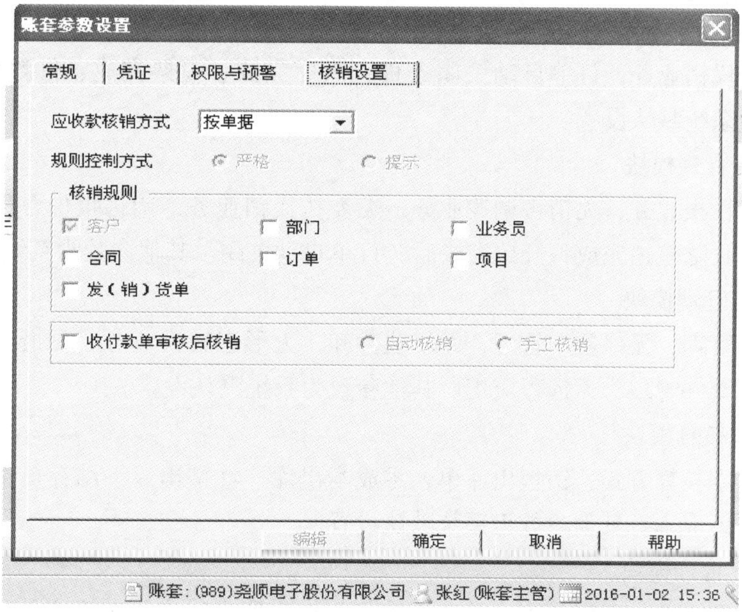

图3-16　用友ERP-U8V10.1应收款管理系统核销选项设置界面

选项说明：

应收款核销方式：按单据核销是指系统将满足条件的未结算单据全部列出，自行选择要结算的单据，根据所选择的单据进行核销。按产品核销是指系统将满足条件的未结算单据按存货列出，自行选择要结算的存货，根据所选择的存货进行核销。

核销规则：可组合的选项有客户、部门、业务员、合同、订单、项目、发（销）货单。默认为按客户，可按“客户+其他”项进行组合选择。如选择“客户+部门”，则表示核销时，需客户相同且部门相同。其他以此类推。

收付款单审核后核销：默认为不选择，则表示收、付款单审核后不进行立即核销操作。如选择为自动核销，表示收、付款单审核后立即自动进行核销操作；选择为手工核销，则表示收付款单审核后，立即自动进入手工核销界面，由手工完成核销。

八、应付款管理参数设置

用友 ERP-U8V10.1 应付款管理系统的常规、凭证、权限、预警和核销设置选项含义与前述用友 ERP-U8V10.1 应收款管理系统相应选项含义类似。

在收付款控制选项中，如启用付款申请单，付款单必须参照付款申请单生成，系统自动生成的付款单和红字的付款单不受此限制。

【实务案例】

尧顺电子股份有限公司各业务系统参数如下：

1. 采购管理模块

无受托代销业务，订单自动关闭条件：入库完成、发票完成、付款核销完成，其他参数为系统默认设置。

2. 销售管理模块

无零售日报业务，无销售调拨业务，无委托代销业务，销售报价含税，无最低售价控制，收款核销完成且开票完成后，订单自动关闭。其他参数为系统默认设置。

3. 库存管理模块

无批次管理，无保质期管理，无组装拆卸，无形态转换业务，无最高最低库存报警，无成套件管理，无远程应用。其他参数为系统默认设置。

4. 存货核算模块

销售成本核算方式：销售出库单，零成本出库、红字出库、结存负单价成本均选择上次出库成本。其他参数为系统默认设置。

5. 薪资管理模块

工资类别：单个工资类别；从工资中代扣个人所得税启用工资变动审核。其他参数为系统默认设置。

6. 固定资产管理模块

（1）启用月份：2020 年 9 月。主要折旧方法：平均年限法。当月初已计提月份=可使用月份-1 时，要求将剩余折旧全部提足，固定资产类别编码方式为2-1-1-2，卡片序号长度为 5。固定资产编码方式：按“类别编码+序号”自动编码。

（2）要求与总账系统进行对账，固定资产对账科目：“1601 固定资产”；累计折旧对账科目：“1602 累计折旧”。

（3）对账不平衡的情况下不允许月末结账。

（4）缺省入账科目如下：

固定资产：1601 固定资产

累计折旧：1602 累计折旧

减值准备：1603 固定资产减值准备

增值税进项税额：22210101 进项税额

固定资产清理：1606 固定资产清理

7. 应收款管理模块

应收款核销方式：按单据。坏账处理方式：按应收账款余额百分比。销售科目依据：按存货。控制科目依据：按客户。其他参数为系统默认。

8. 应付款管理模块

应付款核销方式：按单据。采购科目依据：按存货。控制科目依据：按供应商。其他参数为系统默认。

第三节　业务期初设置

一、业务基础档案

在用友 ERP 系统中，业务基础档案主要包括仓库档案、货位档案、收发类别、采购类型、销售类型、产品结构、成套件、费用项目分类、费用项目、发运方式、非合理损耗类型、批号规则、批次档案、需求分类和 ATP 模拟方案定义。

【实务案例】

尧顺电子股份有限公司主要业务档案如下：

（1）仓库档案如表 3-1 所示。

表 3-1　　仓库档案一览表

仓库编码	仓库名称
1	原材料仓库
2	成品仓库

（2）收发类别如表 3-2 所示。

表 3-2　　收发类别一览表

收发类别编码	收发类别名称	收发类别编码	收发类别名称
1	入库类别	2	出库类别
101	采购入库	201	销售出库
102	产成品入库	202	领用出库
		203	其他出库

【操作步骤】

在企业应用平台中，执行“基础设置→基础档案→业务→仓库档案”指令，进入仓库档案设置主界面，单击“增加”按钮，在编辑区输入仓库编码、部门名称等信息即可。再次单击“增加”按钮，可以继续增加其他仓库信息。

二、采购期初设置

账簿都应有期初数据，以保证其数据的连贯性。初次使用采购管理系统时，应先输入采购管理系统的期初数据，并进行期初记账。

采购管理系统的期初数据包括以下内容：

期初暂估入库：将启用采购管理系统时，没有取得供货单位的采购发票，而不能进行采购结算的入库单输入系统，以便取得发票后进行采购结算。

期初在途存货：将启用采购管理系统时，已取得供货单位的采购发票，但货物没有入库，而不能进行采购结算的发票输入系统，以便货物入库填制入库单后进行采购结算。

期初受托代销商品：将启用采购管理系统时，没有与供货单位结算完的受托代销入库记录输入系统，以便在受托代销商品销售后，能够进行受托代销结算。

期初代管挂账确认单：将启用采购管理系统时，已与代管的供应商进行了耗用挂账，但还没有取得供应商的采购发票，而不能进行采购结算的代管挂账确认单输入系统，取得发票后再与之进行结算。

如采购管理系统与存货核算集成使用，上述期初余额应在存货核算系统中录入。采购管理系统，只执行“采购期初记账”指令。

期初记账是将采购期初数据记入有关采购账。期初记账后，期初数据不能增加、修改，除非取消期初记账。没有期初数据时，也执行期初记账，以便输入日常采购单据。

【实务案例】

尧顺电子股份有限公司采购无期初余额，在库存管理和存货核算系统期初余额录入完后，直接进行采购期初记账。

三、销售管理系统期初设置

期初发货单：可处理建账日之前已经发货、出库，但尚未开发票的业务，包括普通销售、分期收款发货单。

期初委托代销发货单：可以录入启用日之前已经发生但未完全结算的委托代销发货单。

【实务案例】

尧顺电子股份有限公司销售无期初余额。

四、库存期初设置

录入使用库存管理前各仓库各存货的期初结存情况时，不进行批次、保质期管理的存货，只需录入各存货期初结存的数量；进行批次管理、保质期管理、出库跟踪入库管理的存货，需录入各存货期初结存的详细数据，如批号、生产日期、失效日期、入库单号等；进行货位管理的存货，还需录入货位。

【实务案例】

尧顺电子股份有限公司库存期初结存情况如表 3-3 所示。

表 3-3 库存期初结存情况一览表

	仓库	存货编码	存货名称	主计量单位	数量	单价/元	金额/元	入库类别	部门
1	原材料仓库	101	塑料	千克	13 984.00	25.00	349 600.00	采购入库	采购部
2	原材料仓库	201	润滑油	吨	40.00	3 735.00	149 400.00	采购入库	采购部
3	原材料仓库	202	包装箱	个	1 000.00	10.00	10 000.00	采购入库	采购部
4	成品库	301	卧室台灯	个	1 000.00	225.00	225 000.00	产成品入库	二车间
5	成品库	302	落地台灯	个	1 000.00	110.00	110 000.00	产成品入库	二车间
合计					17 024.00		844 000.00		

【操作步骤】

在企业应用平台中，执行“业务工作→供应链→库存管理→初始设置→期初结存”指令，进入“库存期初数据录入”主界面，选择仓库后，可逐一录入期初结存数据，录入完毕后进行审核。

五、存货核算期初设置

（一）科目设置

“科目设置”用于设置存货核算系统中生成凭证所需要的各种存货科目、差异科目、分期收款发出商品科目、委托代销科目、运费科目、税金科目、结算科目、对方科目等，因此在制单之前应先在本系统中将存货科目设置正确、完整，否则无法生成科目完整的凭证。

采购入库业务：出入库调整单业务包括入库调整单和出库调整单业务。入库单制单时，借方取存货科目，贷方取收发类别所对应的对方科目。

采购结算业务：采购结算制单，发票未现付时，借方取对方科目、税金科目，贷方取应付科目；采购结算制单，发票全部现付时，借方取对方科目、税金科目，贷方取结算科目；采购结算制单，发票部分现付时，借方取对方科目、税金科目，贷方取结算科目、应付科目。

产成品入库业务：入库单制单时，借方取存货科目，贷方取收发类别所对应的对方科目。

委外入库业务：暂估的委外入库单制单时，借方取存货科目，贷方委托加工物资材料费取对方科目中收发类别对应的委托加工物资-材料费科目，贷方暂估加工费取对方科目中收发类别对应的暂估科目。

结算的委外入库单制单时，借方取存货科目，贷方委托加工物资材料费取对方科目中收发类别对应的委托加工物资-材料费科目，贷方加工费取对方科目中收发类别对应的委托加工物资加工费科目，如果委托加工物资材料费和加工费科目相同，则制单时材料费和加工费合并成一条分录。

发出商品业务：发货单制单时，借方科目取分期收款发出商品对应的科目，贷方取存货对应的科目。发票制单时，借方科目取收发类别对应的科目，贷方取分期收款发出商品对应的科目。

直运业务：直运采购发票制单时，借方取在存货科目中设置的直运科目、税金科目，贷方取应付科目或结算科目。直运销售发票制单时，借方取对方科目，贷方科目取在存货科目中设置的直运科目。

销售出库业务：出库单/发票结转成本制单时，借方取收发类别所对应的对方科目，贷方取存货科目。

材料出库业务：出库单结转成本制单时，借方取收发类别所对应的对方科目，贷方取存货科目。

调拨业务：调拨业务制单时，借方取入库存货对应的科目，贷方取出库存货对应的科目。

盘点业务：盘盈业务制单时，借方取存货科目，贷方取对方科目。盘亏业务制单时，借方取对方科目，贷方取存货科目。

组装、拆卸、形态转换业务：组装、拆卸、形态转换业务制单时，借方取存货科目，贷方取存货科目。

出入库调整单业务：入库调整单：入库调整单制单时，借方取存货科目，贷方取对方科目。出库调整单：出库调整单制单时，借方取对方科目，贷方取存货科目。

设置科目后，在生成凭证时，系统能够根据各个业务类型将科目自动带出，如果未设置科目，则在生成凭证后，科目就需要手工输入。

（二）期初余额录入

存货核算期初余额。可以在存货核算系统执行“初始设置→期初数据→期初余额”指令，进入“期初余额”界面，选择仓库后，单击“增加”按钮直接录入；也可以在库存管理系统中录入后，再通过执行存货核算系统中“期初余额”界面上工具栏的“取数”指令，从库存管理系统中取得期初余额数据。然后单击“记账”按钮进行期初记账。

企业若有分期收款发出商品业务或委托代销发出商品业务，则应录入发出商品期初余额，该数据来源于销售系统，可通过单击“取数”按钮，从销售系统取期初数。除单价、金额外，其他项目不能修改、删除。

【实务案例】

尧顺电子股份有限公司存货及相关科目情况如下：

（1）存货科目如表 3-4 所示。

表 3-4　　　　存货科目一览表

仓库编码	仓库名称	存货编码	存货名称	存货科目编码	存货科目名称
1	原材料仓库	101	塑料	140301	塑料
1	原材料仓库	102	合金	140302	合金
1	原材料仓库	103	推式开关	140303	推式开关
1	原材料仓库	104	脚踏开关	140304	脚踏开关
1	原材料仓库	105	2 平方米电线	140305	2 平方米电线
1	原材料仓库	106	4 平方米电线	140306	4 平方米电线
1	原材料仓库	107	木材	140307	木材
1	原材料仓库	108	玻璃纤维	140308	玻璃纤维
1	原材料仓库	109	铝材	140309	铝材
1	原材料仓库	201	润滑油	141101	润滑油
1	原材料仓库	202	包装箱	141102	包装箱
2	成品仓库	301	卧室台灯	140501	卧室台灯
2	成品仓库	302	落地台灯	140502	落地台灯

（2）存货对方科目如表 3-5 所示。

表 3-5　　　　存货对方科目一览表

收发类别编码	收发类别名称	存货编码	存货名称	项目大类编码	项目大类名称	项目编码	项目名称	对方科目编码	对方科目名称
101	采购入库	101	塑料					1402	在途物资
101	采购入库	102	合金					1402	在途物资
101	采购入库	103	推式开关					1402	在途物资
101	采购入库	104	脚踏开关					1402	在途物资
101	采购入库	105	2 平方米电线					1402	在途物资
101	采购入库	106	4 平方米电线					1402	在途物资
101	采购入库	107	木材					1402	在途物资
101	采购入库	108	玻璃纤维					1402	在途物资
101	采购入库	109	铝材					1402	在途物资
101	采购入库	201	润滑油					1402	在途物资
101	采购入库	202	包装箱					1402	在途物资
102	产成品入库	301	卧室台灯	00	生产成本	101	卧室台灯	500104	生产成本结转
102	产成品入库	302	落地台灯	00	生产成本	102	落地台灯	500104	生产成本结转

表3-5(续)

收发类别编码	收发类别名称	存货编码	存货名称	项目大类编码	项目大类名称	项目编码	项目名称	对方科目编码	对方科目名称
201	销售出库	301	卧室台灯					640101	卧室台灯
201	销售出库	302	落地台灯					640102	落地台灯
202	领用出库	101	塑料					500101	直接材料
202	领用出库	102	合金					500101	直接材料
202	领用出库	103	推式开关					500101	直接材料
202	领用出库	104	脚踏开关					500101	直接材料
202	领用出库	105	2 平方米电线					500101	直接材料
202	领用出库	106	4 平方米电线					500101	直接材料
202	领用出库	107	木材					500101	直接材料
202	领用出库	108	玻璃纤维					500101	直接材料
202	领用出库	109	铝材					500101	直接材料
202	领用出库	201	润滑油					500101	直接材料
202	领用出库	202	包装箱					500101	直接材料

（3）税金科目如表 3-6 所示。

表 3-6　　税金科目一览表

存货编码	存货名称	科目编码	科目名称
101	塑料	22210101	进项税额
102	合金	22210101	进项税额
103	推式开关	22210101	进项税额
104	脚踏开关	22210101	进项税额
105	2 平方米电线	22210101	进项税额
106	4 平方米电线	22210101	进项税额
107	木材	22210101	进项税额
108	玻璃纤维	22210101	进项税额
109	铝材	22210101	进项税额
201	润滑油	22210101	进项税额
202	包装箱	22210101	进项税额
301	卧室台灯	22210105	销项税额
302	落地台灯	22210105	销项税额

（4）运费科目如表 3-7 所示。

表 3-7　　运费科目一览表

存货编码	存货名称	运费科目	运费科目名称	税金科目	税金科目名称
991	运费	1402	在途物资	22210101	进项税额

注：增加时，增加存货档案：991 运费，属性为：应税劳务。

（5）结算科目如表 3-8 所示。

表 3-8　　结算科目一览表

结算方式	结算名称	币种	科目编码	科目名称
1	现金结算	人民币	1001	库存现金
201	现金支票	人民币	100201	工行存款
202	转账支票	人民币	100201	工行存款
301	信汇	人民币	100201	工行存款
302	电汇	人民币	100201	工行存款
4	银行本票	人民币	101202	银行本票
5	银行汇票	人民币	101204	银行汇票
6	委托收款	人民币	1122	应收账款
7	托收承付	人民币	1122	应收账款
8	银行承兑汇票	人民币	2201	应收票据
9	其他	人民币	100201	工行存款

（6）应付科目设置，所有供应商对应的应付科目都是 2202 应付账款，如表 3-9 所示。

表 3-9　　应付科目一览表

供应商（分类）编码	供应商（分类）名称	币种	科目编码	科目名称
001	沈阳吉昌公司	人民币	2202	应付账款
002	石家庄天悦公司	人民币	2202	应付账款
003	浙江天目公司	人民币	2202	应付账款
004	济南钢铁公司	人民币	2202	应付账款

（7）非合理损耗科目如表 3-10 所示。

表 3-10　非合理损耗科目一览表

序号	非合理损耗类型编码	非合理损耗类型名称	会计科目名称	是否默认值	备注
1	1	运输部门或供货单位造成的短缺毁损	其他应收款	是	
2	2	管理不善造成的短缺毁损	管理费用——其他	否	
3	3	责任人造成的短缺毁损	其他应收款	否	

【操作步骤】

第一步，在存货核算系统中，执行“初始设置→科目设置→存货科目”指令，可进行存货科目设置。其他的与此相似。

第二步，在存货核算系统中，执行“初始设置→期初数据→期初余额”指令，可在期初余额增加界面，逐一选择有期初余额的仓库，再通过单击“取数”按钮得到其期初数据。

六、薪资管理期初设置

【实务案例】

尧顺电子股份有限公司薪资管理期初资料如下：

工资类别：单个工资类别；从工资中代扣个人所得税。注：其他参数采用默认。

（1）工资项目如表 3-11 所示。

表 3-11　工资项目一览表

项目名称	类型	长度	小数位数	增减项
基本工资	数字	8	2	增项
岗位工资	数字	8	2	增项
奖金	数字	8	2	增项
副食补助	数字	8	2	增项
医疗保险	数字	8	2	减项
养老保险	数字	8	2	减项
失业保险	数字	8	2	减项
住房公积金	数字	8	2	减项
事假天数	数字	8	0	其他
事假扣款	数字	8	2	减项
病假天数	数字	8	0	其他
病假扣款	数字	8	2	减项
代扣税	数字	10	2	减项

表3-11(续)

项目名称	类型	长度	小数位数	增减项
计税工资	数字	8	2	其他
计提社保基数	数字	8	2	其他

（2）职员档案。

通过“批增”人员档案后，再依据表 3-12 补充相关信息。

表 3-12　　　　人员档案一览表

职员编号	职员名称	性别	年龄	所属部门	所在银行	银行账号
101	林越	男	32	办公室	中国工商银行	10000000000001
201	张红	女	30	财务部	中国工商银行	10000000000002
202	刘勇	男	23	财务部	中国工商银行	10000000000003
203	王晓	女	40	财务部	中国工商银行	10000000000004
204	董小辉	男	30	财务部	中国工商银行	10000000000005
205	吴红梅	女	26	财务部	中国工商银行	10000000000006
301	孙贵武	男	45	一车间	中国工商银行	10000000000007
302	刘朋	男	38	一车间	中国工商银行	10000000000008
303	欧阳春	女	40	二车间	中国工商银行	10000000000009
401	赵巍	男	43	采购部	中国工商银行	10000000000010
402	张明玉	女	29	采购部	中国工商银行	10000000000011
403	吴宇	男	32	销售部	中国工商银行	10000000000012

注：性别、年龄先在“人员附加信息设置”中增加。

（3）工资计算公式。

事假扣款=事假天数×30

病假扣款=病假天数×15

计税工资=基本工资+岗位工资+奖金+副食补助-医疗保险-养老保险-失业保险-住房公积金-事假扣款-病假扣款

计提社保基数=基本工资+岗位工资+奖金

（4）个人所得税按“计税工资”扣除 5 000 元后计税，附加扣除 1 300 元。

表 3-13　　　　税率表

级距	含税级距	税率（%）	速算扣除数（元）
1	不超过 1 500 元的	3%	0
2	超过 1 500 元至 4 500 元的部分	10%	105

表3-13(续)

级距	含税级距	税率（%）	速算扣除数（元）
3	超过 4 500 元至 9 000 元的部分	20%	555
4	超过 9 000 元至 35 000 元的部分	25%	1 005
5	超过 35 000 元至 55 000 元的部分	30%	2 755
6	超过 55 000 元至 80 000 元的部分	35%	5 505
7	超过 80 000 元的部分	45%	13 505

【操作步骤】

第一步，在薪资管理系统中，执行“设置→工资项目设置”指令，可进入工资项目设置界面，逐一选择或增加工资项目。

第二步，在薪资管理系统中，执行“设置→人员附加信息设置”指令，进入人员附加信息设置界面增加性别和年龄。

第三步，在薪资管理系统中，执行“设置→人员档案”指令，可进入人员档案设置界面，单击“批增”，可直接从人员库中引入人员档案，也可通过“增加”逐一添加人员档案。

第四步，在薪资管理系统中的工资项目设置界面中的“公式设置”页面设置薪资的计算公式。

第五步，在薪资管理系统中，执行“设置→选项→扣税设置→税率设置”指令，进入“个人所得税申报表→税率表”界面设置税率。

七、固定资产期初设置

【实务案例】

尧顺电子股份有限公司固定资产期初资料如下：

（1）部门及对应折旧科目如表 3-14 所示。

表 3-14　部门及对应折旧科目一览表

部门编码	部门名称	折旧科目
01	办公室	660203
02	财务部	660203
0301	一车间	510103
0302	二车间	510103
0401	采购部	660203
0402	销售部	6601

（2）资产类别如表 3-15 所示。

表 3-15　　资产类别一览表

类别编码	类别名称	计提属性	折旧方法	净残值率（%）
01	房屋及建筑物	正常计提	平均年限法	4
02	专用设备	正常计提	平均年限法	4
03	通用设备	正常计提	平均年限法	4
04	交通运输设备	正常计提	平均年限法	4
05	其他	正常计提	平均年限法	4

（3）增减方式如表 3-16 所示。

表 3-16　　增减方式一览表

增加方式			减少方式		
编码	方式	对应科目	编码	方式	对应科目
101	直接购入	100201	201	出售	1606
102	投资者投入	4001	202	盘亏	1901
103	捐赠	630199	203	投资转出	151101
104	盘盈	6901	204	捐赠转出	6711
105	在建工程转入	1604	205	报废	1606
106	融资租入	2701	206	毁损	1606
			207	融资租出	1531
			208	拆分减少	1606

（4）2020 年 9 月初固定资产使用及折旧情况如表 3-17 所示。

表 3-17　　固定资产使用及折旧情况一览表

名称	原值	所属类别	部门	累计折旧	年限	开始日期	来源	已提折旧月份数
厂房	800 000. 00	01	一车间、二车间各占用 20%，其他 4 各部门各占 15%	202 666. 67	30	2012-9-20	在建工程转入	95
电脑	10 000. 00	03	办公室	1 920. 00	5	2019-8-18	购入	12
大众迈腾 2. 0	240 000. 00	04	办公室		10	2020-8-20	购入	0
生产线	400 000. 00	02	一车间	12 000. 00	8	2020-5-25	在建工程转入	3
焊机	46 000. 00	02	二车间	5 520. 00	8	2019-8-18	购入	12
电脑	10 000. 00	03	销售部		5	2020-8-26	购入	0
货车	230 000. 00	04	销售部		10	2020-8-26	购入	0
电脑	10 000. 00	03	财务部	480. 00	5	2020-5-26	购入	3
合计	1 746 000. 00			22 586. 67				

【操作步骤】

第一步，在固定资产系统中，执行“设置→部门对应折旧科目”指令，可进入部门对应折旧科目增加界面，逐一设置各部门的对应科目。

第二步，在固定资产系统中，执行“卡片→录入原始卡片”指令，可进入固定资产卡片增加界面，逐一输入月初固定资产。

八、应收款管理期初设置

【实务案例】

尧顺电子股份有限公司应收款期初资料情况如下：

基本科目设置：应收科目为 1122，预收科目为 2203，应交增值税科目为 22210105，商业承兑汇票为 1121，银行承兑汇票为 1121。

控制科目设置：全部为 1122、2203，其他可暂时不设。

产品科目设置：主营业务收入，其他业务收入、销项税。

结算方式科目设置：现金对应 1001，银行汇票对应 101204，银行本票对应 101202，其他结算方式均对应 100201。

坏账准备设置：提取比例为 0.5%，坏账准备期初余额为 1 000 元，坏账准备科目为 1231，对方科目为 6701。

期初余额见表 3-18 所示。

表 3-18　　期初余额

单据类型	单据编号	单据日期	客户	部门	业务员	币种	科目	方向	原币金额（元）
销售专用发票	0000000001	2015-12-22	河北益达公司	销售部	吴宇	人民币	1122	借	168 480
银行承兑汇票	0000000118	2015-12-21	辽宁勤力公司	销售部	吴宇	人民币	1121	借	84 240

【操作步骤】

在应收款管理系统中，执行“设置→初始设置”指令，可进入初始设置界面，逐一录入相关信息。执行“设置→期初余额”指令，可录入期初余额。

九、应付款管理期初设置

【实务案例】

尧顺电子股份有限公司应付款期初资料情况如下：

基本科目设置：应付科目为 2202，预付科目为 1123，应交增值税科目为 22210101，控制科目为 2202、1123，其他可暂时不设。

结算方式科目设置：现金对应 1001，银行本票对应 101202，银行汇票对应 101204，其他结算方式均对应 100201。

期初余额如表 3-19 所示。

表 3-19　　期初余额

单据类型	单据编号	单据日期	供应商	部门	业务员	币种	科目	方向	原币金额（元）
采购专用发票	0000000001	2015-11-21	浙江天目公司	采购部	赵巍	人民币	2202	贷	78 975
采购专用发票	0000000002	2015-12-31	石家庄天悦公司	采购部	赵巍	人民币	2202	贷	102 375
采购专用发票	0000000003	2015-12-31	济南钢铁公司	采购部	赵巍	人民币	2202	贷	400 000

【操作步骤】

在应付款管理系统中，执行“设置→初始设置”指令，可进入初始设置界面，逐一录入相关信息。执行“设置→期初余额”指令，可录入期初余额。

第四章　日常账务处理

第一节　凭证处理

凭证处理是日常账务处理中最频繁的工作。账务处理从输入会计凭证开始，经过计算机对会计数据的处理，生成各类凭证、账簿文件，最后产生科目余额文件并完成整个处理过程。凭证处理数据流程如图 4-1 所示。

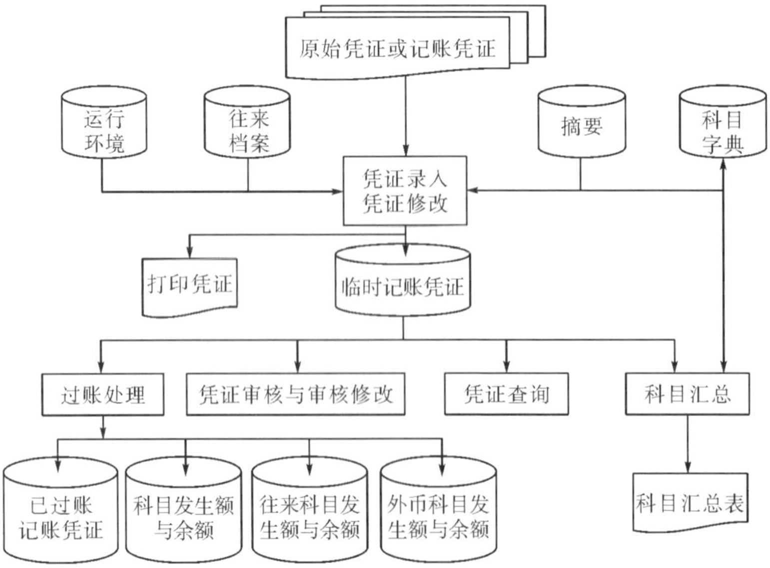

图 4-1　凭证处理数据流程图

一、记账凭证的产生途径与输入方式

产生记账凭证的途径有三种：一是根据审核无误的原始凭证直接在计算机上编制记账凭证；二是先由人工编制记账凭证，再输入计算机；三是计算机自动生成的机制凭证，如自动转账凭证等。

凭证输入采用键盘输入、软盘引入、网络传输、文本导入和自动生成机制凭证五种，键盘输入是最常用的形式。

二、记账凭证的内容和填制要求

（一）凭证录入的基本内容

（1）凭证日期。若账套业务时间与系统时间不一致，可将系统时间调整为账套业务时间。

（2）凭证种类。按照初始设定选择凭证类型，可直接录入凭证类型代码，也可使用引导功能录入。

（3）凭证号。按每一类型顺序编号，如“收”字第5号、“转”字第200号等。若凭证作废但并未在物理上删除，那么仍然占用着凭证编号；只有物理删除时其编号才被释放。

（4）摘要。在电算化系统中，摘要是以“行”为单位编制的，凭证的每一行都要有一个相对独立的摘要。系统在执行自动记账时要将凭证中的摘要内容复制到相应账簿作为账簿中的摘要内容，如果凭证中的某一行的摘要内容为空，则相应账簿中这一记录的摘要内容也为空，由此将影响账簿的可读性。可通过定义摘要库的方法录入摘要内容。

（5）会计科目。允许输入科目编码、助记码或科目名称，也可引导输入，必须输入最末级科目。软件将完成一些自动检查，如检查所输入科目是否已经过设置，科目是否为最末级科目。如遇到明细科目不存在的情况，可运用软件提供的增加明细科目的功能增补。

（6）金额。金额有直接输入和计算产生两种情况。对于有数量外币核算要求的科目，根据输入的数量、单价或外币、汇率等自动计算产生金额。

（7）合计。其由系统自动产生。

（8）附件张数。

每一张凭证均须在输入上述各项内容后才准予保存。凭证存盘时，账务处理系统将对存入的凭证做相应的检查，这些检查包括借贷平衡校验、科目与凭证类型匹配检验、非法对应科目检查等。

(二) 填制凭证

1. 基本信息

凭证类别为初始设置时已定义的凭证类别代码或名称。采用自动编号时，计算机自动按月按类别连续进行编号。采用序时控制时，凭证日期应大于或等于启用日期，不能超过业务日期。由于系统默认凭证保存时不按凭证号顺序排列而按日期顺序排列，如不按序时制单将出现"凭证假丢失"现象。如有特殊需要可将其改为按序时制单，则在制单时凭证号必须按日期顺序排列。凭证一旦保存，其凭证类别、凭证编号不能修改。

2. 输入辅助核算信息——待核银行账项目

选择了支票控制，即该结算方式设为支票管理，银行账辅助信息不能为空，而且该方式的票号应在支票登记簿中有记录。对于实行支票管理的用户，在支票领用时，最好在支票登记簿中予以登记，以便系统能自动勾销未报销的支票。若支票登记簿中未登记该支票，则应在支票录入对话框中登记支票借用信息，同时填上报销日期。

3. 输入辅助核算信息——部门辅助账科目

当输入的账户需要进行部门核算时，要求选择对应的部门名称。输入部门名称有三种方法：一是直接输入部门名称；二是输入部门代码；三是参照输入。不管采用哪种方法，都要求在部门目录中预先定义好要输入的部门，否则系统会发出警告，要求先到部门目录中对该部门进行定义后，再进行制单。

4. 输入辅助核算信息——个人往来科目

当输入的账户需要登记个人往来账时，要求输入对应的部门和往来个人。当输入一个不存在的个人姓名时，应先编辑该人姓名及其他资料。在录入个人信息时，若不输入"部门名称"只输入"个人名称"时，系统将根据所输入的个人姓名自动输入其所属部门。

5. 输入辅助核算信息——单位往来科目

当输入的账户需要登记往来账时，要求输入对应的单位代码和业务员姓名。单位往来包括供应商往来和客户往来。如果往来单位不属于已定义的往来单位，则要正确输入新往来单位的辅助信息，系统会自动追加到往来单位的目录中。

6. 输入辅助核算信息——数量金额核算科目

当输入的账户为数量金额账时，系统会提示输入数量和单价，并根据数量单位自动计算出金额，并将金额先放在借方，如果方向不符，可将光标移动到贷方后，按空格键即可调整金额方向。若不填辅助信息，仍可继续操作，不显示出错警告，但可能导致数量辅助账的对账不平。

7. 输入辅助核算信息——项目核算科目

当输入的科目是项目核算科目时，屏幕弹出辅助信息输入窗口，要求输入项目核算信息。

8. 输入辅助核算信息——外币核算科目

输入外币核算信息时，如使用固定汇率，汇率栏中的内容是固定的，不能输入或修改。如使用变动汇率，汇率栏中显示最近一次汇率，可以直接在汇率栏中修改。

【实务案例】

尧顺电子股份有限公司 2020 年 9 月份的日常主要业务如下：

1. 9 月 1 日，采购部报销 500 元，用途为购买办公用品，以现金支付。

2. 9 月 1 日，公司从中国农业银行借入一笔专门借款，本金 600 000 元，期限 2 年，年利率 6%，利息按月预提，到期随本金一次性支付。

3. 9 月 1 日，公司发行 5 年期公司债券 1 000 000 元，用于补充生产经营资金的不足，票面利率为 12%，公司发行债券时市场利率为 8%，债券的发行价格为 1 266 600元，款项已入账。

4. 9 月 7 日，办公室林越出差归来，报销差旅费 17 472 元，冲抵以前借款。

5. 9 月 10 日，公司通过网银转账办理存出投资款 50 000 元。

6. 9 月 11 日，购入深发展 A 股票 3 000 股作为交易性金融资产，其成交价为 15. 8 元/股，成本共计 47 400 元，交易相关税费 150 元。

7. 9 月 11 日，用工行存款上交上月增值税 43 680 元。

8. 9 月 12 日，收到罚款收入 400 元现金。

9. 9 月 15 日，收到外资企业 A 公司 900 万美元的投资，已存入中行。

10. 9 月 17 日，购买中文传媒股票作为可供出售金融资产，其成本为 41 150 元。（填制凭证时，补填项目信息：202 中文传媒 所属分类为 2）

11. 9 月 18 日，购买当日发行的每份面值 100 元、5 年期、分年付息、到期一次还本的二门峡债券 1 000 份作为持有至到期投资管理，成交价为 110 000 元。

12. 9 月 18 日，卖出原作为可供出售金融资产管理的浙报传媒股票 1 000 股，成交清算价为 16 900 元，账面余额 15 300 元，其中，成本 15 000 元，公允价值变动 300 元。（填制两张凭证，一张为结转账面余额，另一张为结转已计入其他综合收益的公允价值。）

13. 9 月 19 日，销售部吴宇领用转账支票一张（票号 003388），金额 10 000 元，支付广告费。

14. 9 月 20 日，工行代发上月工资 76 000 元。

15. 9 月 30 日，已持有到期的 5 年期票面利率为 5%、到期一次还本付息的债券——三峡债券，收到本息，其中投资成本 100 000 元，5 年利息共计 25 000 元，存入证券资金账户。

16. 9 月 30 日，交易性金融资产深发展 A 收盘价每股 14. 8 元，计算深发展 A（3 000 股）公允价值变动损益并进行账务处理。（成本为 47 400 元）

17. 9 月 30 日，中文传媒收盘价每股 22 元，计算中文传媒（2 000 股）公允价值变动损益，并进行账务处理。（成本为 41 150 元）

18. 9月30日，公司以400万元工行存款对非同一控制济南纪元公司进行长期股权投资，取得济南纪元公司25%的股权，能对济南纪元公司实施重大影响，济南纪元公司可辨认净资产公允价值为1 600万元。（填制凭证时，补填项目信息：402济南纪元公司 所属分类为4）

19. 公司2018年10月10日购入兖州煤业30%的股份，并对其施加重大影响。9月30日，兖州煤业对外公告利润分配方案：2019年度兖州煤业实现净利润1 000万元，按2019年12月31日发行在外普通股为基数，向股东分配利润500万元。（2019年本公司漏记投资收益）

假设本公司未进行2019年的损益调整，补记2019年损益：

借：长期股权投资——损益调整　　3 000 000（10 000 000×30%）

　贷：以前年度损益调整　　3 000 000

借：以前年度损益调整　　750 000（3 000 000×25%）

　贷：应交税费——应交所得税　　750 000

借：以前年度损益调整　　2 250 000（3 000 000−750 000）

　贷：利润分配——未分配利润　　2 025 000

　　盈余公积　　225 000［（3 000 000−750 000）×10%］

兖州煤业向股东分配利润：

借：应收利润（编码1130）　　1 500 000（5 000 000×30%）

　贷：长期股权投资——损益调整　　1 500 000

20. 9月30日，以300 000元从山东科技大学设计研究院购入专利权A，以工行存款进行结算。

借：无形资产　　300 000

　贷：银行存款——工行存款　　300 000

（购建固定资产、无形资产和其他长期资产所支付的现金）

21. 9月30日，公司把一项专利权B，以50 000元转让给泰安宏运公司，收到款项存入工行（转账支票 票号zz21），专利权B账面余额为120 000元，已累计摊销额为96 000元。

外部取得的无形资产若属于增值税应税服务项目，无论通过何种途径，只要取得符合抵扣条件的发票，都可以进行抵扣，否则购进时支付的增值税额计入无形资产的成本。与无形资产增加业务类似，无形资产减少的途径也有很多，主要有出售、投资支出、对外捐赠、债务重组转出、非货币性资产交换转出等途径。专利技术和非专利技术所有权的转让及其相关服务免征增值税，但商标权、著作权和商誉的所有权转让要按6%的税率计算销项税额。

借：银行存款——工行存款　　50 000

（处置固定资产、无形资产和其他长期资产所收回的现金净额）

　　累计摊销　　96 000

贷：无形资产 120 000

资产处置损益 26 000

22. 9月30日，中国农业银行购买本公司的债券已到期，该债券发行的面值500 000元，发行价格507 920元，票面利率6%，实际利率5%，期限2年，利息分期支付，本金到期一次性偿还，将债券本金及本月利息偿还给中国农业银行。（其溢价采用的是直线摊销）

计提本月的利息：

借：财务费用——利息支出 2 170

应付债券——利息调整 330（7920÷2÷12）

贷：应付利息 2 500（500 000×6%÷12）

偿还时的分录：

借：应付债券——面值 500 000

应付利息 2 500

贷：银行存款——工行存款 502 500（偿还到期债券所支付的现金）

23. 2019年9月30日从中国工商银行借入的办公楼工程专门借款400 000元，借款利率为7%，利息为分期支付，借款当日工程领用300 000元，其余专门借款闲置，闲置收益率为0.5%，本月计算本专门借款利息并做相应的账务处理。

借：在建工程 1 750（300 000×7% ÷12）（项目：办公楼）

财务费用——利息支出 584

贷：应付利息 2334（400 000×7% ÷12）

借：银行存款——工行存款 41.67（100 000×0.5% ÷12）

（收到的其他与筹资活动有关的现金）

贷：财务费用——其他 41.67

借：应付利息 2334（400 000×7% ÷12）

贷：银行存款——工行存款 2334

（分配股利、利润或偿还利息所支付的现金）

24. 9月30日，计算从农业银行借入2 000 000元，期限2年，年利率12%，计提当月的利息，并支付利息费用。

借：财务费用——利息支出 20 000（2 000 000×12% ÷12）

贷：应付利息 20 000

借：应付利息 20 000

贷：银行存款——工行存款 20 000

（分配股利、利润或偿还利息所支付的现金）

25. 9月30日，卖出原作为交易性金融资产管理的广电网络股票10 000股，成交清算价为99 800元，账面余额110 000元，其中，成本90 000元，公允价值变动20 000元。

借：其他货币资金——存出投资款　99 800（收回投资所收到的现金）
　　投资收益　　10 200
　贷：交易性金融资产——成本　　90 000
　　　　　　　　　——公允价值变动　　20 000

26. 计算第2笔业务中向农业银行的借款本月的利息费用。

分期付息情况下，计提利息通过“应付利息”核算；到期一次还本付息情况下，计提利息通过“长期借款——应计利息”核算。

借：财务费用——利息支出　　3 000（600 000×6% ÷12）
　贷：长期借款——应付利息　　3 000

27. 计算第3笔业务中所发债券的利息，此债券票面利率为12%，溢价采用直线摊销，见表4-1。该利息为到期一次性支付。

借：财务费用——利息支出　　5 556. 67（10 000-4 443. 33）
　　应付债券——利息调整　　4 443. 33（266 600÷5÷12）
　贷：应付债券——应计利息　　10 000. 00（1 000 000×12% ÷12）

表4-1　　债券溢价直线摊销表

	应付利息 （1）＝面值×12%	利息费用 （2）＝（1）－（3）	溢价摊销 （3）＝（4）÷5	未摊销溢价 （4）＝期初（4）－（3）	账面价值 （5）＝期初（5）＋（2）
发行时				266 600. 00	1 266 600. 00
1	120 000. 00	66 680. 00	53 320. 00	213 280. 00	1 333 280. 00
2	120 000. 00	66 680. 00	53 320. 00	159 960. 00	1 399 960. 00
3	120 000. 00	66 680. 00	53 320. 00	106 640. 00	1 466 640. 00
4	120 000. 00	66 680. 00	53 320. 00	53 320. 00	1 533 320. 00
5	120 000. 00	66 680. 00	53 320. 00	0. 00	1 600 000. 00

28. 9月30日，公司出售持有的长期股权投资兖州煤业10%的股份，清算价为2 989 000元，出售前，该被出售部分兖州煤业股份的账面价值为280万元，其中投资成本250万元，损益调整30万元。

借：其他货币资金——存出投资款　　2 989 000
（处置子公司及其他营业单位收到的现金净额）
　贷：长期股权投资——成本　　2 500 000
　　　　　　　　　——损益调整　　300 000
　　　投资收益　　189 000

【操作步骤】

第一步，部门辅助核算凭证的填制。

（1）在“总账系统”中，执行“凭证→填制凭证”指令，进入“填制凭证”界面，单击“增加”按钮，在凭证类别框中，单击“参照”按钮，选择“付款凭证”，系统自动带出制单日期“2020-09-01”，输入附单据数。

（2）在摘要栏输入摘要“购买办公用品”，在科目名称处可打开“参照”按钮，选择“660202 管理费用——办公费用”，单击“确定”按钮。由于管理费用为部门辅助核算，系统会自动弹出一个辅助项的录入窗口，可打开参照选择“采购部”，如图 4-2所示。

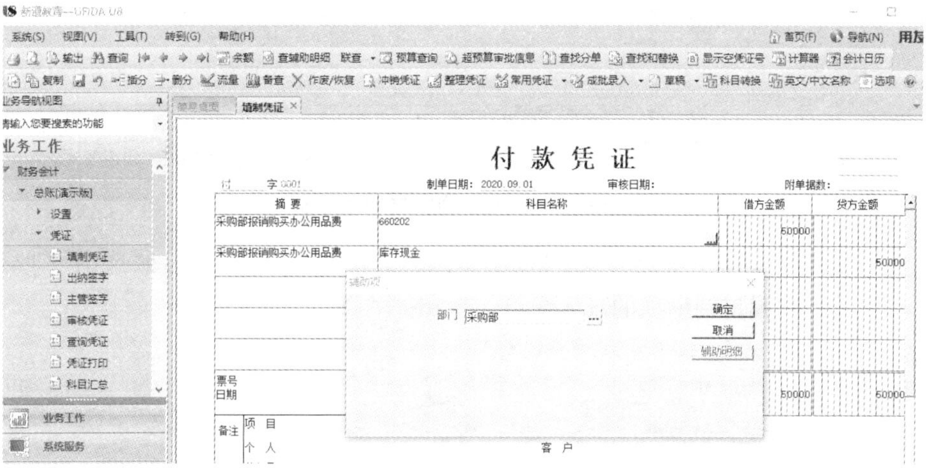

图 4-2 填制凭证界面

（3）在图 4-2 中，单击“确定”按钮，在借方金额栏输入 500 后，按“回车”键可继续输入下一行的摘要、科目和金额。不同行的摘要既可以相同也可以不同，但不能为空。每行摘要将随相应的会计科目在明细账、日记账中出现。当前新增分录完成后，按“回车”键，系统将摘要自动复制到下一分录行。会计科目通过科目编码或科目助记码输入，科目编码必须是末级的科目编码。金额不能为“零”，红字以“-”号表示。

第二步，待核银行账项目的凭证填制，如图 4-3 所示，参照选出“100201”后，系统会自动弹出辅助项的录入窗口。

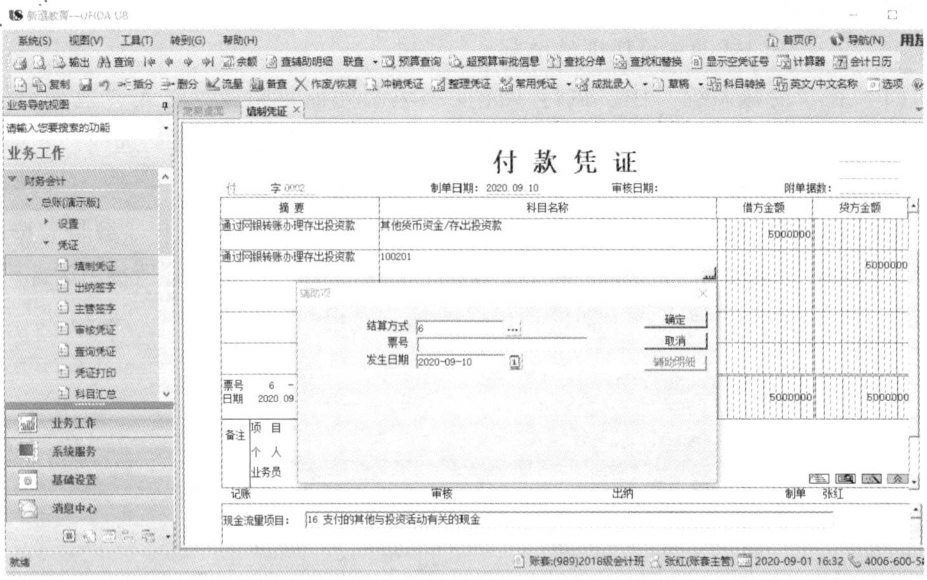

图 4-3　填制结算方式辅助项界面

第三步，个人往来辅助核算的凭证填制，如图 4-4 所示，参照选出“1221”后，系统会自动弹出辅助项的录入窗口。

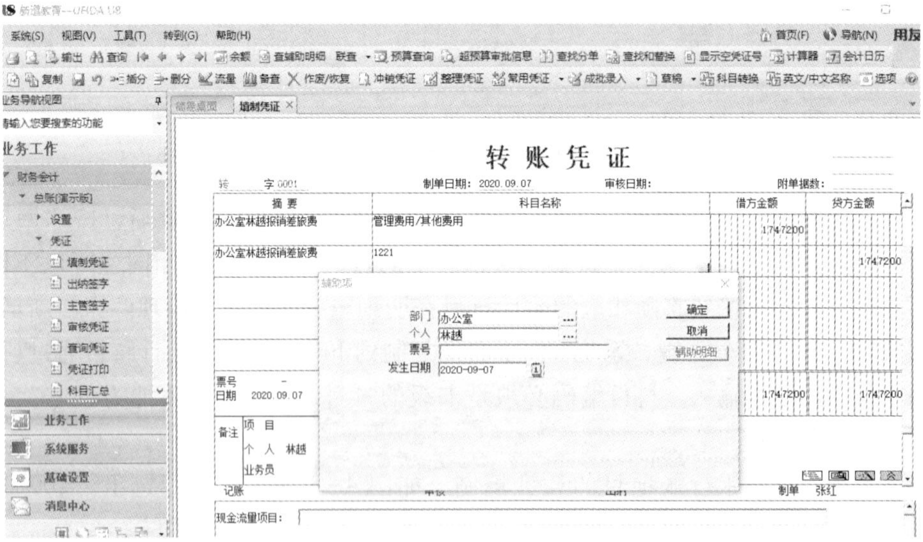

图 4-4　填制个人往来辅助项界面

第四步，项目辅助核算的凭证填制，如图 4-5 所示，参照选出“250101”后，系统会自动弹出辅助项的录入窗口。

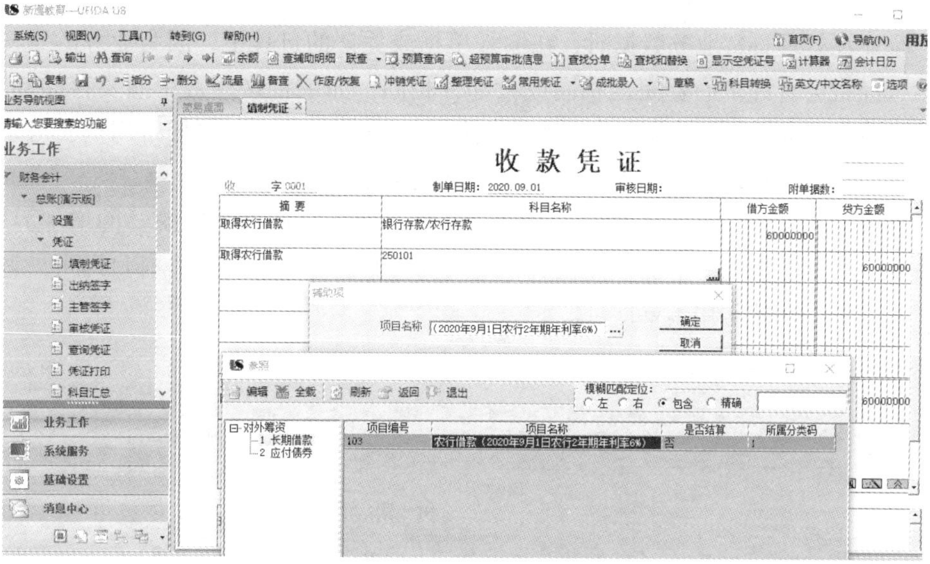

图 4-5　填制项目辅助项界面

第五步，外币辅助核算的凭证填制，如图 4-6 所示，参照选出“100202”后，系统会自动弹出外币的录入栏。

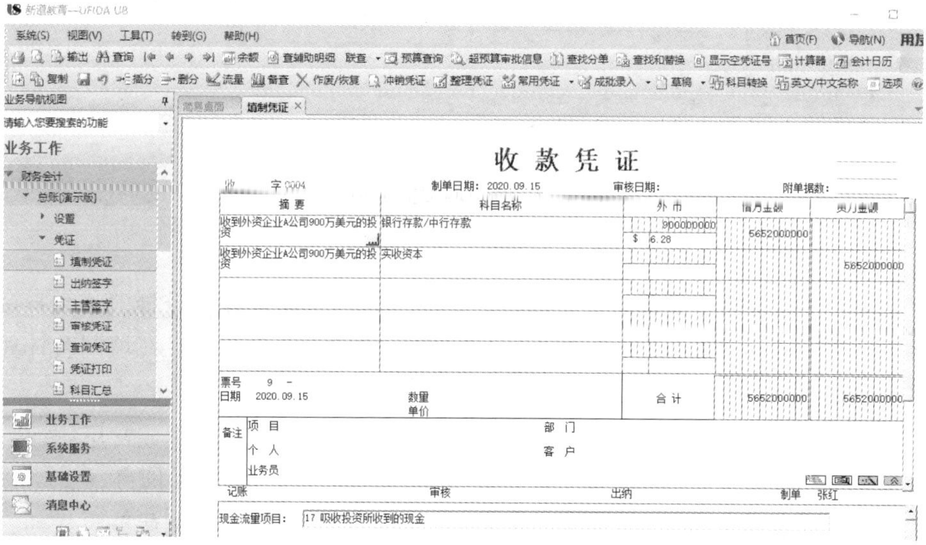

图 4-6　填制外币辅助项界面

数量金额和单位往来辅助核算的凭证填制，可以采用与前类似的方法填制，也可以由供应链系统和往来款管理系统自动生成凭证传到总账系统中。

（三）常用摘要的生成与调用

企业在处理日常业务数据时，在输入单据或凭证的过程中，因为业务的重复性发生，经常会有许多摘要完全相同或大部分相同。如果将这些常用摘要存储起来，在输入单据或凭证时随时调用，必将大大提高业务处理效率。调用常用摘要可以在输入摘要时直接输入摘要代码或按“F2”键或参照输入。

在填制凭证时，单击摘要栏右边的“参照”按钮可调出常用摘要的增加界面，如图4-7所示。单击“增加”按钮后，输入摘要编码、内容和相关科目即可。调用时，双击要调用的常用摘要即可。

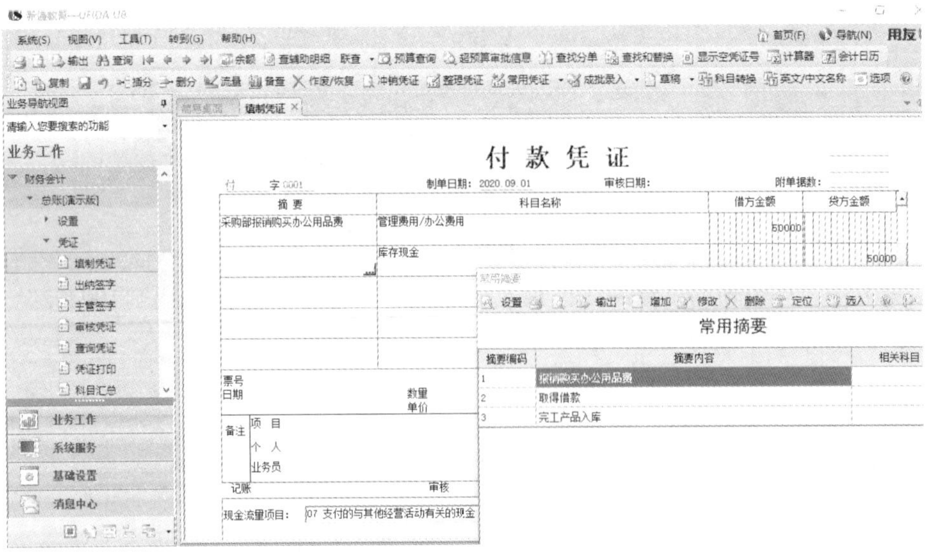

图4-7　常用摘要增加界面

（四）常用凭证的生成与调用

在单位里，会计业务都有其规范性，因而在日常填制凭证的过程中，经常会有许多凭证完全相同或部分相同，如果将这些常用的凭证存储起来，在填制会计凭证时可随时调用，必将大大提高业务处理的效率。

生成、存储常用凭证，在凭证界面单击工具栏“常用凭证→生成常用凭证”按钮，调出常用凭证生成界面，输入代号和说明后单击“确认”按钮即可。

调用常用凭证，在凭证界面单击工具栏“常用凭证→调用常用凭证”按钮，调出常用凭证界面，输入要调用的代号单击“确认”按钮即可。

三、凭证修改和删除

（一）凭证修改

输入凭证时尽管系统提供了多种控制措施，但错误是在所难免的，记账凭证的错误必然影响系统的核算结果。财务会计制度和审计对错误凭证的修改有严格的要求，根据这些要求，电算化总账系统对不同状态下的错误凭证修改方式有两种：

1. 错误凭证的“无痕迹”修改

所谓无痕迹，即不留下任何曾经修改的线索和痕迹，也即调出原已录入的凭证，直接修改其中的内容。以下两种状态下的错误凭证可进行无痕迹修改：一是凭证输入后，还未审核或审核未通过，此时可以利用凭证的编辑输入功能直接由录入员进行修改；二是凭证虽已通过审核但还未记账，此时应首先由凭证审核人员取消审核后，再利用凭证的编辑输入功能由原录入人员进行修改。

2. 错误凭证的“有痕迹”修改

所谓有痕迹，是指留下曾经修改的线索和痕迹，即以红字冲销或补充登记的方法来修改凭证中的错误。对已记账的错误凭证可以采用类似手工操作中的“红字冲销法”和“补充登记法”的方法进行修改。使用了红字冲销和蓝字补充的方法而增加的凭证，应视同正常凭证进行保存和管理。在补充增加的凭证上必须注明原凭证的编号，以明确这一凭证与原业务的关系。

如果采用制单序时控制，则在修改制单日期时，不能在上一张凭证的制单日期之前。如果选择不允许修改或作废他人填制的凭证权限控制，则不能修改或作废他人填制的凭证。外部系统传过来的凭证不能在总账系统进行修改，只能在生成该凭证的系统中进行修改。如果涉及银行存款科目的分录已录入支票信息，并对该支票做报销处理，修改操作将不影响“支票登记簿”中的内容。具体操作步骤如下：

（1）在“填制凭证”窗口中，通过“查询”功能找到要修改的凭证，将光标定在要修改的地方即可直接修改。

（2）双击要修改的辅助项，如项目，可以直接修改“辅助项”对话框中的相关内容。

（3）在当前金额的相反方向，按空格键可以直接修改金额方向。

（4）单击“增行”按钮，可在当前分录前增加一条新的分录。

（5）若当前分录的金额为其他所有分录的借贷方差额，则在金额处按“=”键即可。

（6）单击“保存”按钮，保存当前修改。

（二）冲销凭证

制作红字冲销凭证将错误凭证冲销后，需要再编制正确的蓝字凭证进行补充。通过红字冲销法增加的凭证，应视同正常的凭证进行保存和管理。具体操作步骤为：在工具栏单击“冲销凭证”按钮调出冲销凭证界面，输入需要冲销凭证的月份、类别和凭证号，单击“确定”按钮即可生成一张红字冲销凭证（如图 4-8 所示）。

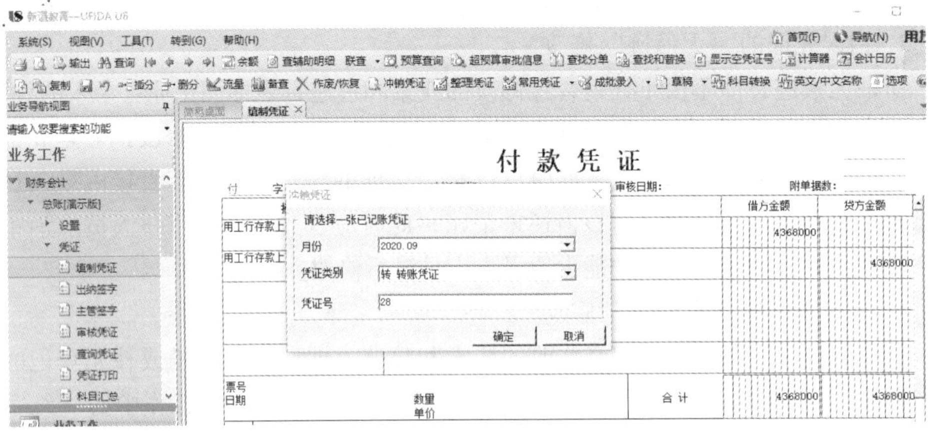

图 4-8　冲销凭证

（三）删除凭证

删除凭证分为两步完成：第一步，通过作废给凭证打上删除标志；第二步，通过整理凭证将其从凭证库中物理删除。

1. 作废凭证

通过单击工具栏的“作废/恢复”按钮，可将当前凭证标注上“作废”删除标志，作废凭证仍保留凭证编号与内容，只显示“作废”字样。作废凭证不能修改，不能审核。在记账时，已作废的凭证应参与记账，否则月末无法结账，但不对作废凭证做数据处理，相当于一张空凭证。账簿查询时，查不到作废凭证的数据。若当前凭证已作废，可单击工具栏的“作废/恢复”，取消作废标志，并将当前凭证恢复为有效凭证。

2. 整理凭证

如果作废凭证不想保留时，可以通过“整理凭证”功能，将其彻底删除，并对未记账凭证重新编号。凭证整理只能对未记账凭证进行整理。已记账凭证做凭证整理时，应先恢复本月月初的记账状态，再做凭证整理。具体操作步骤如下：

（1）在工具栏单击“整理凭证”按钮，调出凭证期间选择界面，如图 4-9 所示。

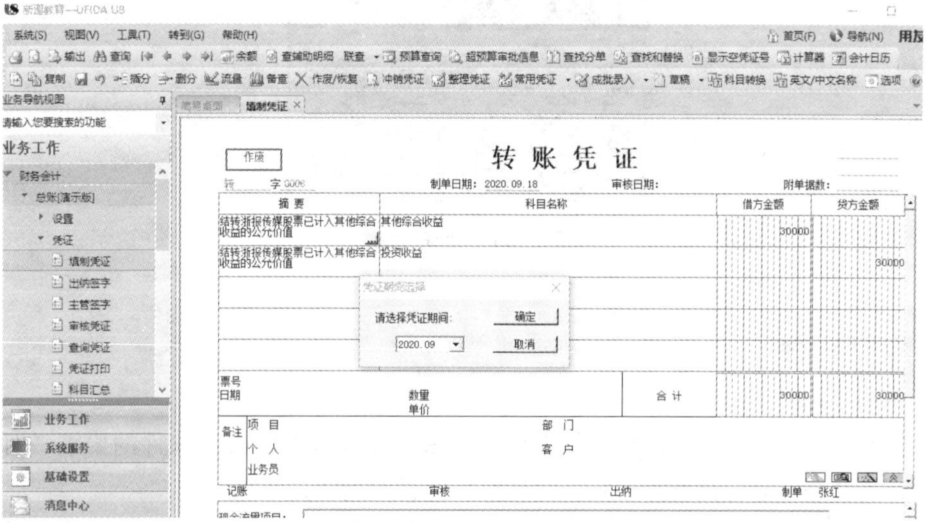

图 4-9　凭证期间选择界面

（2）在图 4-9 中输入“2020. 09”，单击“确定”按钮可以调出作废凭证表，如图4-10所示。

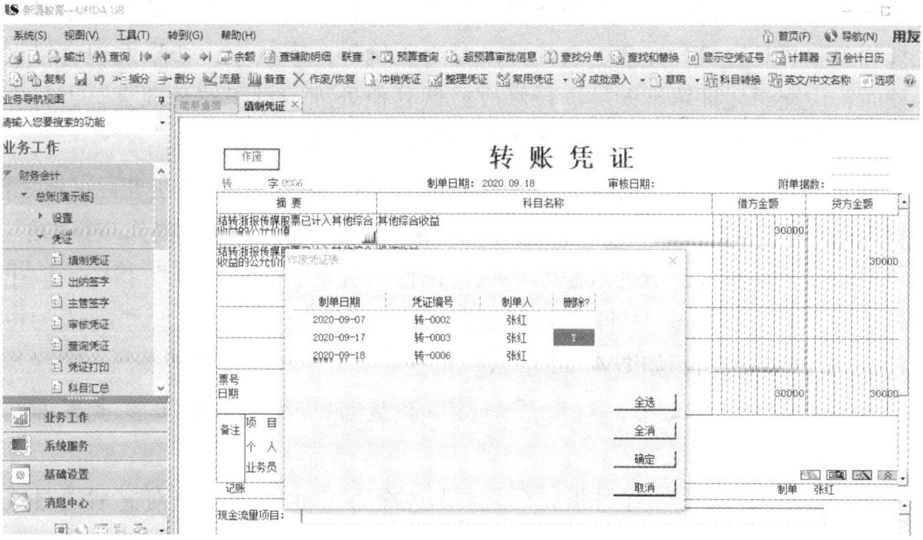

图 4-10　作废凭证表界面

（3）在图 4-10 中，选择需要物理删除的凭证，单击“确定”按钮后，调出凭证整理提示窗口（如图 4-11 所示），单击“是”按钮即删除作废凭证并对凭证号进行整理。

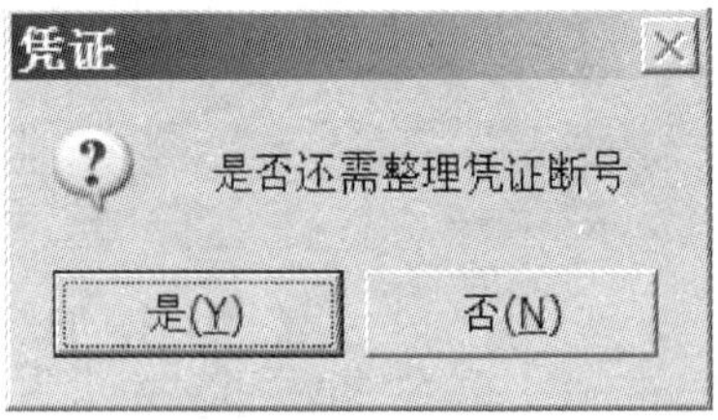

图 4-11　凭证整理

四、凭证审核

（一）审核凭证

凭证审核是指具有审核权限的操作人员依照会计制度和会计软件的要求，对记账凭证的合法性进行检查和核对。凭证审核的目的是防止错弊。

会计核算关系到国家、企业和个人的切身经济利益，而记账凭证的准确性是进行正确核算的基础。因此，无论是直接在计算机上根据已审核的原始凭证编制记账凭证，还是直接将手工编制并审核的凭证输入系统，由于经过了手工的操作过程，都需要经过他人的审核后，才能作为正式凭证进行记账处理。

审核的主要内容包括：记账凭证是否与原始凭证相符、经济业务是否正确、记账凭证相关项目是否填写齐全、会计分录是否正确等。审核中，如果发现有错误或有异议时，应交予凭证填制人员进行修改或做其他处理。对于涉及现金、银行存款的收入与支出的凭证，还可以通过系统参数设置后强制由出纳签字。

按照会计制度的规定，凭证的填制与审核不能为同一人，因此在进行审核之前，需要更换用户，取消审核只能由有审核权限的操作人员进行。具体操作步骤如下：

第一步，以审核人身份进入总账系统，执行“凭证→审核凭证”指令，调出凭证审核条件设置界面，输入日期“2020. 09. 01—2020. 09. 30”，单击“确认”按钮调出凭证审核列表界面，如图 4-12 所示。

第二步，在图 4-12 中，双击某一待审核凭证进入凭证审核签字界面，如图 4-13所示。

在图 4-13 中，可逐一对每张凭证进行核对签字，也可全部核对完后通过成批签字来完成签字。逐一签字通过单击工具栏的“审核”按钮，凭证底部“审核”处自动签上审核人姓名；成批签字通过“批处理→成批审核凭证”指令完成。

审核人必须具有审核权，选择“凭证审核权限”条件时还需要有对制单人所制凭证的审核权。作废凭证既不能被审核，也不能被标错。已标错的凭证不能被审核，需先取消标错后才能审核。凭证一经审核不能被修改、删除，只有取消审核签字后才可修改或删除。

图 4-12　凭证审核列表界面

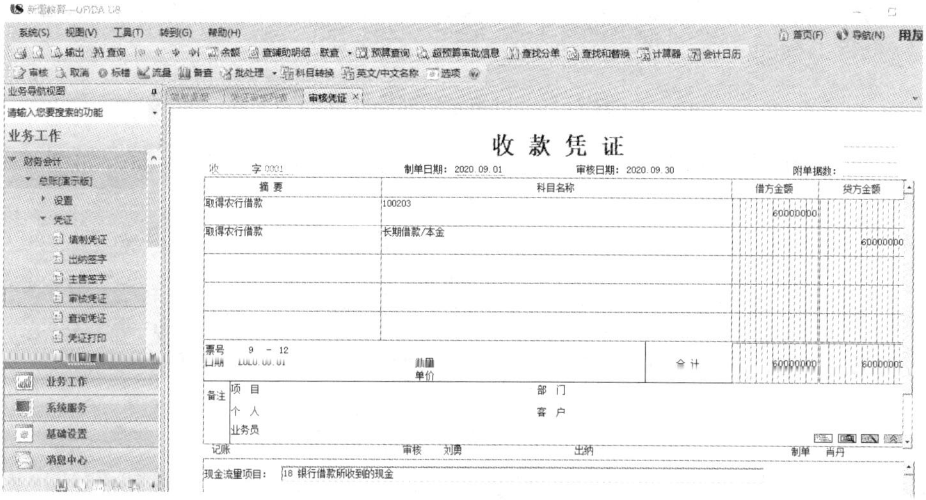

图 4-13　凭证审核签字界面

（二）出纳签字

会计凭证填制完成之后，如果该凭证是出纳凭证，且在系统“选项”中选择“出纳凭证必须经由出纳签字”，则应由出纳核对签字。出纳凭证由于涉及企业现金的收入与支出，应加强对出纳凭证的管理。出纳人员可以通过“出纳签字”功能对制单员填制的带有现金或银行科目的凭证进行检查核对，主要核对出纳凭证的出纳科目的金额是否正确。审查认为错误或有异议的凭证，应交予填制人员修改后再核对。

出纳签字是为了加强企业现金收入和支出的管理。具体操作步骤如下：

第一步，以出纳身份进入总账系统，执行“凭证→出纳签字”指令，调出出纳签字凭证条件设置界面，输入日期“2020.09.01—2020.09.30”，单击“确认”按钮调出出纳签字列表界面，如图4-14所示。

图4-14　出纳签字列表界面

第二步，在图4-14中，双击某一待签字凭证进入出纳签字界面，如图4-15所示。

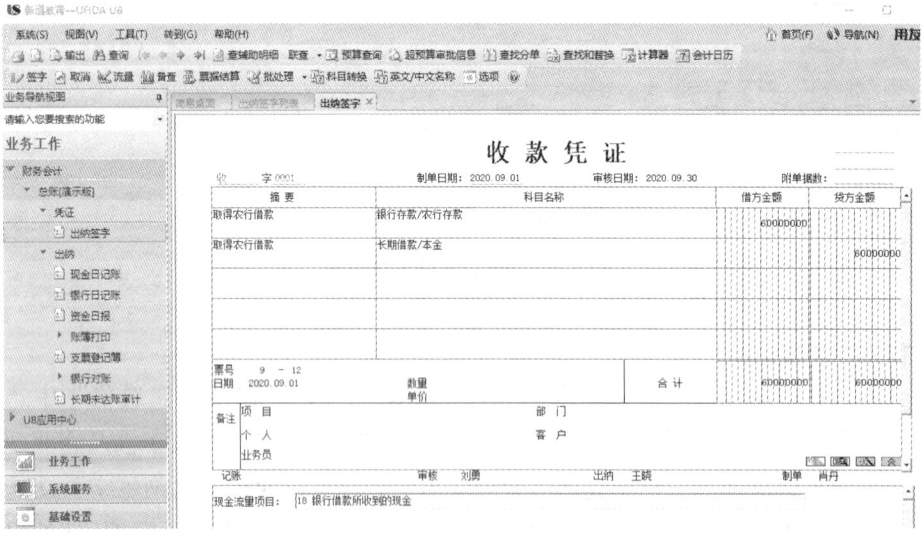

图4-15　出纳签字界面

在图4-15中，可逐一对每张出纳凭证进行核对签字，也可全部核对完后通过成批签字来完成签字。逐一签字通过单击工具栏的“签字”按钮，在凭证底部“出纳”处自动签上出纳姓名；成批签字通过“批处理→成批出纳签字”指令完成。

凭证一经签字，就不能被修改、删除，只有取消签字后才可以修改或删除，取消签字只能由出纳自己进行。

（三）主管签字

为了加强对会计人员制单的管理，系统提供“主管签字”功能，会计人员填制的凭证必须经主管签字才能记账。具体步骤与审核凭证签字和出纳凭证签字步骤类似。

五、凭证的查询与打印

（一）查询凭证

软件中有简单查询和综合查询两种基本形式。简单查询是输入凭证月份和凭证号等少量要素来查询相应凭证；综合查询是由系统提供给用户的可对多个输入条件进行任意组合的查询方式。

凭证简单查询时，一般允许输入如下几个查询条件：

（1）日期。填入内容包括开始年月日和截止年月日。

（2）凭证字号。凭证字号是指需要查询的凭证的类型与范围。

（3）科目代码。一般允许用户输入一个会计科目或某一科目范围。

（4）金额。可以输入一个金额或一个金额范围。

具体操作步骤如下：

第一步，在“填制凭证”界面中，单击工具栏“查询”按钮，或执行“凭证→查询凭证”指令，调出其查询条件录入窗口，如图 4-16 所示。在查询条件录入窗口中可逐一输入其查询条件后单击“确定”按钮即可调出需要查询的凭证，如图 4-17所示。

第二步，在图 4-17 中，可联查选中科目的最新余额、辅助账明细、明细账、原始单据以及预算情况。选中需要查询的科目，单击工具栏“余额”按钮，可联查当前科目包含所有已保存的记账凭证的最新余额；单击工具栏“联查——联查明细账”按钮，可联查当前科目的明细账；单击工具栏“联查——联查原始单据”按钮，可联查该笔业务的原始单据；单击工具栏“查辅助明细”按钮，可联查当前科目的辅助明细账；单击工具栏“预算查询”按钮，可联查当前科目的预算情况。

外部系统制单信息：若当前凭证为外部系统生成的凭证，可将鼠标移到记账凭证的标题处，单击鼠标左键，显示当前凭证来自哪个子系统、凭证反映的业务类型与业务号。当光标在某一分录上时，单击凭证右下方相应的图标，则显示生成该分录的原始单据类型，单据日期及单据号。

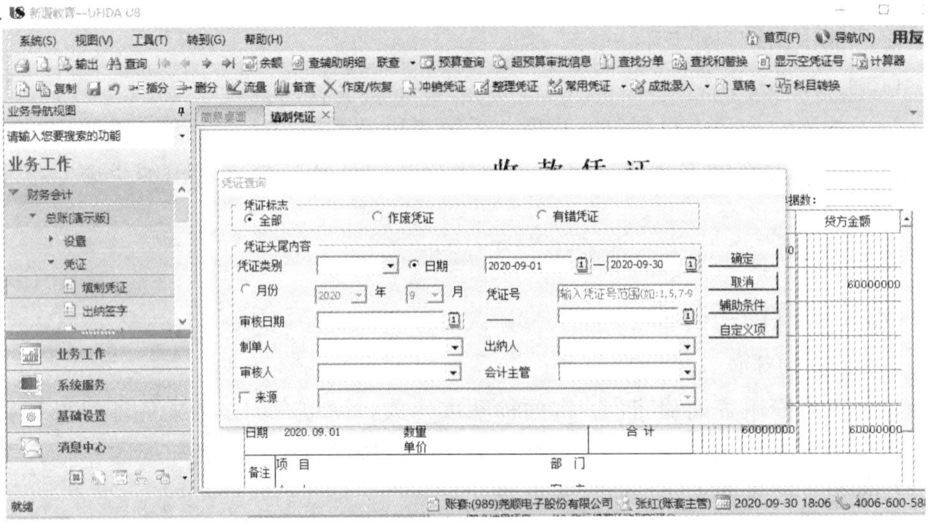

图 4-16　凭证查询条件设置界面

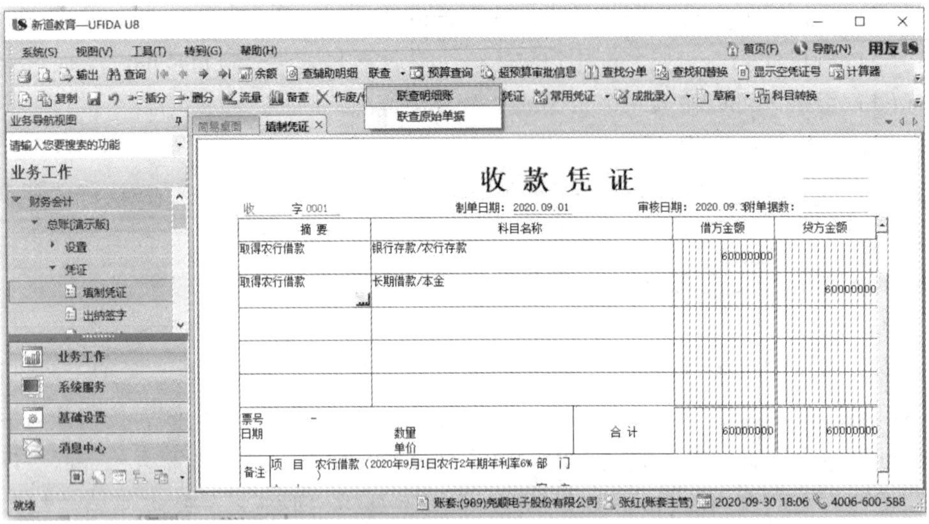

图 4-17　凭证查询界面

（二）科目汇总

科目汇总又称为凭证汇总，是指记账凭证全部输入完毕并进行审核签字后，可以进行汇总并同时生成一张“科目汇总表”。进行汇总的凭证可以是已记账的凭证，也可以是未记账的凭证，因此，财务人员可以在凭证未记账前，随时查看企业当前的经营状况和其他财务信息。在科目汇总表中，系统提供快速定位功能和查询光标所在行专项明细账和详细明细账功能。如果要查询其他条件的科目汇总表，可再调用查询功能，重新设置其查询条件。具体操作步骤如下：

第一步，在“总账系统”中，执行“凭证→科目汇总”指令，出现凭证汇总条件窗口（如图 4-18 所示），输入其汇总条件后，单击“汇总”按钮，可得满足条件的科目汇总表，如图 4-19 所示。

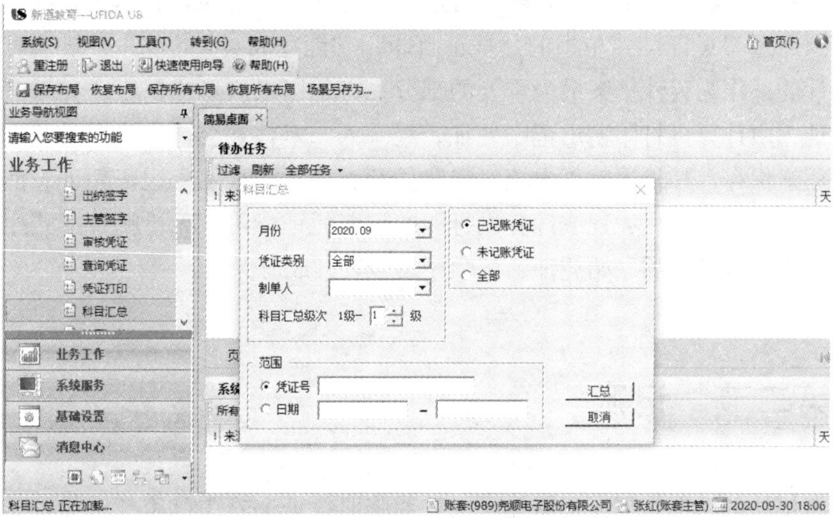

图 4-18 科目汇总条件设置界面

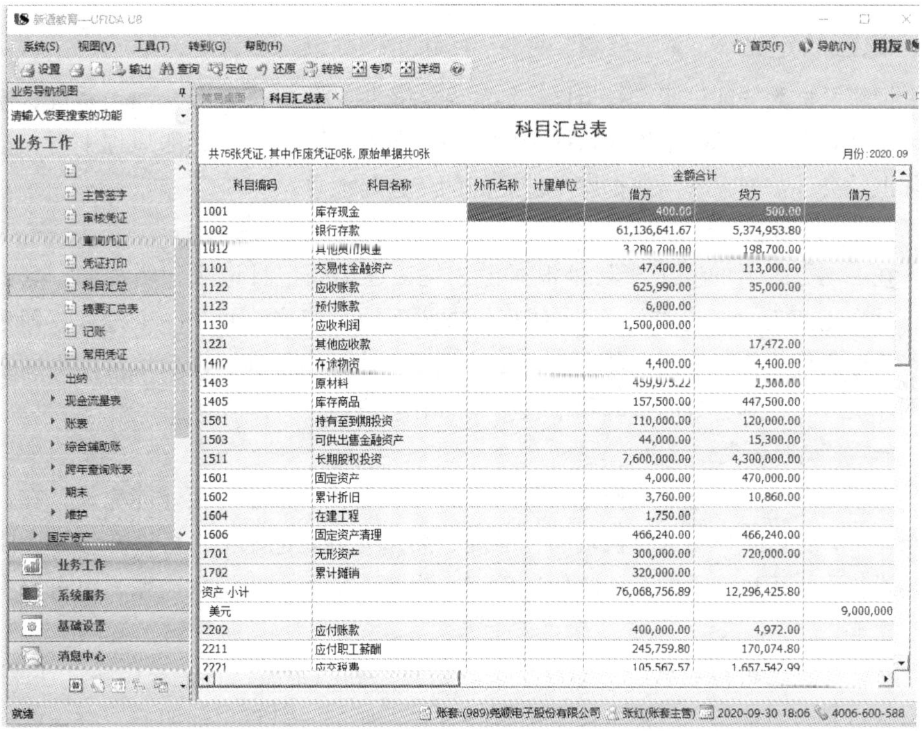

图 4-19 科目汇总表

第二步，在图 4-19 中，单击工具栏的“定位”按钮，可快速定位到需要查看的科目；单击工具栏的“专项”按钮，可联查当前科目的专项明细账；单击工具栏的“详细”按钮，可联查当前科目的明细账。

（三）打印凭证

在填制、审核、出纳签字各处均可通过“打印”功能执行，但正式存档凭证的打印必须通过“凭证”菜单中的“凭证打印”功能完成。

会计凭证作为会计档案最为重要的部分，必须以纸质形式保存。如果直接输入原始凭证，由计算机打印输出记账凭证，经录入、审核和会计主管人员签章，则视为有效凭证保存；如果手工事先填好记账凭证，向计算机录入记账凭证，然后进行处理，则保存手工记账凭证或计算机打印的记账凭证皆可。无论哪种形式生成的记账凭证都必须有必要的原始凭证，按顺序编号装订成册保存。

第二节　记账

记账模块的功能是根据记账凭证文件或临时凭证文件中已审核的凭证，自动更新账务数据库文件，得到账簿和报表所需的汇总信息与明细信息。

一、记账的定义

记账又称为凭证过账，是指以会计凭证为依据，将经济业务全面、系统、连续地记录到具有账户基本结构的账簿中的一种会计核算方法。从记账原理上看，记账实际上是会计数据在不同数据库文件之间的传递与汇总。

（一）记账含义的变化

在手工方式下的“记账”是根据记账凭证逐笔登记日记账和明细账，登记总账，是真正意义的“记账”；而在计算机方式下的“记账”只是一个过程，即根据记账凭证文件或临时凭证文件中已审核的凭证，高速、快捷、准确地自动更新账务数据库文件，得到有效的账簿和报表所需的汇总信息和明细信息。

（二）记账方式

在手工条件下，记账工作需要若干名财会人员花费很多时间才能完成；在计算机条件下，记账工作由计算机自动、准确、高速完成。记账工作可以在编制一张凭证后进行，也可以在编制一天的凭证后记一次账，即可一天记数次账，也可以多天记一次账。

记账凭证经审核签字后，即可用来登记总账和明细账、日记部门账、往来账、项目账以及备查账等。记账工作采用向导方式，使记账过程更加明确。登记账簿是由有记账权限的用户发出记账指令，由计算机按照预先设计的记账程序自动进行合法性检验、科目汇总、登记账簿等操作。

对记账处理的几点说明：

（1）凭证一经记账，就不能在这一凭证或登记这一业务的账簿上直接修改。

（2）在记账开始后，不能中断系统的运行，也不允许进行其他相关操作。

（3）初次使用账务系统时，若输入的期初余额借贷不平衡或总账期初余额与其所属明细账余额不平衡，则不能进行记账。

（4）所选范围内的凭证如有未经审核签字的凭证，系统将给出提示、自动中止记账并给出报告。

（5）多数软件具有记账前提示备份或强制备份功能。

（6）记账功能随时可运行，每月执行记账的次数是任意的。

二、记账处理过程

不同的数据处理流程，其记账模块的处理步骤也不相同。登记账簿过程处于全自动状态，一般不需要人工操作。在电算化方式下，一般采用记账凭证账务处理流程和科目汇总表账务处理流程。计算机处理原理流程如图 4-20 所示。

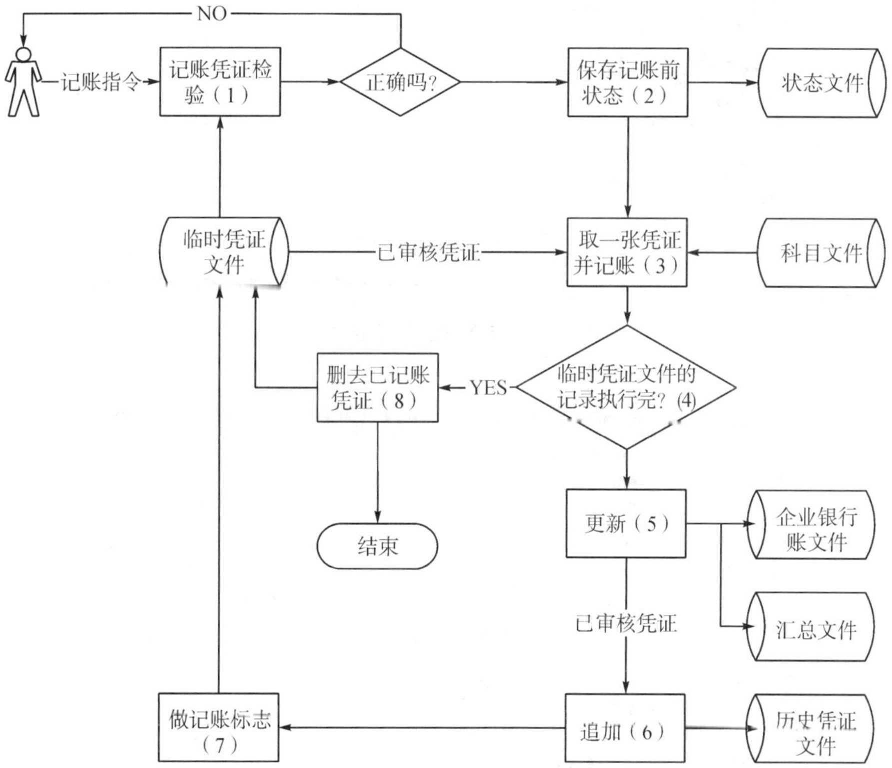

图 4-20　记账处理流程图

（一）记账流程

（1）更新记账凭证文件。取“临时凭证文件”中已审核的记账凭证，将其追加到当期相应的“记账凭证文件”中。

（2）更新科目汇总表文件。对记账凭证按科目汇总，更新“科目汇总表文件”中相应科目的发生额，并计算余额。

（3）更新相关辅助账数据库文件。

（二）记账步骤

用友 ERP-U8 系列财务软件记账的具体操作步骤如下：

在总账系统中，执行“凭证→记账”指令，进入“选择本次记账范围”界面（如图 4-21 所示），单击“全选”按钮后再单击“记账”按钮，即可完成记账工作（如图4-22所示）。

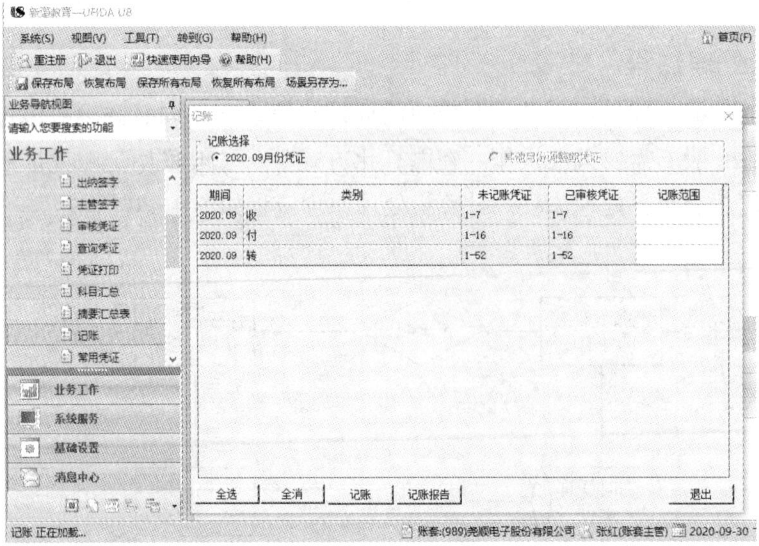

图 4-21　选择本次记账范围界面

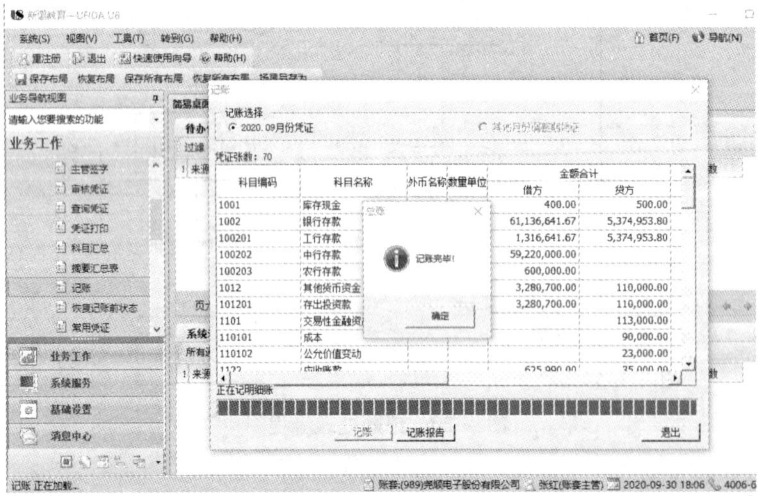

图 4-22　记账界面

三、取消记账

记账前，系统将自动进行硬盘备份，保存记账前的数据。如在记账过程中，断电使登记账中断，导致记账错误，或者记账后发现输入的记账凭证有错误，需进行修改。为了解决这类问题，可调用“恢复记账前状态”功能，将数据恢复到记账前状态，修改完后再重新记账。记账过程一旦断电或由于其他原因造成中断后，系统将自动调用“恢复记账前状态”恢复数据，然后再重新记账。系统提供两种恢复记账前状态方式：一种是将系统恢复到最后一次记账前状态；另一种是将系统恢复到本月月初状态，不管本月记过几次账。

已结账月份的数据不能取消记账，未结账月份的数据可以取消记账。具体操作步骤如下：

第一步，在总账系统中，执行“期末→对账”指令，在对账界面选定要被取消记账的月份，按“Ctrl+H”键，激活恢复记账前状态功能，单击“确定”按钮后再单击“退出”按钮，如图 4-23 所示。

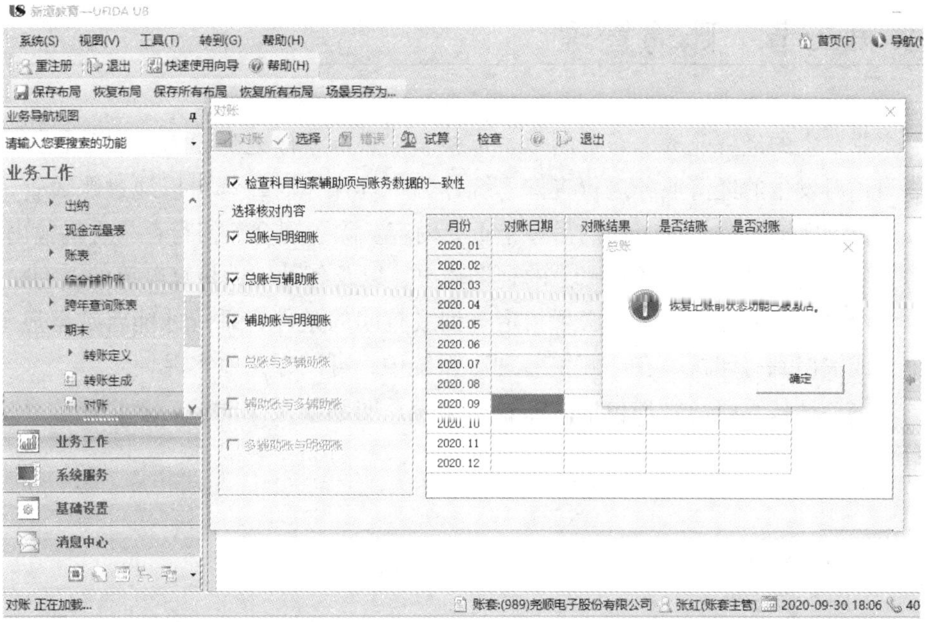

图 4-23　激活“恢复记账前状态功能”界面

第二步，执行“凭证→恢复记账前状态”指令，调出恢复记账前状态界面，选择“最近一次记账前状态”单选按钮，单击“确定”按钮，即可完成恢复记账前状态，如图 4-24 所示。

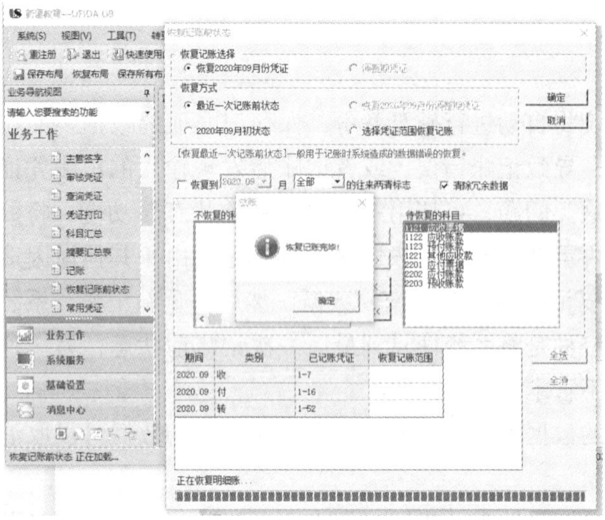

图 4-24　恢复记账前状态

第三节　账簿管理

企业发生的经济业务，经过制单、审核、记账等程序之后，就形成了正式的会计账簿，对发生的经济业务进行查询、统计分析等操作时，都可以通过账簿管理来完成。查询账簿，是会计工作的另一个重要内容。除了现金、银行存款查询输出外，账簿管理还包括基本会计核算账簿的查询输出，以及各种辅助核算账簿的查询输出。

无论是查询还是打印，都必须指定查询或打印的条件，系统才能将数据显示在屏幕上或输出到打印机。在“账簿管理”系统中，可以方便地实现。

基本会计核算账簿管理包括总账及余额表、明细账及序时账、多栏账、日记账和日报表的查询及打印输出。

一、科目账管理

（一）查询账簿

查询是指按照给定条件查找满足条件的账簿，并在屏幕上显示出来。

1. 三栏式总账

三栏式总账就是借、贷、余三栏账。在这里，可以查询各总账科目及所有明细科目的年初余额、每月发生额合计和月末余额。具体操作步骤如下：

在“总账系统”中，执行“账表→科目账→总账”指令，调出总账查询条件设置界面（如图 4-25 所示），输入相应的条件后，单击“确定”按钮即可查到相应的总账。单击工具栏“明细”按钮，可以联查当前总账的明细账。

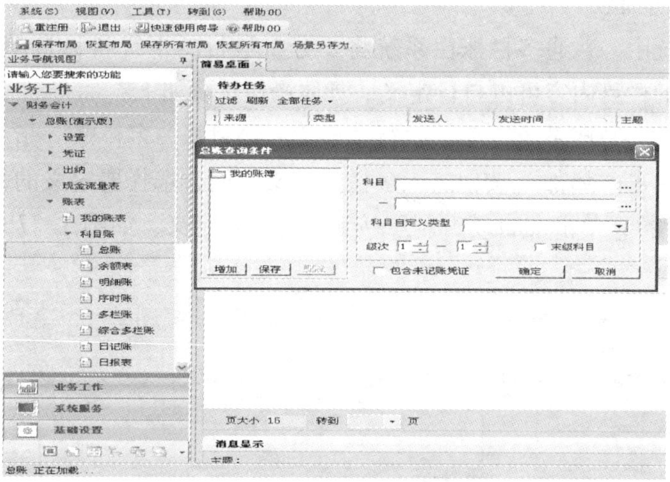

图 4-25　总账查询条件设置界面

2. 余额表

余额表用于查询统计各级科目的本月发生额、累计发生额和余额等。本功能提供了很强的统计功能，可以灵活运用。该功能不仅可以查询统计人民币金额账，还可以查询统计外币和数量发生额和余额。具体操作步骤如下：

在“总账系统”中，执行“账表→科目账→余额表”指令，调出余额表查询条件设置界面，输入相应的条件后，单击“确定”按钮即可查到相应的余额表，如图 4-26 所示。单击工具栏“累计”按钮，可自动显示借贷方累计发生额；单击“专项”按钮，可以查看当前被选中科目的明细账或余额表。

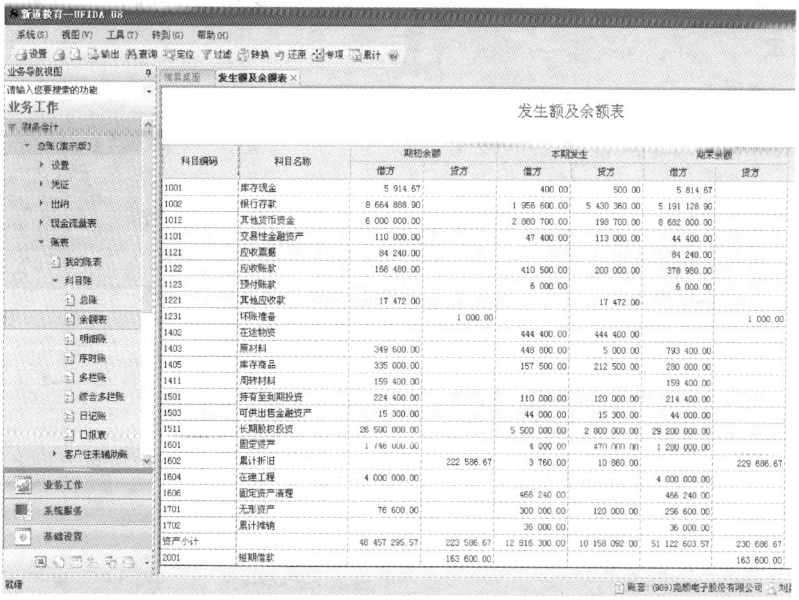

图 4-26　发生额及余额表界面

3. 多栏式明细账

在总账系统中，普通多栏账由系统将要分析科目的下级科目自动生成多栏账，自定义多栏账的栏目内容可以自行定义。具体操作步骤如下：

第一步，在“总账系统”中，执行“账表→科目账→多栏账”指令，调出多栏账查询界面，单击“增加”按钮进入多栏账定义界面，选择要定义的多栏账核算科目（如管理费用），单击“自动编制”按钮进行栏目定义，如图 4-27 所示。

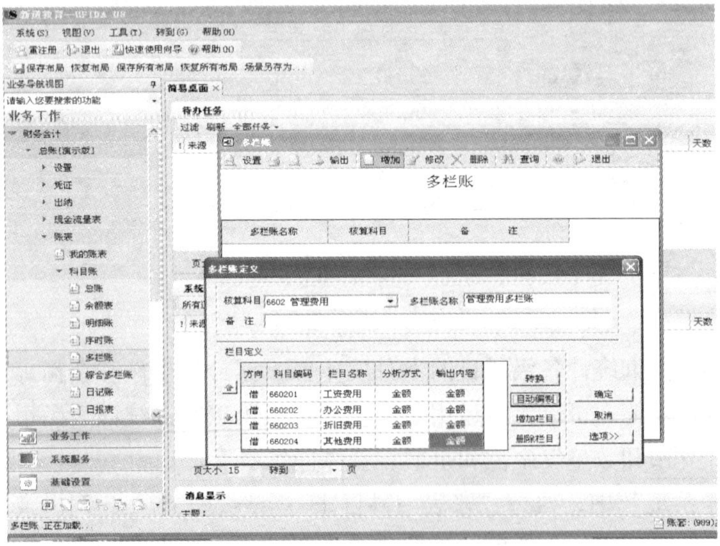

图 4-27　多栏账定义界面

第二步，单击图 4-28 中的“确定”按钮，即可完成相应的多栏账的定义并返回多栏账查询界面，单击其工具栏的“查询”按钮调出多栏账查询条件设置界面，如图 4-28所示。

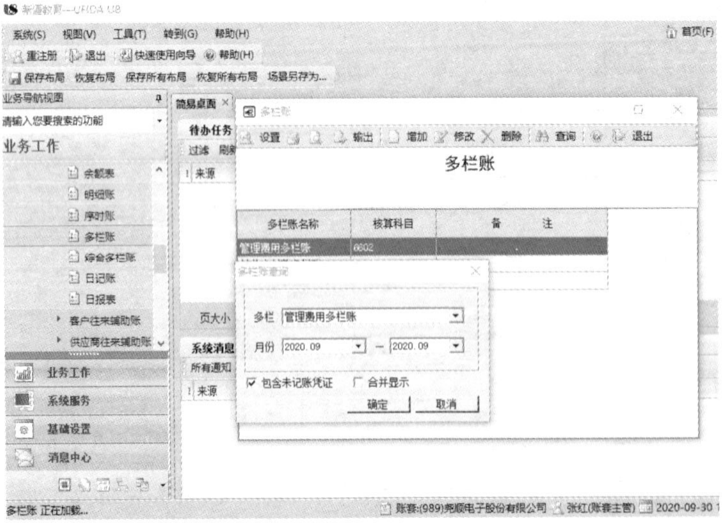

图 4-28　多栏账查询条件设置界面

第三步，在图 4-28 中，单击“确定”按钮即可查到相应的多栏账，如图 4-29 所示。

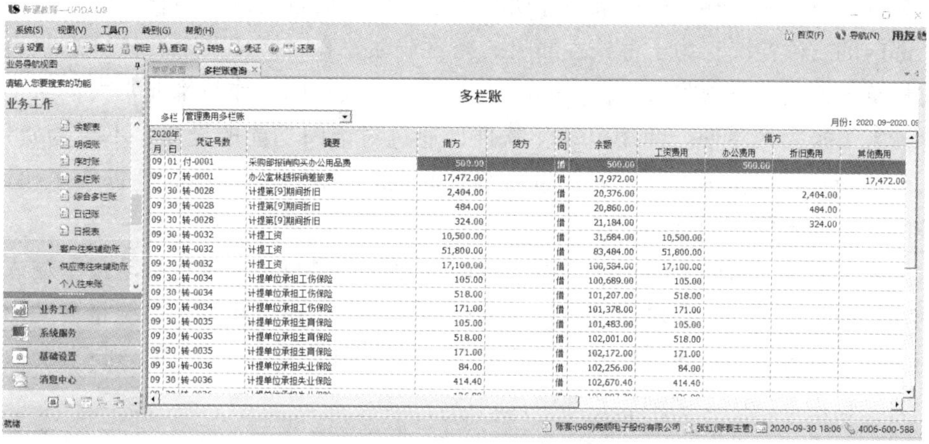

图 4-29　管理费用多栏账界面

明细账和序时账的查询方法与步骤和上述查询方法与步骤类似。

（二）账簿打印与管理

打印账簿是账务处理的最终目标，包括总账、明细账、日记账等。账簿打印用于打印正式的会计账簿，打印输出的会计账簿的格式和内容应当符合国家统一会计制度的规定。

“账簿打印”功能打印的是正式使用的账簿。账簿打印可选择套打方式，套打时应使用用友公司指定的打印用纸。系统一般默认账簿格式为金额式，根据需要可选择其他格式。

采用 U 盘、移动硬盘等电子介质存储会计数据时，记账凭证、总分类账、现金日记账和银行存款日记账仍需要打印输出。此外，还要按税务部门、审计部门的要求即时打印输出有关账簿和报表。

二、部门辅助账管理

随着企业规模的扩大，生产经营活动的复杂化，企业所包含的业务活动的种类越来越多，所涉及的专业领域也越来越广，各种业务的工作量也越来越大。为了提高企业的管理力度和经营效率，很多单位实施了加强财务管理，细化会计核算的政策，对全部工作进行深入细致的分析，要求在此基础上进行明确的分类核算和管理。在传统的方法下，企业会开设明细账进行核算。这样，增加了明细科目的级次，造成科目体系庞大，同时会给会计核算和管理资料的提供带来了极大的困难。计算机账务处理子系统则借助计算机处理数据的特点，设置了辅助核算模块。通过该功能模块，不仅能方便地实现会计核算功能，而且能为管理提供快速、便捷的辅助手段。

（一）部门辅助账核算与管理的基本功能

在会计核算过程中，经常会遇到分部门的核算与管理问题。为了有效地进行费用的控制，不仅要核算费用在某会计期的发生总额，而且要进一步核算各项费用在各个部门的发生情况；为了考核各部门的经营业绩，有时同样要求在核算总收入的同时核算各部门的分项收入。在实际工作中，这些核算的工作量都非常大，给手工核算带来了极大的不便。使用电算化软件，通过对部门功能的设立，不仅为费用、收入的分项核算提供了方便，而且进一步为收入和费用的分部门管理提供了快速、方便的管理信息资料的查询手段。

输入凭证时，若输入科目性质为“部门管理”的科目，系统将自动提示输入相应的部门或显示部门代码对照表供财务人员选择部门。在记账时，系统将自动形成部门核算与管理所需的各种数据。在系统中，用户可以查询部门总账、部门明细账，以及自动输出部门收支明细表和部门计划执行报告。

（二）部门辅助总账、明细账的设置与查询

在总账系统中，如果在定义会计科目时，把某科目账类标注为部门辅助核算，则系统对这些科目除了进行部门核算外，还提供了横向和纵向的查询统计功能，为企业管理者输出各种会计信息，真正体现了“管理”的功能。

部门辅助账的管理主要涉及部门辅助总账、明细账的查询，正式账簿的打印以及如何得到部门的收支分析表。

1. 部门总账

部门总账查询主要用于查询部门业务发生的汇总情况。系统提供了三种部门辅助总账查询方式：指定科目查询总账、指定部门查询总账、同时指定科目和部门查询总账。

2. 部门明细账

查询部门明细账用于查询部门业务发生的明细情况。系统提供了对部门账进行自动对账功能。通过该功能，系统将检查、核对部门核算明细账与部门核算总账是否相符、部门核算总账与总账是否相符，并输出核对结果。

部门总账和部门明细账的具体查询操作步骤与前科目账的查询步骤类似。

（三）部门管理

部门核算不仅为财会部门深入核算企业内部各部门的收入情况及各项费用的开支情况提供了方便，而且通过部门核算产生的核算数据，为企业及部门业务的管理和各项费用的控制与管理提供了基础信息数据。在总账系统中，部门管理主要有部门收支分析和计划执行分析。

1. 部门收支分析

为了加强对各部门收支情况的管理，企业对所有部门核算科目的发生额及其余额按部门进行统计分析。统计分析数据可以是发生额、余额或同时有发生额和余额。

2. 部门计划执行报告

部门计划执行报告是各部门的实际执行情况与计划数的对比报表。通过部门计划执行报告，可以使管理者了解各部门完成计划的情况。

部门计划执行报告主要有两种方式：一是各部门在某部门核算科目下的实际发生额与计划发生额的对比方式；二是各部门在某部门核算科目下的实际余额与计划余额比较方式，使用者可自由选择。

选择分析的科目辅助核算必须设置“部门核算”。分析月份系统默认为当前月份，但可以调整分析的起止月份，改变分析范围。

三、项目辅助账管理

（一）项目辅助账核算与管理的基本功能

所谓项目，即专门的经营对象。实际上，它可以是一项工程、一种产品、一个科研项目等。实际进行会计核算时，经常要求将围绕这些项目所发生的所有收支，按费用或收入类别设立专门的明细账，以便更好地完成对每个项目投入产出及费用情况的核算。按照这种核算要求，在手工方式下会按项目设立二级或三级科目，再在其下级设立收支或费用明细科目。很明显，这样做有两个缺点：一是科目结构复杂，体系庞大；二是难以进行横向的统计分析。在计算机账务处理系统中，提供的项目辅助核算模块可以实现该核算方式。

以产成品核算为例，项目辅助核算的操作步骤如下：

首先，进行会计科目设置，把要进行项目辅助核算的科目（如费用、成本、收入等）的性质定义为“项目核算”。例如：

1243 库存商品项目核算

4101 生产成本项目核算

410101 直接材料项目核算

410102 直接人工项目核算

410103 制造费用项目核算

5101 主营业务收入项目核算

5401 主营业务成本项目核算

其次，将具体项目从科目体系中剥离出来，在项目辅助核算模块中定义有关项目代码、名称等资料。例如：

01 产成品

101 A 产品

102 B 产品

在日常业务处理中，录入凭证时，当输入科目的性质为“项目核算”时，系统将要求财会人员录入或选择项目代码。记账后，即可在项目辅助核算模块中查询各种项目核算与管理所需的账表，即项目总账、某科目的项目明细账和某项目的项目明细账，以及项目统计表和项目执行计划报告。通过该功能模块，不仅可以方便地实现对成本、费用和收入按项目核算，而且为这些成本、费用及收入情况的管理提供了快速、方便的辅助手段。

（二）项目辅助总账、明细账的设置与查询

1. 项目总账

项目总账查询用于查询各项目所发生业务的汇总情况，科目和项目必须输入，部门可输入也可不输入，月份范围默认为年初至当前月。具体操作步骤如下：

在“总账系统”中，执行“账表→项目辅助账→项目总账→项目科目总账”指令，可调出项目科目总账查询条件设置窗口，条件设置后单击“确定”按钮即可查到相应的账簿。

2. 项目明细账

项目明细账用于查询项目业务发生的明细情况。具体操作步骤如下：

在“总账系统”中，执行“账表→项目辅助账→项目明细账→项目明细账”指令，可调出项目明细账查询条件设置窗口，条件设置后单击“确定”按钮即可查到相应的项目明细账簿，如图 4-30 所示。

2020年 月	日	凭证号数	科目编码	科目名称	摘要	借方	贷方	方向	余额
			500101	直接材料	期初余额			借	101,920.00
09	05	转-0023	500101	直接材料	30：一车间为生产卧室台灯领用原材料塑料	2,500.00		借	104,420.00
09	15	转-0025	500101	直接材料	33：二车间完工入库卧室台灯		101,000.00	借	3,420.00
09					当前合计	2,500.00	101,000.00	借	3,420.00
09					当前累计	2,500.00	101,000.00	借	3,420.00
			500102	直接人工	期初余额			借	46,592.00
09	15	转-0025	500102	直接人工	33：二车间完工入库卧室台灯		46,000.00	借	592.00
09	30	转-0032	500102	直接人工	计提工资	10,200.00		借	10,792.00
09	30	转-0034	500102	直接人工	计提单位承担工伤保险	102.00		借	10,894.00
09	30	转-0035	500102	直接人工	计提单位承担生育保险	102.00		借	10,996.00
09	30	转-0036	500102	直接人工	计提单位承担失业保险	81.60		借	11,077.60
09	30	转-0037	500102	直接人工	计提单位承担养老保险	2,040.00		借	13,117.60
09	30	转-0038	500102	直接人工	计提单位承担医疗保险	816.00		借	13,933.60
09					当前合计	13,341.60	46,000.00	借	13,933.60
09					当前累计	13,341.60	46,000.00	借	13,933.60
			500103	制造费用	期初余额			借	26,208.00
09	15	转-0025	500103	制造费用	33：二车间完工入库卧室台灯		10,500.00	借	15,708.00
09	30	转-0042	500103	制造费用	分摊制造费用	2,662.00		借	18,370.00
09					当前合计	2,662.00	10,500.00	借	18,370.00
09					当前累计	2,662.00	10,500.00	借	18,370.00
					合计	18,503.60	157,500.00	借	35,723.60

图 4-30　项目明细账界面

其他项目总账和明细账的查询方法与上述查询方法类似。

（三）项目辅助核算管理

项目辅助核算为财会部门准确核算各项目的收入情况及各项成本费用的开支情况提供了方便。在总账系统中，项目辅助核算管理主要是做项目统计分析。

项目统计查询用于统计所有项目的发生额和余额。具体操作步骤如下：

在“总账系统”中，执行“账表→项目辅助账→项目统计分析”指令，可调出项目统计条件设置窗口，如图 4-31 所示，条件设置完后单击“完成”按钮即可查到相应的项目统计表，如图 4-32 所示。

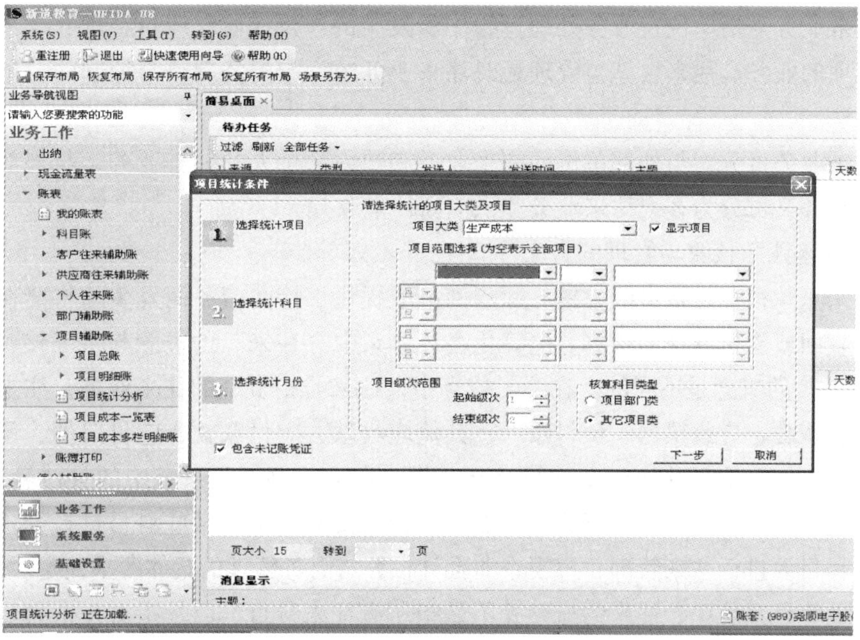

图 4-31　项目统计条件设置界面

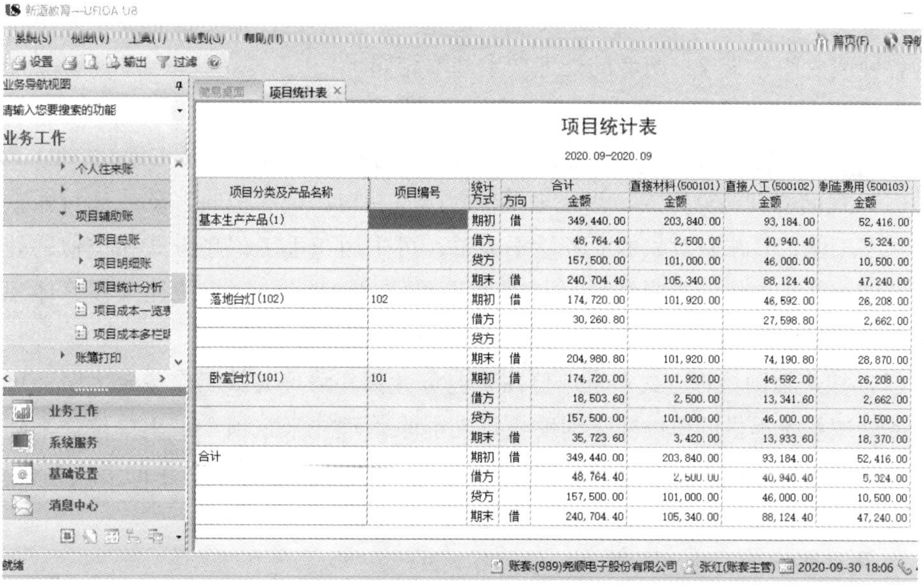

图 4-32　项目统计表界面

项目成本一览表和项目成本多栏明细账的查询步骤同上述查询步骤。

四、往来账款核算与管理

（一）往来账款核算与管理概述

往来业务是指单位在业务处理过程中所发生的涉及应收、应付、预收、预付等会计事项的业务。往来核算与管理是对往来业务进行专门的反映与控制的一种辅助核算方法。

往来业务可分为与外部单位的往来业务和与内部个人的往来业务，与外部单位的往来业务又可分为客户往来业务和供应商往来业务。

1. 往来账款核算与管理的含义

往来账款核算是指对因赊销、赊购商品或提供、接受劳务而发生的将要在一定时期内收回或支付款项的核算。电算化会计体系中“往来”的概念与手工核算系统中“往来”的概念是不同的。在手工核算中，往来是指资金的往来业务，往来科目包括应收账款、应收票据、预付账款、其他应收款、应付账款、应付票据、预收账款、其他应付账款和其他应交款等会计科目。在会计电算化系统中的具体管理上，并不一定对以上所有科目进行管理，而是根据需要对其中的某些科目进行管理，具体哪些科目要进行往来管理，应视企业会计核算与财务管理的具体要求而定。因此，在会计电算化系统中，往来的概念并不是指所有往来科目，而是指对往来科目进行管理。

往来账款核算包括个人（职工）往来核算、单位（客户和供应商）往来核算。个人往来是指企业与单位内部职工发生的往来业务，单位往来是指企业与外单位发生的各种债权债务业务，两者的处理技术基本相同。

2. 往来科目的管理方式

账务处理系统提供以下两种往来业务核算与管理的方法：

（1）视同明细核算方式。当往来单位较少且相对稳定，应收账款或应付账款发生的频率较低，且往来对账的业务量不大时，可采用与手工记账方式相类似的处理方法，即按往来单位设置明细科目（按往来单位建立明细账），使往来核算体现在基本业务核算中。

（2）往来辅助核算方式。当单位往来业务频繁，清理欠款工作量较大时，可启用账务处理系统提供的单位往来辅助核算功能来管理往来款项。采用单位往来辅助核算后，往来单位不再以会计科目的形式出现，而是以往来单位目录的形式存在。

往来数据包括往来期初数据和日常往来业务数据。

3. 往来账核算的处理流程

根据对往来单位款项核算和管理的程度不同，系统提供了两种不同的应收应付账款方案，即在总账系统核算往来单位款项，或在应收与应付账款系统中核算往来款项。

（1）在总账系统中使用应收应付功能，进行应收应付账款的核算和管理。使用总账系统，在输入凭证时，同时输入应收应付业务数据，并使用总账系统中提供的应收应付管理功能，输出往来账并进行核销、账龄分析、打印催款单等。

（2）单独使用应收应付账款系统进行应收、应付账款的核算和管理。首先，使用应收应付账款系统输入发票和往来业务单据，自动填制记账凭证；其次，将记账凭证传递到总账系统中。其中，应付业务数据可直接输入，也可由采购系统传入；应收业务数据可以直接输入，也可由销售系统传入。在电算化方式下，应付款数据流程与应收款数据流程大致相同。

4. 往来账款核算与管理的工作过程

在总账系统进行往来核算时，其操作过程一般为：建立客户（或供应商）档案、录入期初余额、凭证输入与审核、记账、核对、往来账表查询与打印、统计分析与销账等，如图 4-33 所示。

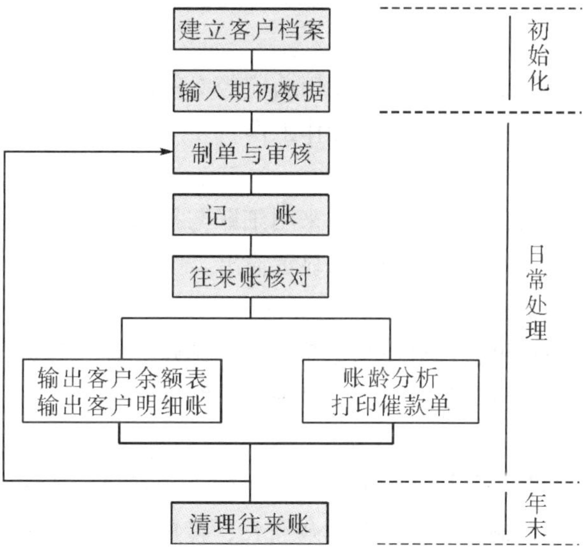

图 4-33 在总账系统中处理应收、应付业务的处理过程

（二）往来账的核对与核销

1. 往来账的核对

对已达往来账应该及时做往来账的核对工作。核对是指将已达账项打上已结清的标记，系统提供自动核对和手工核对两种方式。

（1）自动核对，是指计算机自动将所有已结清的往来业务打上标记。

（2）手工核对：如果某些款项不能自动判断，可以通过手工辅助核对，即按指定键对已达账项打上标记。

核对应分科目、分往来客户（或供应商）进行。首先选择往来科目，其次选择往来客户（或供应商），最后选择核对方式进行核对。

总账系统为企业提供清理所有具有往来性质账户的功能。只有具有往来两清权限的用户，才能使用往来清理功能。一般在记账完成后或期末查询、打印往来账前进行往来账两清处理工作。往来账的自动勾对要求填制凭证时输入的辅助信息要严格、规范，特别是对于有业务号的账项在填制凭证时必须规范输入。这样，无论是“一借一贷”“一借多贷”“多借一贷”，系统都能自动识别并进行勾对；否则，只能手工勾对。

2. 往来账的核销

核销是指对债权、债务已结清的业务做删除处理，表示本笔业务已经结清。其目的是以便将未结清款项反映出来，以此反映企业各种应收款的形成，收回及其增减、变动情况。

核销可以由计算机自动执行，也可以利用销账功能使用有关功能键进行手动核销。由于计算机处理方式采用建立往来辅助账进行往来业务管理，为了避免辅助账过于庞大影响运行速度，对于已核销的业务进行删除。删除工作不必经常进行，通常年底结账后一次删除即可。

核销功能在使用时必须注意：①核销前应经专门的负责人员核实待核销的往来账项；②指定专人负责往来账的核销操作工作。

3. 往来账的对账

通过对账，系统会自动检查核对往来明细账与往来总账是否相符、科目总账与往来总账是否相符，并将核对检查结果显示输出。

（三）往来账表的查询

往来账表查询模块可实现对往来汇总表、明细账和客户等进行查询，并生成各种信息统计表。查询既可单独进行，也可进行条件组合查询。

1. 往来余额表

往来余额表包括客户科目余额表、客户余额表、客户三栏式余额表、客户业务员余额表、客户分类余额表、客户部门余额表、客户项目余额表及客户地区分类余额表等多种查询方式。

2. 往来明细账

往来明细账包括客户科目明细账、客户明细账、客户三栏式明细账、客户多栏明细账、客户分类明细账、客户业务员明细账、客户部门明细账、客户项目明细账及客户地区分类明细账等多种查询方式。

第五章　进销存业务处理

第一节　采购业务处理

一、普通采购业务处理

用友 ERP-U8V10.1 中的普通采购业务适合大多数企业的日常采购业务，提供了采购请购、采购订货、采购到货、采购入库、采购发票、采购结算等全过程的管理。

（一）采购请购

采购请购是指企业内部向采购部门提出采购申请，或采购部门汇总企业内部采购需求提出采购清单。请购是采购业务处理的起点，可以根据已审核未关闭的请购单参照生成采购订单。在采购业务处理流程中，请购环节可以省略。

（二）采购订货

采购订货是企业与供应商之间签订的采购合同或采购协议等，主要确定采购货物的具体需求。在系统中通过采购订单来实现采购订货的管理。供应商根据采购订单组织货源，企业依据采购订单进行验收。采购订单可以帮助企业实现采购业务的事前预测、事中控制、事后统计。

（三）采购到货

采购到货是采购订货和采购入库的中间环节，一般由采购业务员根据供方通知或送货单填写，确认对方所送货物、数量、价格等信息，以入库通知单的形式传递到仓库作为保管员收货的依据。采购到货单是可选单据，可以根据业务需要选用。

（四）采购入库

采购入库是通过采购到货、质量检验环节，对合格到货的存货进行入库验收。库存管理系统未启用前，可在采购管理系统录入入库单据；库存管理系统启用后，必须在库存管理系统录入入库单据，在采购管理系统可查询入库单据，可根据入库单生成发票。

（五）采购发票

采购发票是供应商开出的销售货物的凭证，系统将根据采购发票确认采购成本，并据以登记应付账款。

企业在收到供货单位的发票后，如果没有收到供货单位的货物，可以对发票压单处理，待货物到达后，再输入系统做报账结算处理；也可以先将发票输入系统，以便实时统计在途货物。

采购发票按发票类型分为增值税专用发票、普通发票和运费发票三种。增值税专用发票扣税类别默认为应税外加，不可修改。普通发票包括普通发票、废旧物资收购凭证、农副产品收购凭证、其他收据，其扣税类别默认为应税内含，不可修改。普通发票的默认税率为0，可修改。运费主要是指向供货单位或提供劳务单位支付的代垫款项、运输装卸费、手续费、违约金（延期付款利息）、包装费、包装物租金、储备费、进口关税等。运费发票的单价、金额都是含税的，运费发票的默认税率为7%，可修改。

采购发票可以直接填制，也可以参照采购订单、采购入库单或其他采购发票复制生成。

（六）采购结算

采购结算也称为采购报账，是指采购核算人员根据采购发票、采购入库单核算采购入库成本；采购结算的结果是采购结算单，是记载采购入库单记录与采购发票记录对应关系的结算对照表。

采购结算从操作处理上分为自动结算、手工结算两种方式。另外，运费发票可以单独进行费用折扣结算。

自动结算和手工结算时，可以同时选择发票和运费与入库单进行结算，将运费发票的费用按数量或按金额分摊到入库单中。此时，将发票和运费分摊的费用计入采购入库单的成本中。

如果开具运费发票时，对应的入库单已经与发票结算，那么运费发票可以通过费用折扣结算将运费分摊到入库单中。此时，运费发票分摊的费用不再记入入库单中，需要到存货核算系统中进行结算成本的暂估处理，系统会将运费金额分摊到成本中。

二、采购入库业务

按货物和发票到达的先后，将采购入库业务划分为单货同行、货到票未到（暂估入库）、票到货未到（在途存货）三种类型，不同的业务类型相应的处理方式有所不同。

（一）单货同行业务

当采购管理、库存管理、存货核算、应付款管理、总账集成使用时，单货同行的采购业务处理流程（省略请购、订货、到货等可选环节）如图 5-1 所示。

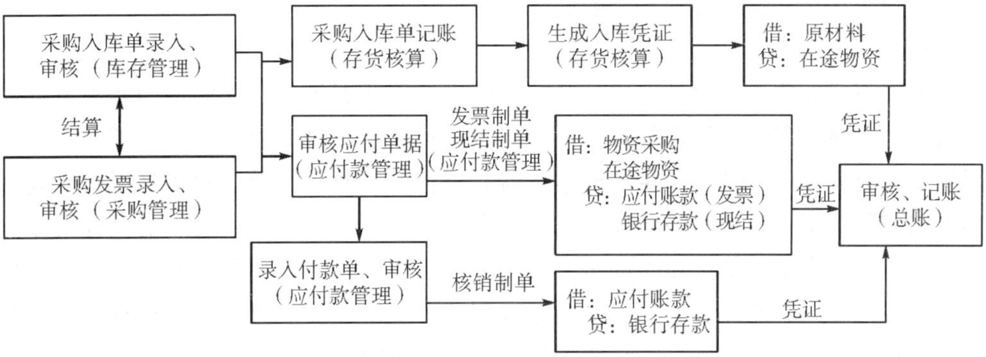

图 5-1 单货同行的业务处理流程（一）

当采购管理、库存管理、存货核算、总账集成使用时，单货同行的采购业务处理流程（省略请购、订货、到货等可选环节）如图 5-2 所示。

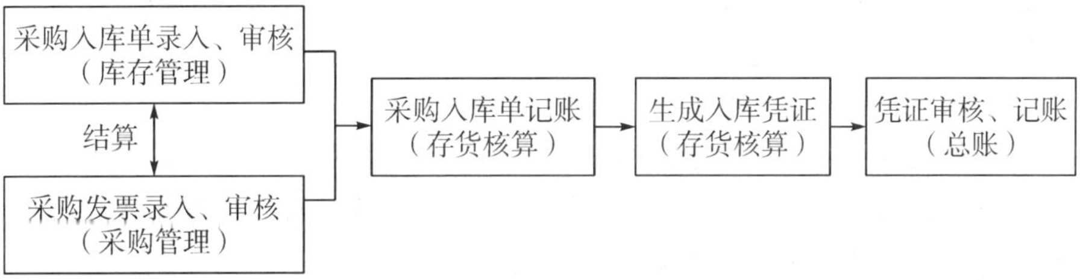

图 5-2 单货同行的业务处理流程（二）

（二）货到单未到（暂估入库）业务

暂估是指本月存货已入库，但采购发票尚未收到，不能确定存货的入库成本，月底时为了正确核算企业的库存成本，需要将这部分存货暂估入账，形成暂估凭证。对暂估业务，用友 ERP-U8V10.1 提供了三种不同的处理方法。

1. 月初回冲

进入下月后，存货核算系统自动生成与暂估入库单完全相同的“红字回冲单”；同时登录相应的存货明细账，冲回存货明细账中上月的暂估入库；对“红字回冲单”制单，冲回上月的暂估凭证。

收到采购发票后，在采购系统中录入采购发票，对采购入库单和采购发票做采购结算；结算完毕后，进入存货核算系统，执行“暂估处理”功能；进行暂估处理后，系统根据发票自动生成一张金额为发票上的报销金额的入库单；同时登记存货明细账，使库存增加；对入库单制单，生成采购入库凭证。

2. 单到回冲

采购发票收到后，在采购系统中录入并进行采购结算；再到存货核算系统中进行“暂估处理”，系统自动生成红字回冲单、蓝字回冲单，同时据以登记存货明细账。红字回冲单的入库金额为上月暂估金额，蓝字回冲单的入库金额为发票上的报销金额。执行“存货核算”的“生成凭证”指令，选择“红字回冲单”“蓝字回冲单”制单，生成凭证，传递到总账。

3. 单到补差

如果正式发票连续数月未达，但存货已经领用或者销售，仓储部门和财务部门仍做暂估入库处理，领用存货时，仓储部门按暂估价开具出库单，财务部门以此为附件进行会计处理：借记“生产成本”等，贷记“原材料”等。这种情况会出现暂估价与实际价不一致，其差异按照《企业会计准则第 1 号——存货》的具体规定处理。对于采用个别计价法和先进先出法的企业，暂估价和实际价之间的差异，可以按照重要性原则，差异金额较大时再进行调整；发出存货的成本采用加权平均法计算的，存货明细账的单价是实时动态变化的，对于暂估价与实际价之间的差异，只是时间性的差异，按照会计的一贯性原则，不需要进行调整。

期末货已到，部分发票到达，实务中可能会出现一笔存货分批开票的情形。对于已开票的部分存货，可以凭票入账，期末只暂估尚未开票的部分。

注意：对于暂估业务，在月末暂估入库单记账前，要对所有的没有结算的入库单填入暂估单价，然后才能记账。

（三）票到货未到（在途存货）业务

如果先收到供货单位的发票，而没有收到供货单位的货物，可以对发票进行压单处理，待货物到达后，再一并输入计算机做报账结算处理。但如果需要实时统计在途物资的情况，就必须将发票输入计算机，待货物到达后，再填制入库单并做采购结算。

三、直运采购业务

直运采购业务是指产品无须入库即可完成的购销业务。由供应商直接将商品发给企业的客户，没有实务的入库处理，财务结算由供销双方通过直运发票和直运采购发票分别与企业结算。直运业务适用于大型电器、汽车和设备等产品的购销。

直运采购业务类型有两种：普通直运业务和必有订单直运业务。

四、采购退货业务

由于材料质量不合格、企业转产等原因，企业可能发生退货业务。针对退货业务发生的时机不同，软件中采用了不同的解决方法。

（一）货收到未做入库手续

如果尚未录入采购入库单，此时只要把货退还给供应商即可，在软件中不做任何处理。

（二）已记账入库单的处理

此时无论是否录入“采购发票”以及“采购发票”是否结算，结算后的“采购发票”是否付款，都需要录入退货单。

（三）未记账入库单的处理

1. 未录入“采购发票”

如果是全部退货，可删除“采购入库单”；如果是部分退货，可直接修改“采购入库单”。

2. 已录入“采购发票”但未结算

如果是全部退货，可删除“采购入库单”和“采购发票”；如果是部分退货，可直接修改“采购入库单”和“采购发票”。

3. 已录入“采购发票”并执行了采购结算

若结算后的发票没有付款，此时可取消采购结算，再删除或修改“采购入库单”和“采购发票”；若结算后的发票已付款，则必须录入退货单。

注意：采购发票已付款，无论入库单是否记账，都必须录入退货单。

用友 ERP-U8V10.1 采购退库业务完整流程如图 5-3 所示。

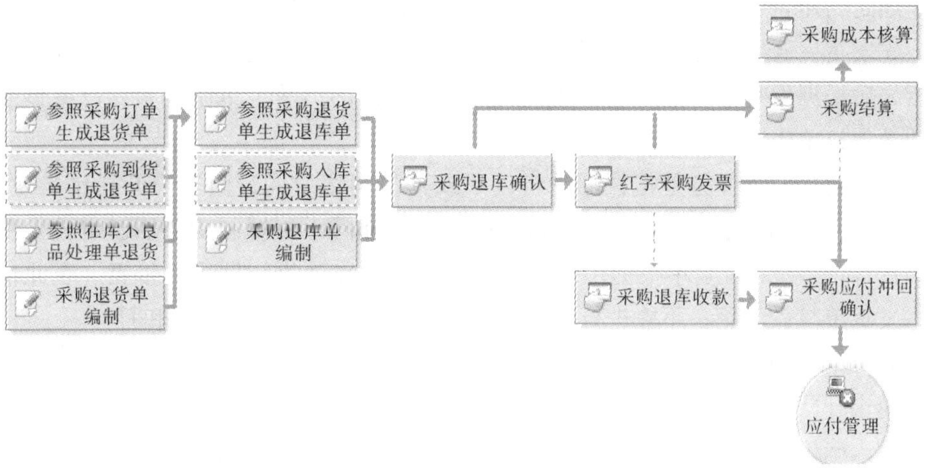

图 5-3 采购退库业务完整流程图

第二节 销售业务处理

一、普通销售业务处理

（一）业务概述

普通销售业务模式适用于大多数企业的日常销售业务，它与其他系统一起，提供对销售报价、销售订货、销售发货、销售开票、销售出库、出库成本确认和应收账款确认及收款处理。企业可根据自己的实际业务应用，结合本系统对销售流程进行可选配置。

1. 销售报价

销售报价是企业向客户提供货品、规格、价格、结算方式等信息，双方达成协议后，销售报价单转为有效力的销售订单。企业可以针对不同客户、不同存货、不同批量提出不同的报价、扣率。

2. 销售订货

销售订货是指由购销双方确认的客户的要货过程，根据销售订单组织货源，并对订单的执行进行管理、控制和追踪。

销售订单是反映由购销双方确认的客户要货需求的单据，它可以是企业销售合同中关于货物的明细内容。销售订单可以手工填制，也可以根据销售报价参照生成。

3. 销售发货

销售发货是企业执行与客户签订的销售合同或销售订单，将货物发往客户的行为，是销售业务的执行阶段。

发货单是销售方给客户发货的凭据，是销售发货业务的执行载体。无论是工业企业还是商业企业，发货单都是销售管理系统的核心单据。

先发货后开票业务模式是指根据销售订单或其他销售合同，向客户发出货物，发货之后根据发货单开票并结算。其发货单由销售部门手工填制或参照已审核未关闭的销售订单生成。客户通过发货单提取货物。

开票直接发货业务是指根据销售订单或其他销售合同，向客户开具销售发票，客户根据发票到指定仓库提货。销售发票由销售部门手工填制或参照已审核未关闭的销售订单生成。发货单根据销售发票自动生成，作为货物发出的依据。在此情况下，发货单只做浏览，不能进行增删改和弃审等操作，但可以关闭和打开。

4. 销售开票

销售开票是在销售过程中企业给客户开具销售发票及其所附清单的过程。它是销售收入确认、销售成本计算、应交销售税金确认和应收账款确认的依据，是销售业务的重要环节。

销售发票是在销售开票过程中用户所开具的原始销售单据，包括增值税专用发票、普通发票及其所附清单。对于未录入税号的客户，可以开具普通发票，不可以开具增值税专用发票。销售发票既可以手工填制，也可以参照订单或发货单生成。参照发货单开票时，多张发货单可汇总开票，一张发货单也可以拆单生成多张销售发票。

销售发票复核后通知财务部门的应收款管理系统核算应收账款，在应收款管理系统审核登记应收明细账，制单生成凭证。

5. 销售出库

销售出库是销售业务处理的必要环节，在库存管理系统用于存货出库数量核算，在存货核算系统用于存货出库成本核算（如果存货核算系统销售成本的核算选择依据销售出库单）。

销售出库单是销售出库业务的主要凭据，主要在库存管理系统通过参照发货单生成。

6. 出库成本确认

销售出库（开票）后，要进行出库成本的确认。对于采用先进先出法、后进先出法、移动平均法或个别计价法的存货，在存货核算系统进行单据记账时进行出库成本核算；而对于全月平均、计划价/售价计价的存货，在期末处理时才能进行出库成本核算。

7. 应收账款确认及收款处理

及时进行应收账款确认及收款处理是财务工作的基本要求，这些由应收款管理系统完成。应收款管理系统主要完成对经营业务转入的应收款项的处理。通过发票、其他应收单、收款单等单据的录入，对企业的往来账款进行综合管理，及时、准确地提供客户的往来账款余额资料，提供各种分析报表，如账龄分析表等，有利于企业合理地进行资金的调配，提高资金的利用效率。

（二）业务处理流程

普通销售业务根据“发货-开票”的实际业务流程不同，可以分为先发货后开票和开票直接发货两种业务模式。系统处理两种业务模式的流程不同，但允许两种流程并存。系统判断两种流程的最本质区别是先录入发货单还是先录入发票。

1. 开票直接发货业务流程

开票直接发货业务流程如图 5-4 所示。

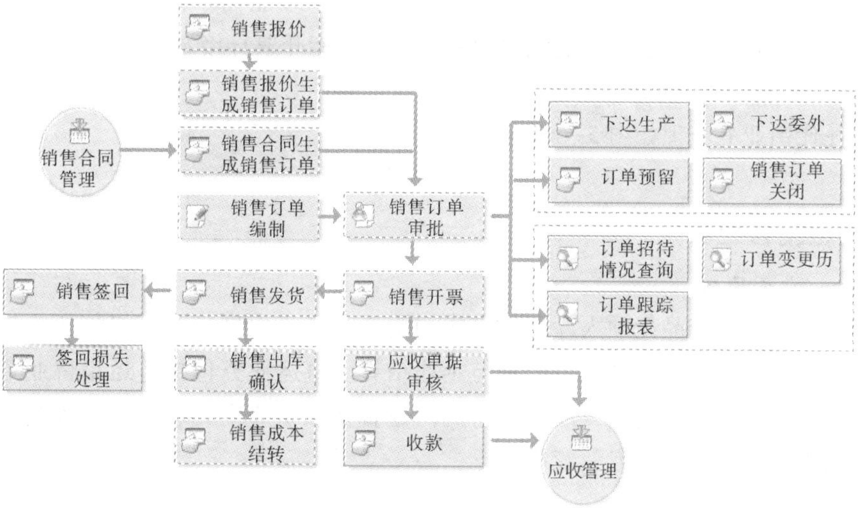

图 5-4　开票直接发货业务流程图

2. 先发货后开票业务流程

先发货后开票业务流程如图 5-5 所示。

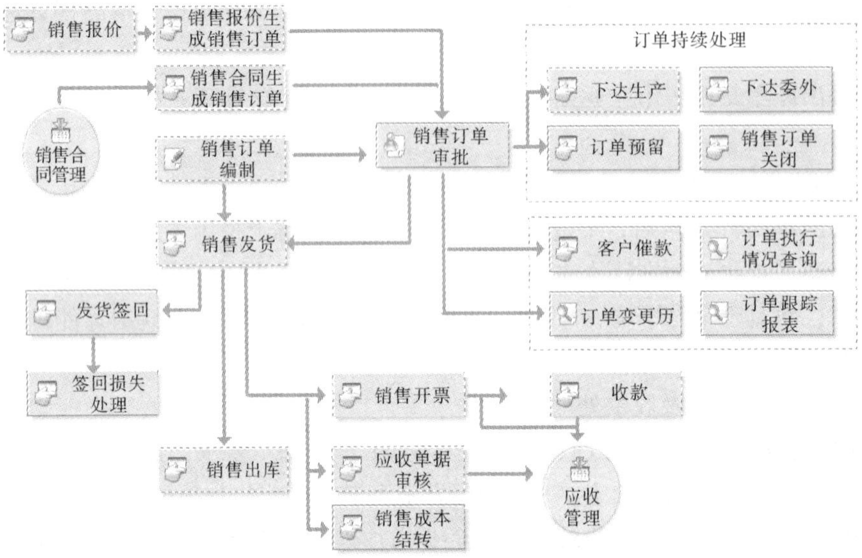

图 5-5　先发货后开票业务流程图

二、委托代销业务

（一）业务概述

委托代销业务是指企业将商品委托他人进行销售，但商品所有权仍归本企业的销售方式。委托代销商品销售后，受托方与企业进行结算，并开具正式的销售发票，形成销售收入，商品所有权转移。

只有库存管理系统与销售管理系统集成使用时，才能在库存管理系统中使用委托代销业务。委托代销业务只能先发货后开票，不能开票直接发货。

（二）业务处理流程

委托代销业务流程如图 5-6 所示。

三、直运销售业务

（一）业务概述

直运业务是指产品无须入库即可完成的购销业务，由供应商直接将商品发给企业的客户；结算时，由购销双方分别与企业结算。直运业务包括直运销售业务和直运采购业务。没有实物的出入库，货物流向是直接从供应商到客户，财务结算通过直运销售发票、直运采购发票解决。

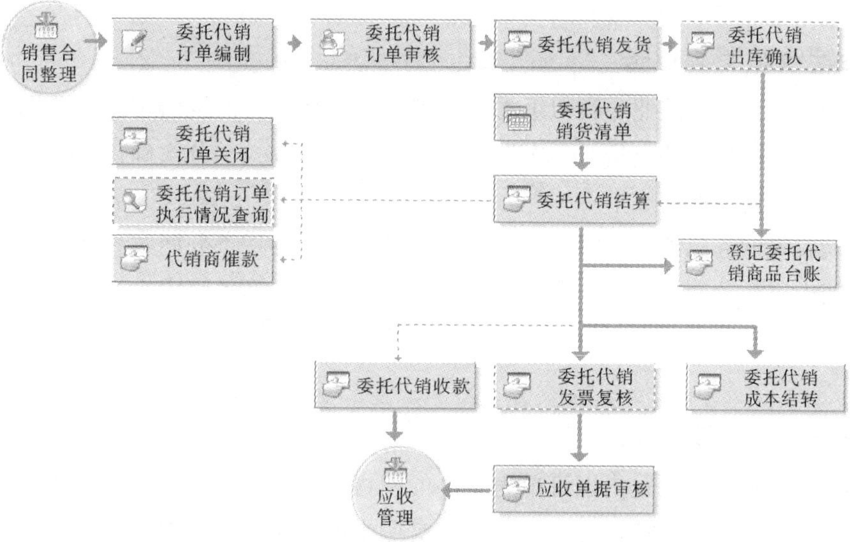

图 5-6　委托代销业务流程图

直运销售业务分为两种模式：一种是没有销售订单，直运采购发票和直运销售发票可互相参照；另一种是有直运销售订单，则必须按照“必有订单直运业务”的单据流程进行操作。无论哪一种应用模式，直运业务选项均在销售管理系统中设置。采购未完成的直运销售发票（已采购数量<销售数量）和销售未完成的直运采购发票（已销售数量<采购数量）结转下年。

（二）直运销售流程

直运销售业务流程如图 5-7 所示。

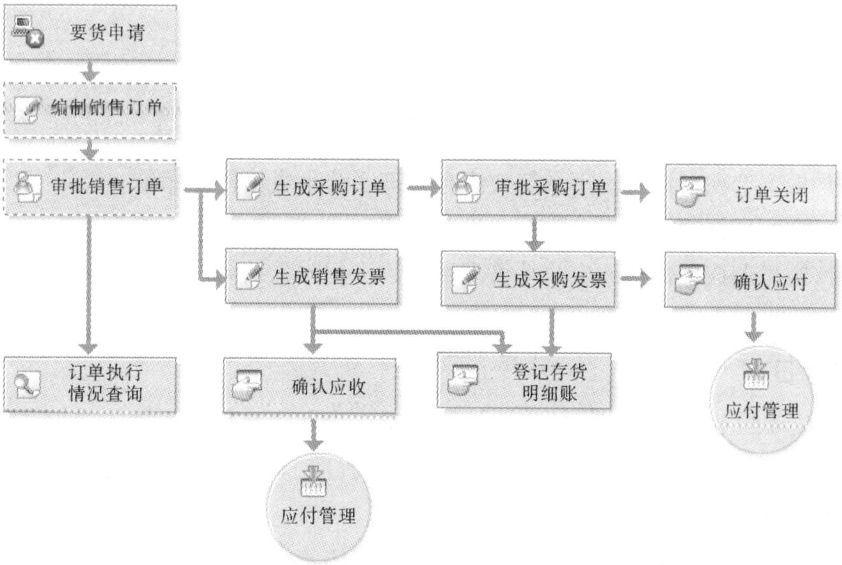

图 5-7　直运销售业务流程图

四、分期收款销售业务

分期收款发出商品业务类似于委托代销业务，货物提前发给客户，分期收回货款。分期收款销售的特点是：一次发货，当时不确认收入，分次确认收入，在确认收入的同时配比性地转成本。

分期收款业务只能先发货后开票，不能开票直接发货。分期收款业务需在销售管理系统中进行分期收款业务选项勾选设置，在存货核算系统中进行分期收款销售业务的科目设置，并依据审核后的分期发货单和分期发票记账。

五、必有订单业务模式

必有订单业务模式是指以订单为中心的销售业务，是一种标准的、规范的销售模式。整个业务流程的执行必须依据订单参照生成发货单、发票，通过销售订单可以跟踪销售的整个业务流程。

以订单为中心的销售业务需在销售管理系统中设置，包括普通销售必有订单、委托代销必有订单、分期收款销售必有订单和直运销售必有订单。

六、销售调拨

销售调拨一般是处理集团企业内部有销售结算关系的销售部门或分公司之间的销售业务，与销售开票相比，销售调拨业务不涉及销售税金。销售调拨业务必须在当地税务机关许可的前提下才可以使用。

业务流程如下：

（1）企业开具销售调拨票据。

（2）对销售调拨单进行复核。

（3）系统自动生成销售发货单。

（4）根据选项在销售管理系统或库存管理系统生成销售出库单。

（5）仓库根据销售出库单进行备货和出库。

（6）销售调拨单传递到应收款管理系统，进行收款结算。

七、零售日报

当发生零售业务时，应将相应的销售票据作为零售日报输入销售管理系统。零售日报不是原始的销售单据，是零售业务数据的日汇总。这种业务常见于商场、超市等零售企业。

零售日报可以用来处理企业比较零散客户的销售。对于这部分客户，企业可以用一个公共客户代替，如零散客户，然后将零散客户的销售凭单先按日汇总，最后录入零售日报进行管理。

用友 ERP-U8 与零售管理系统集成使用时，可以将直营门店的零售数据、收款数据上传到销售管理系统，生成零售日报，并自动现结、自动生成销售出库单。

八、代垫费用单

在销售业务中，代垫费用是指随货物销售所发生的，不通过发票处理而形成的，暂时代垫将来需向客户收取的费用项目，如运杂费、保险费等。代垫费用实际上形成了对客户的应收款，代垫费用的收款核销由应收款管理系统处理。

代垫费用单票据操作流程如下：

（1）代垫费用单可以在“代垫费用单”直接录入，可以分摊到具体的货物，也可以在销售发票、销售调拨单、零售日报中按“代垫”录入，与发票建立关联，可分摊到具体的货物。

（2）代垫费用单可以修改、删除、审核、弃审。

（3）代垫费用单审核后，在应收款管理系统生成其他应收单；也可弃审后删除生成的其他应收单。与应收款管理系统集成使用时，在应收款管理系统已核销处理的代垫费用单，不可弃审。

九、销售费用支出单

销售费用支出是指在销售业务中，随货物销售所发生的为客户支付的业务执行费。销售费用支出处理的目的在于让企业掌握用于某客户费用支出的情况，以及承担这些费用的销售部门或业务员的情况，作为对销售部门或业务员的销售费用和经营业绩的考核依据。

销售费用支出单在销售管理系统中仅作为销售费用的统计单据，与其他产品没有传递或关联关系。

销售费用支出单可以在“销售费用支出单”直接录入，可以分摊到具体的货物，不与发票发生关联；也可以在销售发票、销售调拨单、零售日报中按“支出”录入，与发票建立关联，可以分摊到具体的货物。

十、包装物租借业务

在销售业务中，有的企业随货物销售有包装物（或其他物品如搬运工具等，本系统中统称为包装物）租借业务。包装物出租、出借给客户使用，企业对客户收取包装物租金。

包装物租借业务流程如下：客户根据发货单、发票租用或借用包装物，缴纳押金，销售部门收取押金并通知仓库进行包装物出库。客户使用包装物后，退还包装物。企业办理包装物入库，核销客户的包装物租借数量余额；进行押金退款，冲减客户的押金余额。企业可以查询包装物租借统计表。

十一、销售退货业务

销售退货业务是指客户因货物质量、品种、数量不符合要求或者其他原因，而将已购货物退回给本单位的业务。

（一）普通销售退库业务流程

普通销售退库业务流程如图5-8所示。

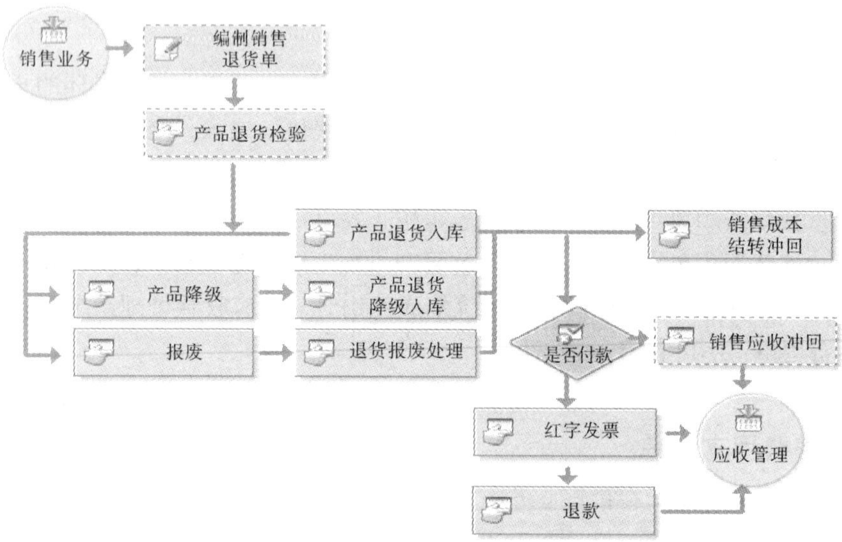

图5-8　普通销售退库业务流程图

（二）委托代销退库业务流程

委托代销退库业务流程如图5-9所示。

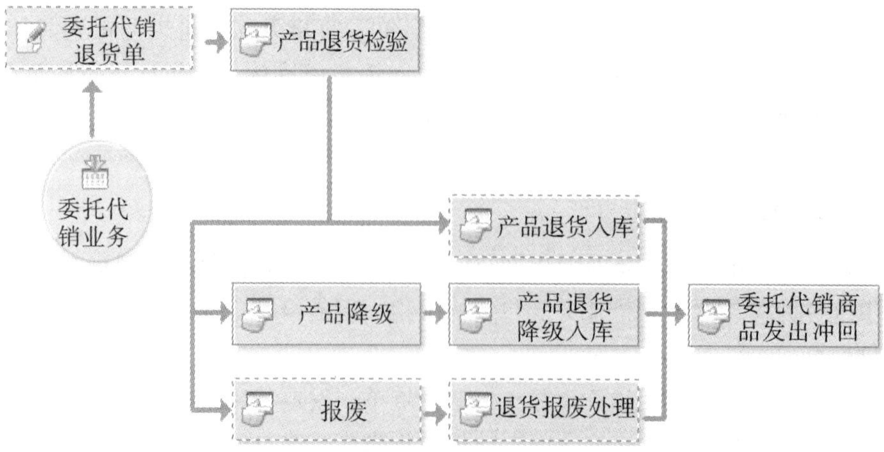

图5-9　委托代销退库业务流程图

第三节　库存管理业务处理

库存管理系统的日常业务主要包括：①对各种出入库业务进行单据填制和审核；②对调拨业务、盘点业务、限额领料、不合格品、货位调整、条形码管理、其他业务、再订货点管理（re-order point，ROP）等的处理。

一、入库业务处理

库存管理系统主要是对各种入库业务进行单据的填制和审核，即仓库收到采购或生产的货物，仓库保管员验收货物的数量、质量、规格型号等，确认验收无误后填制并审核入库，并登记库存账。入库业务单据主要包括采购入库单、产成品入库单、其他入库单。

（一）采购入库单

采购入库单是根据采购到货签收的实收数量填制的单据。采购入库单按进出仓库方向分为蓝字采购入库单、红字采购入库单；按业务类型分为普通采购入库单、受托代销入库单（商业）、委外加工入库单（工业）、代管采购入库单、固定资产采购入库单、一般贸易进口入库单、进料加工入库单。

采购入库单既可以手工增加，也可以参照采购订单、采购到货单（到货退回单）、委外订单、委外到货单（到货退回单）生成。

（二）产成品入库单

产成品入库单一般是指产成品验收入库时所填制的入库单据，是工业企业入库单据的主要部分。产成品一般在入库时无法确定产品的总成本和单位成本，所以在填制产成品入库单时，一般只有数量，没有单价和金额。

（三）其他入库单

其他入库单是指除采购入库、产成品入库之外的其他入库业务，如调拨入库、盘盈入库、组装拆卸入库、形态转换入库等业务形成的入库单。其他入库单一般由系统根据其他业务单据自动生成，也可以手工填制。

二、出库业务

库存管理的出库业务主要指销售出库和材料出库。出库单据包括销售出库单、材料出库单和其他出库单。

（一）销售出库单

销售出库单是销售出库业务的主要凭据，在库存管理系统中用于存货出库数量核算，在存货核算系统中用于存货出库成本核算（如果存货核算系统销售成本的核算选择依据销售出库单）。销售出库单按进出仓库方向分为蓝字销售出库单、红字销售出库单；按业务类型分为普通销售出库单、委托代销出库单、分期收款出库单。

库存管理系统与销售管理系统集成使用时，销售出库单可以在库存管理系统中手工填制生成，也可以使用“生单”或“生单”下拉箭头中的“销售生单”进行参照发货单、销售发票、销售调拨单或零售日报生单生成销售出库单。

（二）材料出库单

材料出库单是领用材料时所填制的出库单据，当从仓库中领用材料用于生产或委外加工时，就需要填制材料出库单。

材料出库单可以手工增加，可以配比出库，可以参照生产订单系统的生产订单用料表、补料申请单、限额领料单、领料申请单生成，也可以参照委外管理系统的委外订单用料表生成。

（三）其他出库单

其他出库单是指除销售出库、材料出库之外的其他出库业务，如调拨出库、盘亏出库、组装拆卸出库、形态转换出库、不合格品记录等业务形成的出库单。其他出库单一般由系统根据其他业务单据自动生成，也可以手工填制。

第四节 存货核算业务处理

一、入库业务处理

入库业务单据主要包括采购入库单、产成品入库单、其他入库单。

采购入库单在库存管理系统中录入，在存货核算系统中可以修改采购入库单上的入库金额；采购入库单上的数量只能在其填制系统中修改。

产成品入库单在填制时一般只有数量，单价和金额既可以通过修改产成品入库直接填入，也可以通过存货核算系统的产成品成本分配功能自动计算填入。

大部分其他入库单都是由相关业务直接生产的，也可以手工填制。

二、出库业务

出库单据包括销售出库单、材料出库单和其他出库单。在存货核算系统中可以修改出库单据上的单价或金额。

三、单据记账

单据记账用于将所输入的单据登记存货明细账、差异明细账/差价明细账、受托代销商品明细账、受托代销商品差价账。

采用先进先出法、后进先出法、移动平均法、个别计价法四种计价方式的存货在单据记账时进行出库成本核算；采用全月平均、计划价/售价法计价的存货在期末处理时进行出库成本核算。

单据记账注意事项如下：

（1）无单价的入库单据不能记账，因此记账前应对暂估入库的成本、产成品入库单的成本进行确认或修改。

（2）各仓库的单据应该按照实际顺序记账。

（3）已记账的单据不能修改和删除。如果发现错误要修改，在未结账、未生成记账凭证时，可以取消记账后，再修改或删除。

四、调整业务

出入库单据记账后，发现单据金额错误，如果是录入错误，通常采用修改方式进行调整；如果遇到由于暂估入库后发生零出库业务等原因造成出库成本不准确，或库存数量为零仍有库存金额的情况，就可以利用调整单据进行调整。

调整单据包括入库调整单和出库调整单。它们都只针对当月的出入库成本进行调整，并且只调整存货的金额，不调整存货的数量。

出入库调整单保存即记账，因此已保存的调整单不可修改和删除。

五、暂估处理

存货核算系统中对采购暂估入库业务提供了月初回冲、单到回冲、单到补差三种方式，暂估处理方式一旦选择，不可修改。无论采用哪种方式，都要遵循以下步骤：

（1）待采购发票到达后，在采购管理系统中填制发票并进行采购结算。

（2）在存货核算系统中完成暂估入库业务成本处理。

六、生成凭证

在存货核算系统中，生成凭证用于对本会计月已记账单据生成凭证，并可以对已生成的所有凭证进行查询显示；所生成的凭证在总账系统中审核、记账后，可以显示及生成科目总账。

所生成凭证的科目是参照存货核算系统初始设置的科目，也可以修改。

七、综合查询

存货核算系统提供了多种账簿的查询功能，如明细账、总账、出入库流水账、发出商品明细账、个别计价明细账、计价辅助数据；提供了多种汇总表的统计功能，如入库汇总表、出库汇总表、差异分摊表、收发存汇总表、暂估材料/商品余额表；

提供了多种分析，如存货周转率分析、ABC 成本分析、库存资金占用分析、库存资金占用规划、入库成本分析。

【实务案例】

尧顺电子股份有限公司 2020 年 9 月进销存日常主要业务如下：

29. 9 月 3 日，一车间刘朋提出采购请求，采购合金 200 千克，本币无税单价 22 元，增值税率 13%。公司同意采购请求，业务员赵巍输入向浙江天目公司的采购订单。9 月 5 日收到浙江天目公司发来的 3 日所定货物。取得增值税专用发票，材料验收入库，没有支付货款。进行采购结算（自动结算）和采购成本核算，根据业务处理，后续进入应付款管理系统，生产一张记账凭证，保存后传递到总账系统。

（采购业务均在企业应用平台中的“业务工作→供应链→采购管理”菜单下的相应子菜单中完成，入库在库存管理中完成）

【操作步骤】

第一步，填制请购单：在企业应用平台中，执行“业务工作→供应链→采购管理→请购→请购单”指令，进入请购单主界面，单击“增加”按钮，逐一输入相关信息后，单击“确定”按钮保存后再审核请购单。

第二步，依据请购单生成采购订单的步骤：在采购订单主界面，单击“增加”按钮后，单击工具栏中的“生单-请购单”选项调出采购订单拷贝并执行主界面，选择需要生成采购订单的请购单，单击“确定”按钮返回采购订单主界面录入供应商和单价等信息后再保存，并审核采购订单。

第三步，生成到货单步骤：在采购管理系统中的到货单主界面，单击“增加”按钮，单击工具栏中的“生单-采购订单”选项调出到货单拷贝并执行主界面，选择需要生成到货单的供应商和存货，单击“确定”按钮返回到货单主界面后再保存，并审核采购订单。

第四步，生成专用发票步骤：进入增值税专用发票主界面，后续操作步骤与上同。

第五步，到货单生成采购入库单步骤：进入库存管理系统中的采购入库单主界面，单击工具栏中的“生单-采购到货单（蓝字）”选项调出到货单生单列表主界面，选择需要生成入库单的供应商和存货，单击“确定”按钮返回入库单主界面，单击“保存”按钮即可。

第六步，自动结算步骤：在采购管理系统中，执行“采购结算→自动结算”指令并选择“入库单和发票结算模式”完成其自动结算。

第七步，在存货核算系统中，执行“业务核算→正常单据记账”指令对采购入库单进行记账，执行“财务核算→生成凭证”指令进行制单。

第八步，进入总账系统中的“填制凭证”界面，查阅传到总账系统的凭证。

30. 9 月 8 日，一车间为生产卧室台灯领用原材料塑料 100 千克，单价 25 元。

【操作步骤】

第一步，在企业应用平台中，执行“业务工作→供应链→库存管理→出库业务→材料出库单”指令，进入材料出库单主界面，单击“增加”按钮，输入相关信息后再保存，并审核出库单。

第二步，在存货核算系统中，执行“业务核算→正常单据记账”指令，选择该出库单记账。

第三步，在存货核算系统中，执行“财务核算→生成凭证”指令，选择该出库单后，单击“生成”按钮即可生成凭证并传到总账系统中。

31. 9月10日，本公司与济南钢铁公司达成协议，本公司用自产的卧室台灯600个偿还对济南钢铁公司的货款，卧室台灯的市场价是200 000元，成本是135 000元。

【操作步骤】

第一步，在企业应用平台中，执行“业务工作→供应链→销售管理→销售发货→发货单”指令，进入发货单主界面，单击“增加”按钮，输入相关信息后再保存（其中价税合计为200 000元），并审核发货单。（在参照“销售类型界面”通过编辑增加输入“1. 普通销售、2. 委托销售、9. 其他”。本发货单的销售类型为“其他”。在参照客户简称时，增加“济南钢铁公司”并补填开户行：中国光大银行济南支行，账号：133231，账号名称基本存款和税务号：2134325345）

第二步，在销售管理系统中，通过发货单生成销售专用发票，并复核发票。

第三步，在库存管理系统中，执行“出库业务→销售出库单”指令，调出对“济南钢铁公司”的出库，补填出库单价225元，保存和审核出库单。

第四步，在存货核算系统中，执行“业务核算→正常单据记账”指令，选择该出库单记账。

第五步，在存货核算系统中，执行“财务核算→生成凭证”指令，选择该出库单后，单击“生成”按钮即可生成凭证并传到总账系统中。

32. 9月15日，辽宁勤力公司同意订购卧室台灯100个，无税单价400元，落地台灯500个，无税单价220元，款项暂未收到。

【操作步骤】

第一步，在企业应用平台中，执行“业务工作→供应链→销售管理→销售订货→销售订单”指令，进入销售订单主界面，单击“增加”按钮，输入相关信息后再保存，并审核销售订单。（在参照“销售类型界面”通过编辑增加输入“3. 批发销售”。在参照客户简称时，通过编辑补录勤力公司的银行信息：中国工商银行，账户：1238888，基本存款户及税号。）

第二步，在销售管理系统中，在发货单增加界面，通过参照销售订单生成发货单，补填发货仓库后保存和审核发货单。

第三步，在销售管理系统中，在销售发票增加界面，通过发货单生成销售专用发票，并复核发票。

第四步，在库存管理系统中，执行“出库业务→销售出库单”指令，调出对“辽宁勤力公司”的出库，单击“修改”按钮后补填出库单价卧室台灯 225 元，落地台灯 110 元，保存和审核出库单。

第五步，在存货核算系统中，执行“业务核算→正常单据记账”指令，选择该出库单记账。

第六步，在存货核算系统中，执行“财务核算→生成凭证”指令，选择该销售出库单后，单击“生成”按钮即可生成凭证并传到总账系统中。

33. 9 月 24 日，二车间完工入库卧室台灯 700 个，单价 225 元，产品已验收入库。填制产成品入库单并填制凭证，其中，直接材料费 101 000 元，直接人工费 46 000元，制造费用 10 500 元。

【操作步骤】

第一步，在库存管理系统中，执行“入库业务→产成品入库单”指令，调出产成品入库单，单击“增加”按钮后录入相关信息，保存并审核产成品入库单。

第二步，在存货核算系统中，执行“业务核算→正常单据记账”指令，选择该产品入库单记账。

第三步，在存货核算系统中，执行“财务核算→生成凭证”指令，选择该产品入库单后，在生成凭证界面补充相关信息，单击“生成”按钮即可生成凭证并传到总账系统中。

34. 9 月 25 日，河北益达公司订购卧室台灯 700 件，无税单价 390 元，落地台灯 500 件，无税单价 200 元，商品已发出，货款尚未收到。（增值税率：13%）

操作步骤同 32。

35. 9 月 30 日，本公司与泰安宏运公司达成非货币性资产交换协议，本公司以专利权 C 换入泰安宏运公司的塑料 17 600 千克。专利权 C 的账面余额为 600 000 元，已摊销 224 000 元，公允价值 514 800 元。

【操作步骤】

第一步，在采购管理系统中，执行“采购发票→专用采购发票”指令，通过增加录入采购发票，其公允价值就是价税合计金额。（在参照供货单位时，通过编辑补录泰安宏运公司及其银行信息：中国工商银行，账号：123466）

第二步，在库存管理系统中，执行“入库业务→采购入库单”指令，在采购入库单增加界面单击“增加”按钮后，输入相关信息后保存并审核。

第三步，在采购管理系统中，进行自动结算。

第四步，在存货核算系统中，执行“业务核算→正常单据记账”指令，选择该采购入库单记账。

第五步，在存货核算系统中，执行“财务核算→生成凭证”指令，选择该采购入库单后，再生成凭证界面补充相关信息，单击“生成”按钮即可生成凭证并传到总账系统中。

第六章　往来业务处理

第一节　应收款业务处理

应收款业务主要包括发票、其他应收单、收款单等单据的录入，对企业的往来账款进行综合管理，及时、准确地提供客户的往来账款余额资料，提供各种分析报表，如账龄分析表等；通过各种分析报表，帮助企业合理地进行资金的调配，提高资金的利用效率。

一、应收单据处理

应收单据处理是指对应收单据的录入和审核，通过查阅各种应收单据，完成应收业务管理的日常工作。

例如，应收款管理系统和销售管理系统集成使用，则发票和代垫费用产生的应收单据由销售系统录入，并传递到应收款系统，在应收款系统，可以对这些单据进行审核、弃审、查询、核销、制单等。此时，在本系统需要录入的单据仅限于应收单据。如果没有与销售系统集成使用，则各类发票和应收单据均应在本系统录入。

二、收款单据处理

收款单据处理主要是对结算单据（收款单、付款单即红字收款单）进行管理，包括收款单、付款单的录入和审核。

应收系统的收款单用来记录企业所收到的客户款项，包括应收款、预收款、销售定金、现款结算、其他费用等。其中，应收款、预收款性质的收款单将与发票、应收单、付款单进行核销勾对。

应收系统付款单用来记录发生销售退货时，企业开具的退付给客户的款项。该付款单可与具有应收、预收性质的收款单、红字应收单、红字发票进行核销。

三、核销处理

单据核销是指日常进行的收款核销应收款的工作。单据核销的作用是处理收款核销应收款，建立收款与应收款的核销记录，监督应收款及时核销，加强往来款项的管理。在用友 ERP 系统中可以进行自动核销处理，也可以进行手工核销处理。

四、转账处理

应收冲应收：指将客户、部门、业务员、项目和合同的应收款转到另一项应收款中去。通过本功能将应收款业务在客户、部门、业务员、项目和合同之间进行转入、转出，实现应收业务的调整，解决应收款业务在不同客户、部门、业务员、项目和合同间的入错户或合并户问题。

预收冲应收：处理客户的预收款和该客户应收欠款的转账核销业务。

应收冲应付：用某客户的应收账款冲抵某供应商的应付款项。

红票对冲：用某客户的红字发票与蓝字发票进行冲抵。

五、坏账处理

坏账处理是指对计提应收坏账的准备处理、坏账发生后的处理、坏账收回后的处理等。用友 ERP 系统能自动计提应收款的坏账准备，当坏账发生时即可进行坏账核销，当被核销坏账又收回时即可进行相应处理。

企业应于期末分析各项应收款项的可收回性，并预计可能产生的坏账损失。对预计可能发生的坏账损失，计提坏账准备，企业计提坏账准备的方法由企业自行确定。坏账准备的计提方法有应收余额百分比法、销售余额百分比法、账龄分析法和直接转销法。

企业应当依据以往的经验、债务单位的实际情况制定计提坏账准备的政策，明确计提坏账准备的范围、提取方法、账龄的划分和提取比例。

当坏账发生时，企业应确定哪些应收款为坏账，通过坏账发生选定发生坏账的应收业务单据。当被确定的坏账又被收回时，企业可以通过坏账收回功能进行处理。

通过坏账查询功能查询一定期间内发生的应收坏账业务处理情况及处理结果，加强对坏账的监督。

六、汇兑损益

应收系统有两种汇兑损益的处理方式，即外币余额结清时计算和月末处理两种方式。外币余额结清时计算，即仅当某种外币余额结清时才计算汇兑损益。在计算汇兑损益时，界面中仅显示外币余额为0且本币余额不为0的外币单据。月末计算，即每个月末计算汇兑损益。在计算汇兑损益时，界面中显示所有外币余额不为0或者本币余额不为0的外币单据。

七、制单处理

制单即生成凭证，并将凭证传递至总账系统。系统在各个业务处理的过程中都提供了实时制单的功能。除此之外，系统提供了一个统一制单的平台，可在此快速、成批生成凭证，并可依据规则进行合并制单等处理。

制单规则：

应收发票制单：对销售发票制单时，系统首先判断控制科目依据，根据控制科目依据取“控制科目设置”中对应的科目；其次判断销售科目依据，单据销售科目依据取“产品科目设置”中对应的科目。若没有设置，则取“基本科目设置”中设置的应收科目和销售科目，若无，则手工输入。

例如，控制科目依据为按客户，则系统依据销售发票上的客户，取该客户在“控制科目设置”中的科目：应收账款——济南钢铁公司。销售科目依据为按存货分类，则系统依据销售发票上的存货，找寻其存货分类的销售科目：主营业务收入——卧室台灯；税金科目．应交税费——应交增值税——销项税。

借：应收账款——济南钢铁公司

　贷：主营业务收入——卧室台灯

　　　应交税费——应交增值税——销项税

质保金发票制单：销售发票表体带有质保金金额制单时，系统首先判断控制科目依据，根据控制科目依据取“控制科目设置”中的对应的应收账款科目；其次判断销售科目依据，单据销售科目依据取“产品科目设置”中对应的科目。若没有设置，则取“基本科目设置”中设置的应收科目、质保金科目和销售科目，若无，则手工输入。

例如，控制科目依据为按客户，则系统依据销售发票上的客户，取该客户在“控制科目设置”中的应收科目：应收账款——济南钢铁公司；“基本科目设置”中设置的质保金科目为其他应收款——济南钢铁公司；销售科目依据为按存货分类，则系统依据销售发票上的存货，找寻其存货分类的销售科目：主营业务收入——卧室台灯；税金科目：应交税费——应交增值税——销项税。

借：应收账款——济南钢铁公司

其他应收款——济南钢铁公司

贷：主营业务收入——卧室台灯

应交税费——应交增值税——销项税。

应收单制单：对应收单制单时，借方取应收单表头科目，贷方取应收单表体科目，若应收单上没有科目，则需要手工输入科目。受控科目取法同上。

借：应收科目

贷：对方科目

合同结算单制单：对合同结算单制单时，借方科目取应收系统的受控科目，贷方科目取合同收入科目，合同收入科目设置时只能选择应收系统的非受控科目，而且必须是末级、本位币科目，如工程收入科目。

借：应收科目

贷：合同收入科目

收款单制单：借方科目为表头结算科目。若款项类型为应收款，则贷方科目为应收科目；若款项类型为预收款，则贷方科目为预收科目；若款项类型为其他费用，则贷方科目为费用科目。若无科目，则需要手工输入科目。

借：结算科目　　（表头金额）

贷：应收科目　　（款项类型为应收款）

预收科目　　（款项类型为预收款）

费用科目　　（款项类型为其他费用）

付款单制单：借方科目为结算科目，取表头金额，金额为红字。若款项类型为应收款，则贷方科目为应收科目，金额为红字；若款项类型为预收款，则贷方科目为预收科目，金额为红字；若款项类型为其他费用，则贷方科目为费用科目，金额为红字。若无科目，则用户需要手工输入科目。

借：结算科目（红字）　　（表头金额）

贷：应收科目（红字）　　（款项类型=应收款）

预收科目（红字）　　（款项类型=预收款）

费用科目（红字）　　（款项类型=其他费用）

核销制单：结算单核销制单受系统初始选项的控制，若选项中选择核销不制单，则即使入账科目不一致也不制单。核销制单需要应收单及收款单已经制单，才可以进行核销制单。在核销双方的入账科目不相同的情况下才需要进行核销制单。

应用举例：应收单入账科目为应收科目——济南钢铁公司（核销金额=130 万元），现结单入账时对应受控科目有应收科目——济南钢铁公司（核销金额=30 万元），应收科目——天津公司（核销金额=80 万元），预收科目（核销金额=20 万元），则这两张单据核销时生成的凭证为：

借：应收科目——天津公司　　800 000

预收科目——天津公司　　200 000

贷：应收科目——济南钢铁公司　　　　1 000 000

票据处理制单：票据处理制单分为收到票据制单、票据计息制单、票据背书制单、票据贴现制单、票据结算制单、票据退回制单、票据转出制单。

票据科目、应收账款等分别按“基本科目”设置的科目选取，若“基本科目”中无科目设置，需要手工输入科目。

①收到票据制单。

借：应收票据

　贷：应收账款等科目

②票据计息制单。

借：应收票据

　贷：财务费用（票据计息）

③票据背书制单。

借：应付账款

　　预付账款

　贷：应收票据

④票据贴现制单。

借：银行存款等科目

　　财务费用

　贷：应收票据

⑤票据结算制单。

借：银行存款等结算科目

　贷：应收票据

⑥票据退回制单。（如用作抵付购货款的商业承兑汇票）

借：应收票据

　贷：应付账款

⑦票据转出制单。

借：应收账款

　贷：应收票据

汇兑损益制单：汇兑损益科目取“基本科目”设置中的汇兑损益科目。

①汇率上升制单。

借：应收票据

　贷：汇兑损益

②汇率下降制单。

借：汇兑损益

　贷：应收票据

转账制单：依据系统选项进行判断转账是否制单。

①应收冲应收制单。

借：应收账款——A 转入户

　贷：应收账款——B 转出户

② 预收冲应收制单。

　贷：预收账款

　贷：应收账款

③红票制单。

同方向一正一负。

④应收冲应付制单。

借：应付账款

　　预付账款

　贷：应收账款

或

借：应付账款

　贷：应收账款

　　　预收账款

现结制单：对现结/部分现结的销售发票制单时，贷方取“产品科目设置”中对应的销售科目和应交增值税科目。借方取“结算方式科目”设置中的结算方式对应的科目。

①完全现结制单。

借：银行存款

　贷：主营业务收入

　　　应交税费——应交增值税——销项税

②部分现结制单。

借：应收账款

　　银行存款

　贷：主营业务收入

　　　应交税费——应交增值税——销项税

坏账制单：坏账制单分为坏账处理制单、坏账计提制单、坏账收回制单。

①坏账处理制单。

借：坏账准备

　贷：应收账款

②坏账计提制单。

借：资产减值损失

　贷：坏账准备

③坏账收回制单。

借：应收账款

　贷：坏账准备

借：银行存款等结算科目

　贷：应收账款

八、单据查询

系统提供对发票、应收单、收付款结算单、凭证、单据报警、信用报警和应收核销等的查询。在系统中可以进行各类单据详细信息的查询，也可以自定义需要查询的内容。

九、账表管理

应收系统的账表管理包括自定义我的账表、业务账表查询、统计分析、科目账表查询。

（一）我的账表

通过“我的账表”进行新建账夹，设置账夹口令，进行自定义报表。系统提供的自定义报表就是根据企业管理的要求，为企业提供的内部管理分析报表工具，是一种可以设置报表标题、表头、表体、定义报表数据来源，灵活定义过滤条件和显示打印方式的自定义查询报表工具。

（二）业务账表查询

通过业务账表查询，可以及时地了解一定期间内期初应收款结存汇总情况，应收款发生、收款发生的汇总情况，累计情况及期末应收款结存汇总情况；还可以了解期初应收各个客户贷款结存明细情况，应收款发生、收款发生的明细情况，累计情况及期末应收款结存明细情况，从而及时发现问题，加强对往来款项的监督管理。

（三）统计分析

通过统计分析，可以按自定义的账龄区间，进行一定期间内应收款账龄分析、收款账龄分析，了解各个客户应收款周转天数、周转率，了解各个账龄区间内应收款、收款情况，能及时发现问题，加强对应收款项动态的监督管理。

应收款账龄分析功能，分析客户一定时期内各个账龄区间的应收款情况。收款账龄分析功能，分析客户一定时期内各个账龄区间的收款情况。欠款分析，分析截至某一日期，客户、部门或业务员的欠款金额以及欠款组成情况。

收款预测，可以在此预测将来的某一段日期范围内，客户、部门或业务员等对象的收款情况。

（四）科目账表查询

通过科目余额表，可以查询应收受控科目各个客户的期初余额、本期借方发生额合计、本期贷方发生额合计、期末余额。

科目明细账可以查询客户往来科目下各个往来客户的往来明细账。

【实务案例】

尧顺电子股份有限公司 2020 年 9 月份应收款业务如下：

36. 9 月 10 日，对第五章销售环节的第 31 笔业务的应收款进行处理。

【操作步骤】

前五个步骤与第 31 笔业务的步骤相同。

第六步，在应收款管理系统中，执行“应收单据处理→应收单据审核”指令，调出该增值税专用发票进行审核。

第七步，在应收款管理系统中，执行“制单处理”指令，调出该增值税专用发票进行制单，并补填相关信息。

第八步，在应收款管理系统中，执行“转账→应收冲应付”指令，指定对冲的客户和供应商以及对冲的金额保存后，立即制单。

第九步，到总账系统查询凭证。

37. 9 月 15 日，对第五章销售环节的第 32 笔业务的应收款进行处理。

【操作步骤】

前六个步骤与第 32 笔业务的步骤相同。

第七步，在应收款管理系统中，执行“应收单据处理→应收单据审核”指令，调出该增值税专用发票进行审核。

第八步，在应收款管理系统中，执行“制单处理”指令，调出该增值税专用发票进行制单，并补填相关信息。

第九步，到总账系统查询凭证。

38. 9 月 27 日财务部门确认 25 日销售给河北益达公司的产品的应收款项，并在应收款管理中根据发票形成应收账款传到总账。接第五章第 34 笔业务内容。

补填益达公司开户银行信息：中国工商银行河北支行，账号 156788，基本存款户。

【操作步骤】

操作步骤同前。

39. 9 月 27 日，预收勤力公司订货款 500 000 元。

【操作步骤】

第一步：在应收系统中，执行“收款单据处理→应收单据录入”指令，调出收款单界面。单击“增加”按钮后输入相关信息并保存、审核。（注意选择正表中的“款项类型”为“预收款”）

第二步：在应收系统中，执行“制单处理”指令，选择“应收付款制单”进行制单。

40. 9 月 27 日，收到益达前欠货款 168 480 元；收到勤力前欠货款（接第五章第 32 题）。

【操作步骤】

第一步：在应收系统中，执行“选择收款”指令，调出收款条件设置界面，选择客户：益达（勤力），单击“增加”按钮后，再单击“确定”按钮。

第二步：在应收系统中，执行“制单处理”指令，选择“收付款单制单”进行制单。

第二节　应付款业务处理

通过采购发票、其他应付单、付款单等单据的录入，对企业的应付账款进行综合管理，及时、准确地提供供应商的往来账款余额资料，提供各种分析报表，帮助企业合理地进行资金的调配，提高资金的利用效率。

一、应付单据处理

应付单据处理主要是对应付单据（采购发票、应付单）进行管理，包括应付单据的录入、审核。例如：应付款管理系统和采购系统集成使用，则发票由采购系统录入，在本系统可以对采购发票进行审核、弃审、查询、核销、制单等处理；应付款管理系统只能对应付单进行录入。如没有使用采购系统，则各类发票和应付单均应在应付款管理系统中录入。

二、付款单据处理

付款单据处理主要是对结算单据（付款单、收款单即红字付款单）进行管理，包括付款单、收款单的录入、审核。付款单用来记录企业所支付的款项。收款单用来记录发生采购退货时，企业所收到的供应商退款。

三、核销处理

核销处理是指企业进行日常的付款核销应付款的工作。单据核销的作用是处理付款核销应付款，建立付款与应付款的核销记录，监督应付款及时核销，加强往来款项的管理。

手工核销：手工确定系统内付款与应付款的对应关系，选择进行核销。通过本功能可以根据查询条件选择需要核销的单据，然后手工核销，该方式加强了往来款项核销的灵活性。

自动核销：系统自动确定系统内付款与应付款的对应关系，选择进行核销。通过本功能可以根据查询条件选择需要核销的单据，然后由系统自动核销。

四、转账处理

应付冲应付是指将供应商、部门、业务员、项目和合同的应付款转到另一项应付款中去。通过本功能将应付款业务在供应商、部门、业务员、项目和合同之间进行转入、转出，实现应付业务的调整，解决应付款业务在不同供应商、部门、业务员、项目和合同间入错户或合并户的问题。

预付冲应付：可将预付供应商款项和所欠供应商的货款进行转账核销处理。

应付冲应收：用对某供应商的应付账款冲抵对某客户的应收账款。

红票对冲：指将同一供应商的红字发票和蓝字发票进行冲销。

五、汇兑损益

汇兑损益是指对有外币的单据的处理，其处理方法有两种，即外币余额结清时计算和月末处理两种方式。

外币余额结清时计算，即仅当某种外币余额结清时才计算汇兑损益。在计算汇兑损益时，界面中仅显示外币余额为 0 且本币余额不为 0 的外币单据。

月末计算，即每个月末计算汇兑损益。在计算汇兑损益时，界面中显示所有外币余额不为 0 或者本币余额不为 0 的外币单据。

六、制单

制单是指应付系统依据制单规则对不同的单据或不同的业务生成凭证，并将凭证传递至总账。应付系统制单类型包括发票制单、进口发票制单、收付单制单、合同结算单制单、收付款单制单、核销制单、票据处理制单、并账制单、现结制单、坏账处理制单、转账制单、汇兑损益制单。企业可以根据其实际需要选取需要制单的类型。各业务制单规则如下：

采购发票制单：对采购发票制单时，系统首先判断控制科目依据，根据单据上的控制科目依据取“控制科目设置”中对应的科目；其次判断采购科目依据，根据单据上的采购科目依据取“产品科目设置”中对应的科目。若没有设置，则取“基本科目设置”中设置的应付科目和采购科目，若无，则手工输入。

例如，控制科目依据为按供应商，则系统依据采购发票上的供应商，取该供应商在“控制科目设置”设置中的科目：应付账款——济南钢铁公司。采购科目的依据为按存货分类，则系统依据采购发票上的存货，寻找其存货分类的采购科目：在途物资——塑料，税金科目：应交税费——应交增值税——进项税额。

借：在途物资——塑料

　　应交税费——应交增值税——进项税额

　贷：应付账款——济南钢铁公司

质保金发票制单：采购发票表体带有质保金金额制单时，系统首先判断控制科目依据，根据控制科目依据取“控制科目设置”中对应的应付账款科目；其次判断采购科目依据，单据采购科目依据取“产品科目设置”中对应的科目。若没有设置，则取“基本科目设置”中设置的应付科目、质保金科目和采购科目，若无，则手工输入。

例如，控制科目依据为按供应商，则系统依据采购发票上的供应商，取该供应商在“控制科目设置”中设置的应付科目：应付账款——济南钢铁公司。“基本科目设置”中设置的质保金科目：其他应付款——济南钢铁公司。采购科目依据为按存货分类，则系统依据采购发票上的存货，寻找其存货分类的采购科目：在途采购——西药，税金科目：应交税费——应交增值税——进项税额。

借：在途物资——西药

　　应交税费——应交增值税——进项税额

　贷：应付账款——济南钢铁公司

　　　其他应付款——济南钢铁公司

进口发票制单：进口发票制单时，应付账款科目的取数规则与原来采购发票的受控科目一致。应付系统的贷方科目是否有税金科目由进口发票上是否有税金决定，有税金的情况下，与采购发票制单取科目的规则保持一致。

各种发票的制单生成的分录如下：

收到进口商务发票：

借：进口商品采购科目（采购科目）

　贷：应付账款

进口商务发票付款：

借：应付账款

　贷：银行存款

运费发票和费用发票的财务处理与采购系统的运费发票及费用发票一样。

收到海关进口关税发票：

借：进口商品采购科目（采购科目）

　贷：应交税费——应交进口关税（关税科目）

交纳进口关税：

借：应交税费——应交进口关税（关税科目）

　贷：银行存款

收到海关进口增值税票：

借：应交税费/应交增值税/进项税额（采购税金科目）

　贷：应付账款

交纳海关进口增值税：

借：应付账款

贷：银行存款

应付单制单：对应付单制单时，贷方取应付单表头科目，借方取应付单表体科目。若应付单上表体没有科目，则需要手工输入科目；若应付单上表头没有科目，则取控制科目设置中的应付科目。

借：对应科目

　贷：应付科目

合同结算单制单：对合同结算单制单时，借方科目取合同支付科目，贷方科目取应付系统的控制科目。合同支付科目设置时只能选择应付系统的非受控科目，而且必须是末级、本位币科目，如分包款科目。

借：合同支付科目

　贷：应付科目

付款单制单：应付系统中的付款单制单，结算单表体款项类型为应付款，则借方科目为应付科目；款项类型为预付款，则借方科目为预付科目；款项类型为其他费用，则借方科目为费用科目；贷方科目为结算科目，取表头金额。

借：应付科目　（款项类型为应付款）

　　预付科目　（款项类型为预付款）

　　费用科目　（款项类型为其他费用）

　贷：结算科目　表头金额

收款单制单：应付系统中的收款单制单，即结算单表体款项类型为应付款，则借方科目为应付科目，金额为红字；款项类型为预付款，则借方科目为预付科目，金额为红字；款项类型为其他费用，则借方科目为费用科目，金额为红字；贷方科目为结算科目，取表头金额，金额为红字。

借：应付科目（红字）　（款项类型为应付款）

　　预付科目（红字）　（款项类型为预付款）

　　费用科目（红字）　（ 款项类型为其他费用）

　贷：结算科目（红字）　表头金额

结算单核销制单：结算单核销制单在核销双方的入账科目不相同的情况，才需要制单。同时，该功能受系统初始选项的控制，若选项中选择核销不制单，则即使入账科目不一致也不制单。

例如，应付单入账科目为应付科目——济南钢铁公司（核销金额 = 130 万元），结算单入账时对应受控科目有应付科目——济南钢铁公司（核销金额 = 30 万元）、应付科目——天津公司（核销金额 = 80 万元）、预付科目（核销金额 = 20 万元），则这两张单据核销时生成的凭证应该是：

借：应付科目——济南钢铁公司	1 000 000	
贷：预付科目——济南钢铁公司		200 000
应付科目——天津公司		800 000

票据处理制单：应付票据制单，借方取“基本科目”中的应付票据科目，贷方取“产品科目设置”中的采购科目及税金科目。票据利息制单，借方取“结算方式科目设置”中的结算科目，贷方取“基本科目”设置中的票据利息科目。

支付票据：

借：应付账款等科目

　贷：应付票据

票据计息：

借：财务费用（票据计息）

　贷：应付票据

票据结算：

借：应付票据

　贷：结算科目

票据转出：

借：应付票据

　贷：应付账款

汇兑损益制单：汇兑损益制单，汇兑损益科目取“基本科目”设置中的汇兑损益科目。

汇率上升：

借：汇兑损益

　贷：应付票据

汇率下降：

借：应付票据

　贷：汇兑损益

转账制单：依据系统选项进行判断转账是否制单。

应付冲应付：

借：应付账款——济南钢铁公司　（转出户）

　贷：应付账款——天津公司　（转入户）

预付冲应付：

借：应付账款

　贷：预付账款

应收冲应付制单：

借：应付账款

　　预付账款

　贷：应收账款

或

借：应付账款

贷：应收账款

预收账款

现结制单：对现结/部分现结的采购发票制单时，借方取“产品科目设置”中对应的采购科目和应交增值税科目，贷方取“结算方式科目”设置中的结算方式对应的科目。

完全现结：

借：在途物资

税金科目

贷：结算科目

部分现结

借：在途物资

税金科目

贷：结算科目

应付账款

七、单据查询

系统提供对采购发票、应付单、收付款结算单、应付核销明细表、凭证、单据报警、信用报警、付款申请单报警、单据核销情况、合同结算单和进口发票等的查询。在系统中可以进行各类单据详细信息的查询，也可以自定义需要查询的内容，还可以在单据列表、业务账表、统计分析中进行联查原始单据。

八、账表管理

应付系统的账表管理与应收系统的账表管理功能类似。企业可通过“我的账表”自定义查询报表，也可通过业务账表查询，及时地了解一定期间内期初应付款结存汇总情况，应付款发生、付款发生的汇总情况，累计情况及期末应付款结存汇总情况；还可以了解期初应付各供应商货款结存明细情况，应付款发生、付款发生的明细情况，累计情况及期末应付款结存明细情况，从而及时发现问题，加强对应付款项的监督管理。

（一）统计分析

通过统计分析，可以按自定义的账龄区间，进行一定期间内应付款账龄分析、付款账龄分析，了解各个应付款周转天数、周转率，了解各个账龄区间内应付款、付款情况，能及时发现问题，加强对应付款项动态的监督管理。

应付账龄分析：分析一定时期内各个账龄区间的应付款情况。

付款账款分析：分析一定时期内各个账龄区间的付款情况。

付款预测：预测将来的某一段日期范围内，供应商、部门或业务员等对象的付款情况。

欠款分析：分析截至某一日期，供应商、部门或业务员的欠款金额，以及欠款组成情况。

（二）科目账表查询

通过科目余额表，可以查询应付受控科目各个供应商的期初余额、本期借方发生额合计、本期贷方发生额合计、期末余额。它包括科目余额表、供应商余额表、三栏式余额表、业务员余额表、供应商分类余额表、部门余额表、项目余额表、地区分类余额表八种查询方式。

通过科目明细账，可以查询供应商往来科目下各个往来供应商的往来明细账。它包括科目明细表、供应商明细账、三栏式明细账、多栏式明细账、供应商分类明细账、业务员明细账、部门明细账、项目明细账、地区分类明细账九种查询方式。

九、取消操作

对业务单据进行某些操作后，如发现操作失误，通过“取消操作”可将其恢复到操作前的状态，以便进行修改。

支持“取消操作”的操作类型：核销、选择付款、汇兑损益、票据处理、应付冲应付、预付冲应付、应付冲应收、红票对冲，如图 6-1 所示。

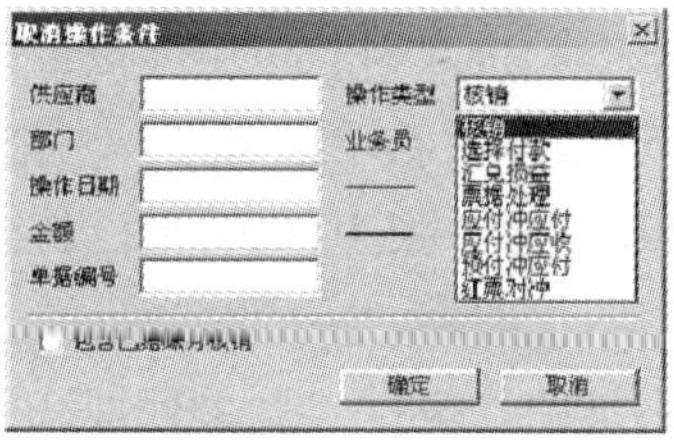

图 6-1　取消操作条件设置界面

【实务案例】

尧顺电子股份有限公司 2020 年 9 月份应付款业务如下：

41. 9 月 5 日，对第五章采购环节的第 29 笔业务的应付款进行处理。

【操作步骤】

前八个步骤与第 29 笔业务的步骤相同。

第九步，进入应付款管理系统，执行“应付单据处理→应付单据审核”指令，在应付单据列表界面，选择并审核单据。

第十步，在应付款管理系统中，执行“制单处理”指令，选择“发票制单”后单击“确定”按钮。在制单界面选择要制单的发票，再单击工具栏“制单”按钮调出凭证填制界面，补充完相关信息后就可以保存凭证。

42. 9 月 13 日，财务部开具转账支票一张（票号：003386），预付沈阳吉昌公司货款 6 000 元。财务人员在应付款管理中根据相应单据形成凭证并传到总账系统。

【操作步骤】

第一步，在企业应用平台中，执行“业务工作→财务会计→应付款管理→付款单据处理→付款单据录入”指令，进入付款单主界面，单击“增加”按钮，输入相关信息后再保存，审核并立即制单。(其付款类型选择预付款)

第二步，到总账系统查询凭证。

43. 9 月 8 日，公司由于资金紧张，与济南钢铁公司达成债务重组协议，公司欠济南钢铁公司的 200 000 元，偿还 190 000 元，余款不再追究。

付款单用来记录企业所支付的款项。支付每一笔款项时，无论是结算供应商货款，还是提前支付供应商的预付款或支付供应商其他费用，都需录入付款单。在录入付款单时通过款项类型来区别不同的用途，如果同一张付款单包含不同用途的款项，应在表体记录中分行显示。

对于不同用途的款项，系统提供的后续业务处理不同。对于冲销应付款，以及形成预付款的款项，需要进行付款结算，即将付款单与其对应的采购发票或应付单进行核销勾对，并进行冲销企业债务的操作。对于其他费用用途的款项则不需要进行核销。

【操作步骤】

第一步，在企业应用平台中，执行“业务工作→财务会计→应付款管理→付款单据处理→付款单据录入”指令，进入付款单主界面，单击“增加”按钮，输入相关信息后再保存，并审核付款单。(付款单录两张：一张 190 000 元，其结算方式为转账支票，结算科目为 100201；另一张 10 000 元，其结算方式为其他，结算科目为 630101。)

第二步，在应付款管理系统中，执行“制单处理”指令，选择“付款单”进行合并制单。

第三步，在应付款管理系统中，执行“核销处理→手工核销”指令，选择“济南钢铁公司”，向下分摊进行核销，保存核销结果。

第四步，在应付款管理系统中，执行“单据查询→凭证查询”指令查询凭证。

第五步，到总账系统查询凭证。

44. 9 月 30 日，对第五章采购环节的第 35 笔业务的应付款进行处理。

【操作步骤】

前四个步骤与第 35 笔业务的步骤相同，下面从第五步开始。

第五步：在应付款管理系统中，执行“应付单据处理→应付单据审核”指令，调出泰安宏运的发票进行审核。

第六步：在应付款管理系统中，执行“制单处理”指令，选择“发票制单”进行制单。

第七步：在应付款管理系统中，执行“付款单据处理→付款单据录入”，调出付款单，单击“增加”按钮后，依次录入相关信息（结算方式：其他，结算科目：无形资产，项目：专利权 C）后保存。

第八步：审核新增加的付款单后立即制单，并依据下列分录信息补填和修改凭证相关信息。

借：应付账款——泰安宏运公司　　514 800

　　累计摊销　　224 000

　贷：无形资产——专利权 C　　600 000

　　营业外收入——非流动资产处置净收益　　138 800

45. 9 月 30 日，开出转账支票一张，支付前欠石家庄天悦公司货款 102 375 元。

第一步：在应付系统中，执行“选择付款”指令，调出付款条件设置界面，选择供应商：天悦，单击“增加”按钮后，再单击“确定”按钮。

第二步：在应付系统中，执行“制单处理”指令，选择“收付款单制单”进行制单。

第七章　薪资业务处理

薪资核算系统的任务是以职工个人的工资原始数据为基础，计算应发工资、应扣款项和实发工资等，编制工资结算单；按部门和人员类别进行汇总，进行个人所得税计算；按工资的用途、部门进行工资费用分配与计提，并实现自动转账处理；提供多种方式的查询，实现工资分析和管理；打印工资发放表、各种汇总表及个人工资条。

第一节　薪资管理流程概述

一、手工方式薪资管理业务处理流程

为了实现薪资管理电算化，首先应了解手工方式下薪资管理的程序和处理流程，如图 7-1 所示。

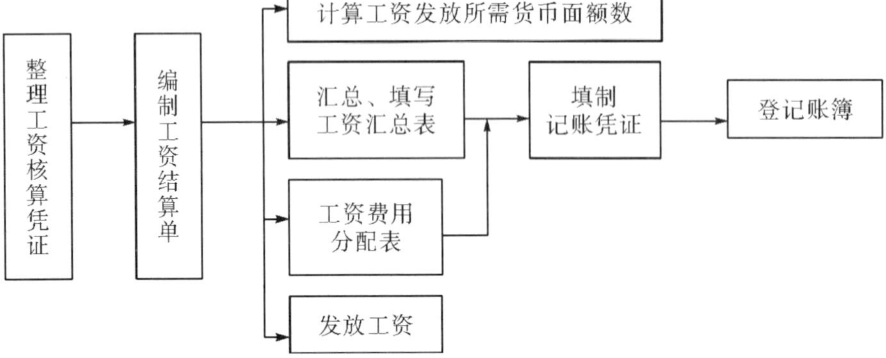

图 7-1　手工方式薪资管理业务流程

二、计算机方式薪资管理数据处理流程

电算化下的薪资管理是根据手工薪资管理流程按照薪资管理的要求进行的，具体流程如图 7-2 所示。

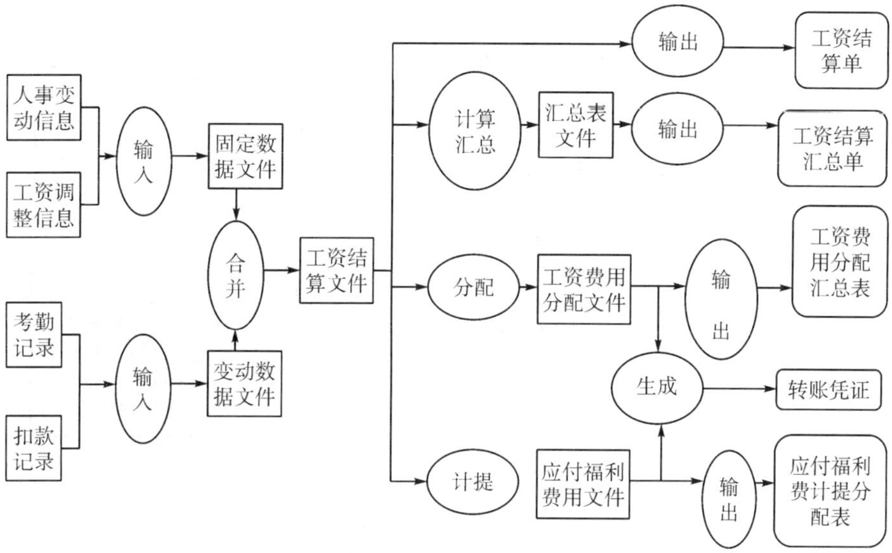

图 7-2　电算化薪资管理业务流程

三、薪资管理系统基本操作流程

工资管理涉及处理的先后问题，所以进入系统后，必须按正确的顺序调用系统的各项功能。只有按正确的次序使用，才能保证数据的正确性，特别是第一次使用的企业，更应遵守使用次序。

如果企业中所有人员的工资统一管理，而人员的工资项目、工资计算公式全部相同，则可按下列方法建立薪资管理系统：

（1）安装并启动薪资管理系统；

（2）设置工资账套参数（选择单个工资类别）；

（3）设置部门；

（4）设置工资项目、银行名称和账号长度、设置人员类别；

（5）输入人员档案；

（6）设置工资计算公式；

（7）输入工资数据；

（8）进行其他业务处理。

薪资管理系统单类别工资核算操作流程如图 7-3 所示。

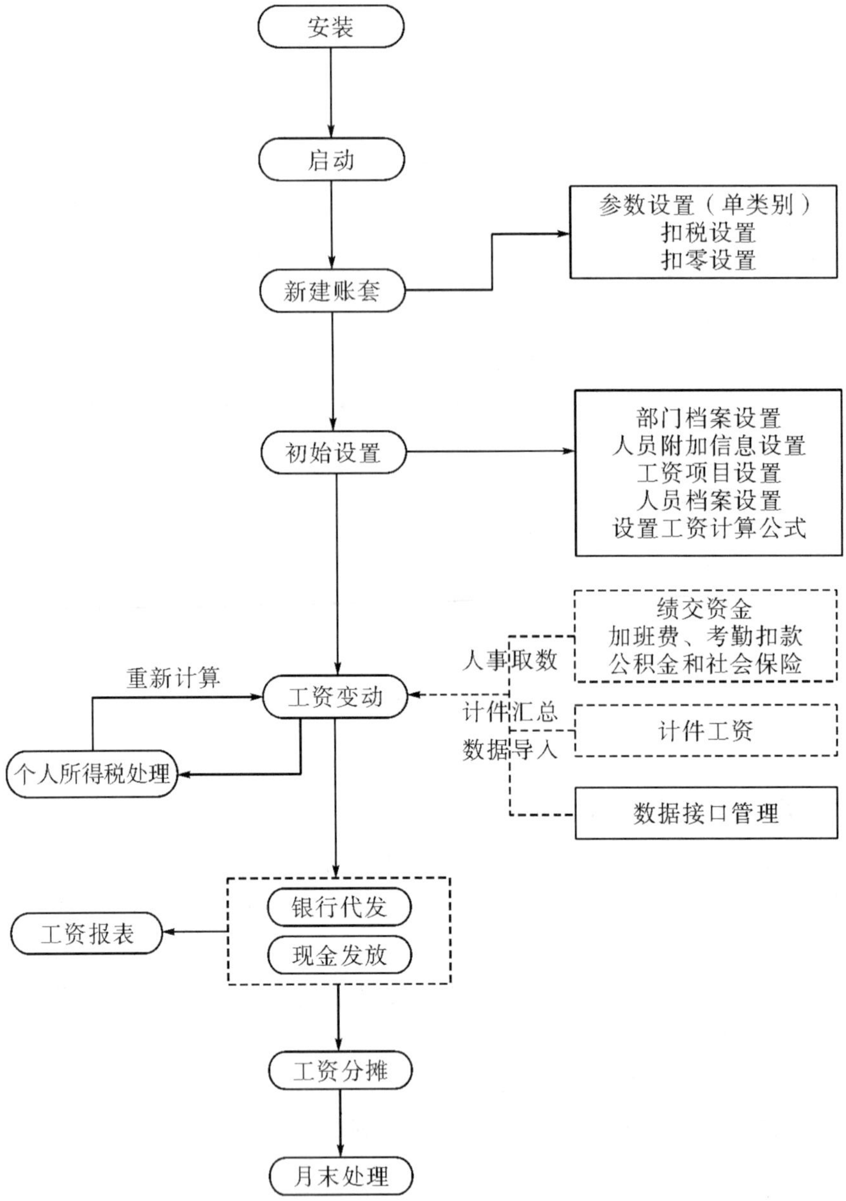

图 7-3　单类别工资核算操作流程图

薪资管理系统多类别工资核算操作流程如图 7-4 所示。

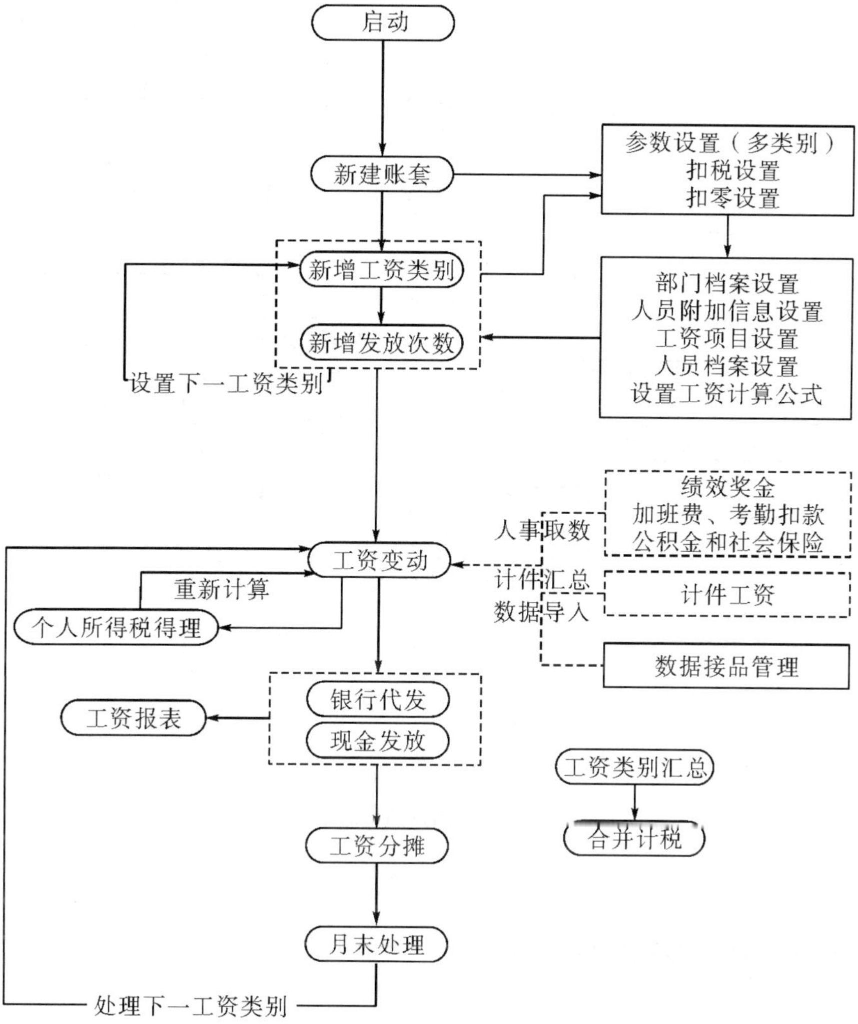

图 7-4　多类别工资核算操作流程图

老用户操作流程如图 7-5 所示。

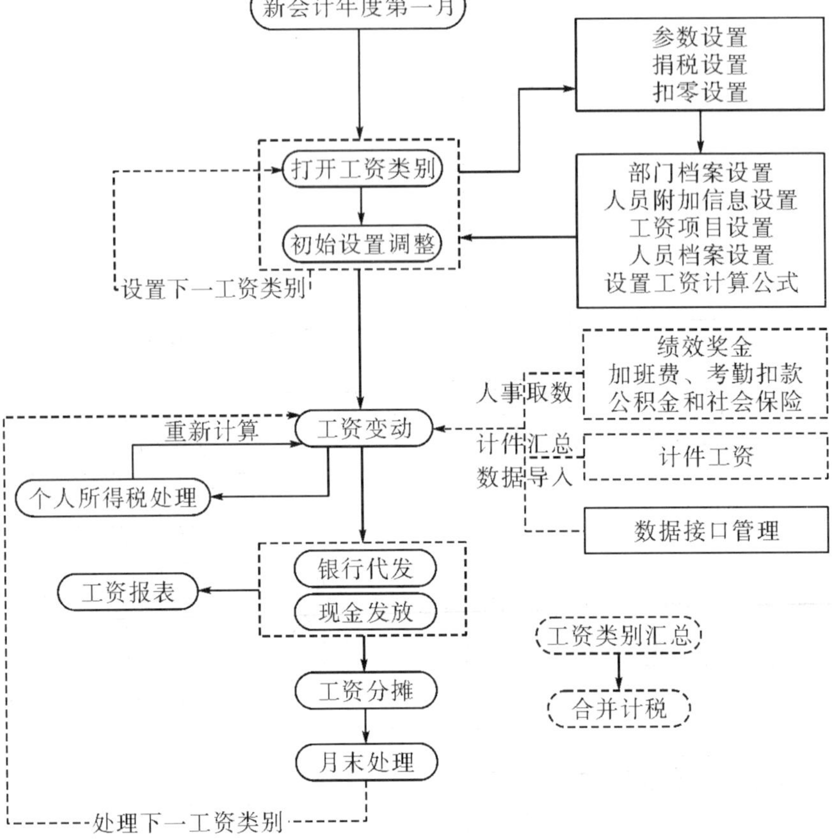

图 7-5　老用户操作流程图

第二节　薪资管理业务处理

薪资管理的业务处理主要是对职工工资数据进行计算和调整，比如某个职工工资变动、个别数据修改、个人所得税的报税处理、银行代发等工作。其中，有些项目是一次输入，有些项目是每月录入，有些项目可通过计算公式来实现。

一、固定工资数据编辑

固定工资数据是指每月基本不变的工资项目，如基本工资、工龄工资、固定补贴、岗位工资等。这些工资项目的数据一般较为稳定，数值很少变动，在日常工作中只有待其发生变化时才重新调整，平时是无须反复输入的。这些数据可以在系统初始时输入，当月不需要进行修改。输入数据的途径有两种：一是通过“人员档案”对话框进入，二是通过“工资变动”窗口进入。

二、变动工资数据编辑

变动工资项目是指每月均要发生变化的项目，如奖金、请假天数、个人所得税等。这些工资项目的数据在发生变动时输入或修改。在变动数据中，有些变动数据的编辑必须通过手工逐项录入完成，如请假天数；有些变动数据则可以成批处理，如奖金；还有一些变动数据则由系统根据既定的公式自动计算生成，如请假扣款、个人所得税等。

（一）修改个别变动项目数据

在对某一个职工的数据进行修改调整时，可在“工资变动”窗口通过“定位”功能快速地定位需要修改的记录。

（二）人员增减的调整

由于人事调动、新进员工、员工辞职等原因会造成企业职员的增减变动，这时需在人员档案设置中进行相应的人员变动、增减的调整。

（三）成批替换工资数据

如果要对同一工资项目进行统一变动，则可以通过“工资变动”窗口“替换”功能一次性地对所有满足条件的职工相关的工资项目数据进行调整。

三、工资计算与汇总

在修改了某些数据，重新设置了计算公式，或者进行了数据替换等操作后，必须调用工资变动中“重算工资”和“工资汇总”功能对个人工资数据重新计算汇总以保证工资数据的正确。

四、个人所得税计算

个人所得税是根据《中华人民共和国个人所得税法》对个人所得征收的一种税。按照现行《中华人民共和国个人所得税法》《中华人民共和国税收征收管理法》及其相关实施细则的有关规定，凡向个人支付应纳所得的单位，都有代扣个人所得税的义务。因此，计算、申报和缴纳个人所得税成为薪资管理系统的一项重要内容。为此，用友的薪资管理系统设置了自动计算个人所得税的功能，用户只需输入工资数据，并根据职工个人收入的来源构成，在系统中定义好计税基数，系统便会自动计算出每位职工的个人所得税并生成个人所得税申报表。

（一）如何设置扣缴个人所得税

（1）在“选项”界面中转到“扣税设置”页签，单击“编辑”按钮，如图7-6所示。

（2）选中“从工资中代扣个人所得税”。

(3) 设置工资的扣税工资项目，系统默认为“实发合计”。在实际业务中，因可能存在免税收入项目（如政府特殊津贴、院士津贴等）和税后列支项目，有时需要单独设置一个工资项目来计算应纳税工资，如计税工资等。

(4) 设置月度工资的扣税方式：不扣税、代扣税、代付税。

(5) 设置年终奖的扣税方式：不扣税、代扣税、代付税。

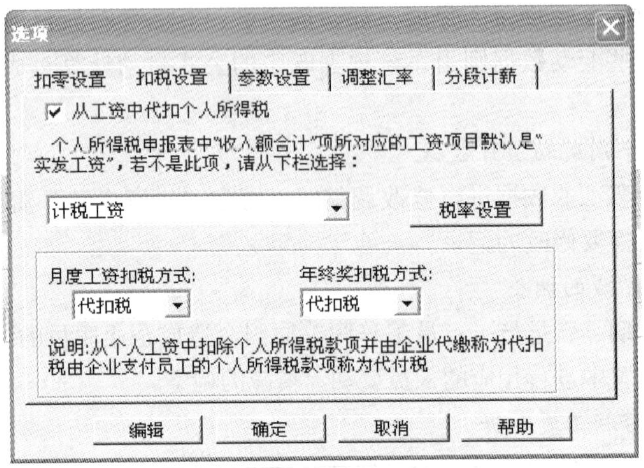

图 7-6　薪资管理选项设置界面

注意：工资和年终奖可采用不同的扣税方式，如工资为代扣税，而年终奖为代付税。

(二) 如何设置税率表

在图 7-6 中，单击“税率设置”按钮，进入税率表设置界面，如图 7-7 所示，代扣税和代付税税率表需要分别设置。

级次	应纳税所得额下限	应纳税所得额上限	税率(%)	速算扣除数
1	0.00	1500.00	3.00	0.00
2	1500.00	4500.00	10.00	105.00
3	4500.00	9000.00	20.00	555.00
4	9000.00	35000.00	25.00	1005.00
5	35000.00	55000.00	30.00	2755.00
6	55000.00	80000.00	35.00	5505.00
7	80000.00		45.00	13505.00

图 7-7　税率表设置界面

税率表定义界面初始为国家颁布的工资、薪金所得为所适用的九级超额累进税率，税率为5%~45%，级数为9级，费用基数为3 500元，附加费用为1 300元。

可以根据单位需要调整费用基数和附加费用以及税率，可以增加级数也可以删除级数。

当增加新的一级时，其上限等于其上一级的下限加1，由系统自动累加；而其新增级数的下限等于下一级的上限减1。

系统税率表初始界面的速算扣除数由系统给定，可以进行修改；增加新的一级，则该级的速算扣除数需要输入。

当调整某一级的下限时，该级的下一级的上限也随之改动。

单击“确认”按钮，系统将根据其设置自动计算并生成新的个人所得税申报表；否则，可单击“取消”按钮返回个人所得税主界面。

（三）如何启用工资变动审核控制

（1）在“选项”界面中转到“参数设置”页签，单击“编辑”按钮；

（2）选中“是否启用工资变动审核控制”；

（3）单击“确定”按钮，保存设置。

工资变动审核控制：如果启用了工资变动审核控制的工资类别，在其工资变动节点中增加“审核”“弃审”按钮，选择具体薪资数据后，单击“审核”按钮，则已计算的数据完成审核，如有数据未审核，则弹出提示。审核后的数据不允许修改，不参与工资计算、替换、取数、数据接口导入等操作。

完成计算后的薪资数据才允许审核。当前工资类别的薪资数据全部审核后，才能够进行月末处理。进行银行代发时，只显示已审核人员数据。同一工资类别的多次发放审核、弃审控制一致，如其中有一个发放次数勾选该项，则该工资类别的其他发放次数该选项也被勾选上。

未启用工资变动审核控制的工资类别，无“审核”“弃审”按钮，薪资数据不受“是否审核”控制。

（四）扣缴所得税

为解决各地企业的个人所得税申报问题，薪资管理系统支持输出个人所得税年度申报表、个人信息登记表、扣缴个人所得税报表和扣缴汇总报告表。企业可以通过薪资管理系统的“扣缴所得税”模块导出的Excel格式报表向税务部门进行纳税申报。在薪资管理系统中执行“业务处理→扣缴所得税”指令即可进入个人所得税申报模板界面，如图7-8所示。

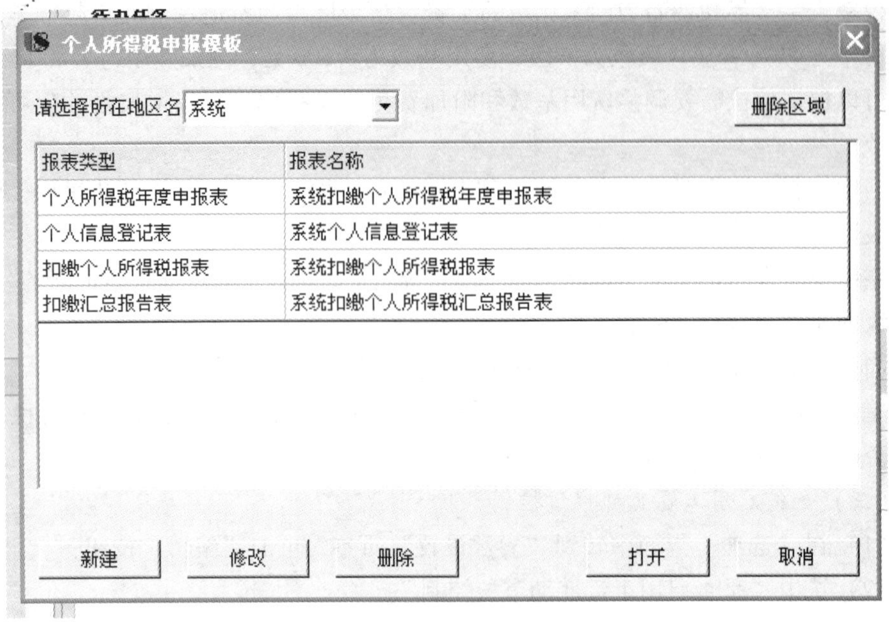

图 7-8　个人所得税申报模板界面

1. 新建、删除地区

(1) 从“地区”选择下拉框中选中“新建”，在弹出的界面中输入企业所在的地区名称确定即可。

(2) 从“地区”选择下拉框中选中要删除的地区，单击“删除区域”按钮即可。

2. 新建、修改和删除申报表模板

(1) 从系统预置的模板中查找最接近的报表（可参考其他地区的模板），并选中。

(2) 单击“新建”按钮，在弹出的界面中选择要建立申报表的地区及报表名称。

(3) 新建的报表与原报表模板完全一致。找到新建的报表模板，单击“修改”按钮，修改报表模板后保存即可。

(4) 选中要删除的申报表模板，单击“删除”按钮即可。

3. 个人所得税申报（企业）

网上申报个人所得税需要结合申报软件（一般由地方税务局提供）和扣缴所得税模块进行。了解当地税务局要求的个人所得税申报数据格式，获取申报软件，要求支持导入 Excel 格式文件。

在用友薪资管理系统中，通过“打开”个人所得税报表等来查询或输出报表数据。

五、银行代发工资

银行代发工资即由银行发放企业职工个人工资。银行代发工资业务处理的主要内容是向银行提供规定格式的工资数据文件。银行代发工资对格式的要求分为文件格式设置和磁盘输出格式设置。

（一）银行代发工资文件格式设置

银行代发工资文件格式设置是指对银行代发一览表栏目的设置及其栏目类型、长度和取值的定义，通常系统默认设置有单位编号、人员编号、账号、金额和录入时间等栏目，可以根据需要进行增删修改，如图 7-9 所示。

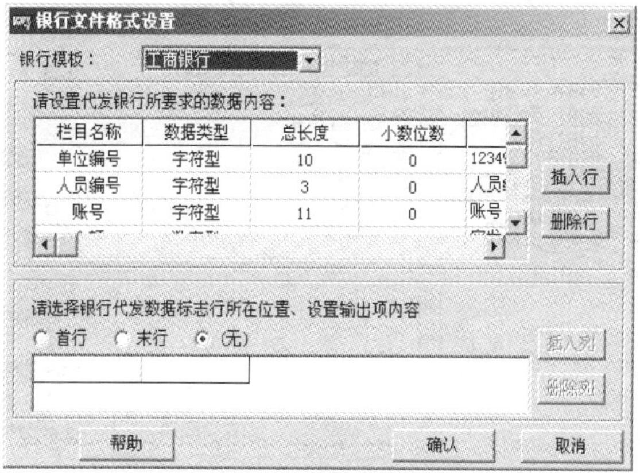

图 7-9　银行代发工资文件格式设置

（二）银行代发工资磁盘输出格式设置

银行代发工资磁盘输出格式设置是指对工资数据文件输出的格式进行设置，即文件方式设置，有 TXT、DAT 和 DBF 三种格式选择，并可以对数据的显示格式进行定义，如图 7-10 所示。

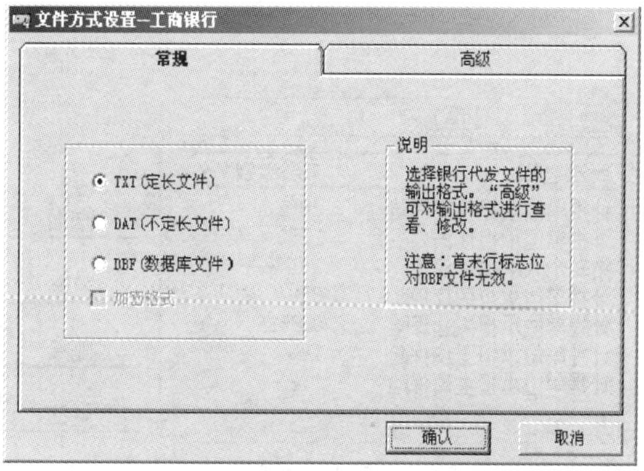

图 7-10　银行代发工资磁盘输出格式设置

六、工资分摊

把工资数据文件报送银行后，财会部门还需根据工资费用分配表，将工资费用根据用途进行分配，并计提各项经费，最后编制相关的转账凭证，传入总账系统供记账处理。

（一）工资分摊构成设置

在系统“业务处理”菜单中单击“工资分摊”按钮，即可进入“工资分摊”窗口，如图 7-11 所示。

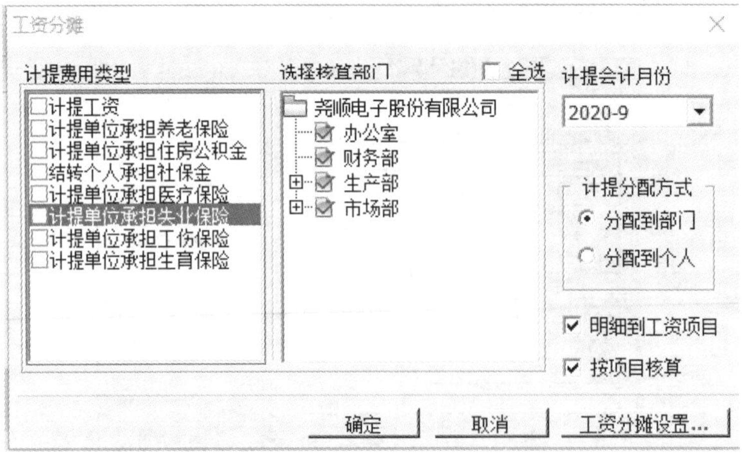

图 7-11　工资分摊窗口

首次使用工资分摊功能，应先进行工资分摊设置。所有与工资相关的费用及基金均需建立相应的分摊类型名称及分摊比例，如应付工资、福利费、工会经费、职工教育经费、养老保险金等。

（1）在“工资分摊”界面单击“工资分摊设置”按钮，进入“分摊类型设置”界面，如图 7-12 所示。

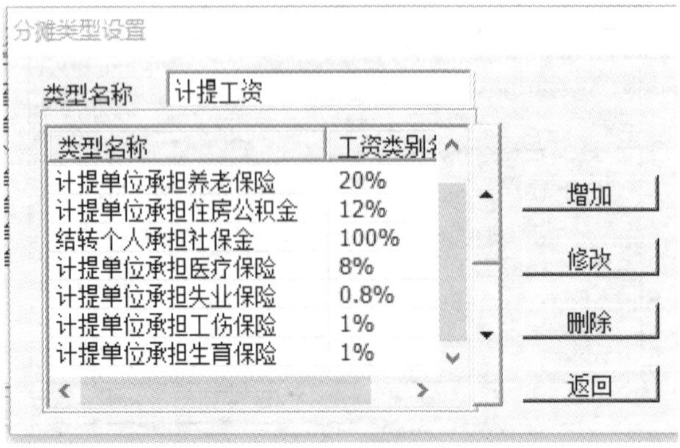

图 7-12　分摊类型设置窗口

（2）单击“增加”按钮，可增加新的工资分配计提类型；单击“修改”按钮，可修改一个已设置的工资分配计提类型；单击“删除”按钮，可删除一个已设置的工资分配计提类型，已分配计提的类型不能删除，最后一个类型也不能删除。

（3）输入新计提类型名称和计提分摊比例，单击“下一步”按钮进入分摊构成设置，如图 7-13 所示。

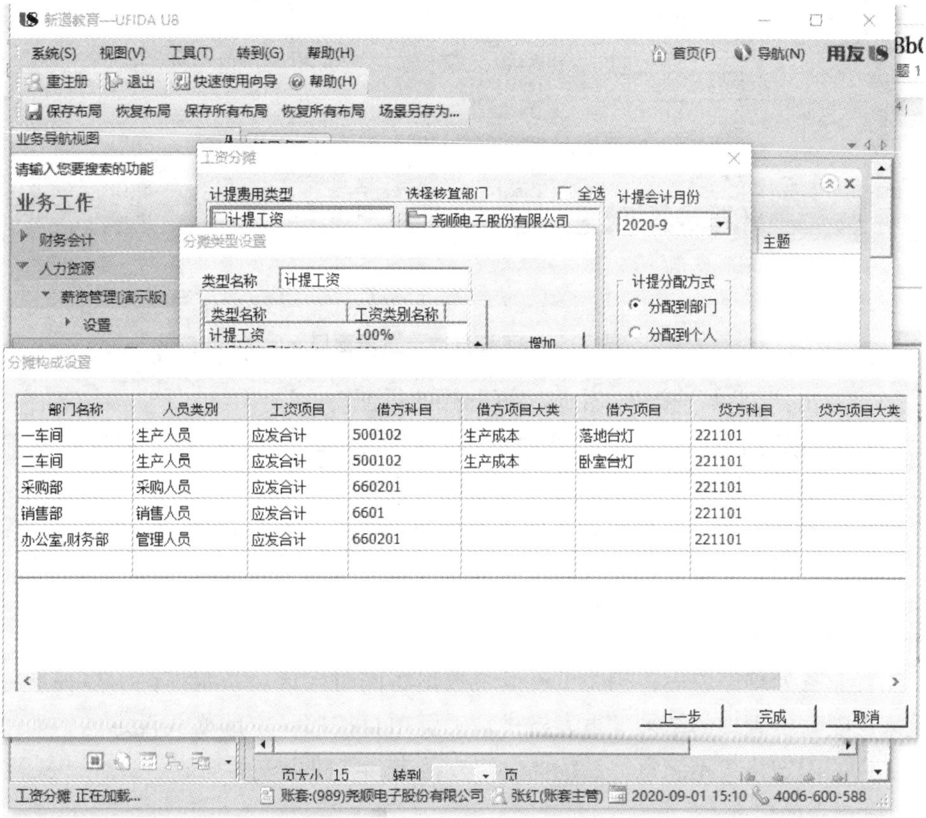

图 7-13　工资分摊构成设置窗口

（4）输入分摊构成设置，所有构成项目均可参照输入。

（5）单击“完成”按钮，返回“分摊类型设置”。

（6）单击“返回”按钮，返回到“工资分摊”对话框。

（二）生成凭证

工资分摊设置完成后，可以进行费用的分摊和转账凭证的生成。

（1）在“工资分摊”窗口中的“计提费用类型”中选择要分摊的费用，如“应付工资”“应付福利费”等。

（2）选择参与核算的部门，如选择所有部门。

（3）选择计提费用的月份与计提分配方式。

（4）选择费用是否明细到工资项目，如选中该项，则在“应付工资一览表”窗口中显示借贷方科目，否则不予显示。

（5）单击“确定”按钮，打开“应付工资一览表”窗口。在该窗口中，根据需要选择“合并科目相同、辅助项相同的分录”复选框，如图 7-14 所示。

计提工资一览表

☑ 合并科目相同、辅助项相同的分录

类型 计提工资 　　　　　　　　　　计提会计月份　9月

部门名称	人员类别	应发合计					
		分配金额	借方科目	借方项目大类	借方项目	贷方科目	贷方项目大类
采购部	采购人员	17100.00	660201			221101	
办公室	管理人员	10500.00	660201			221101	
财务部		51800.00	660201			221101	
一车间	生产人员	21100.00	500102	生产成本	落地台灯	221101	
二车间		10200.00	500102	生产成本	卧室台灯	221101	
销售部	销售人员	8400.00	6601			221101	

图 7-14　工资分摊一览表窗口

（6）单击“制单”按钮，生成工资分摊的凭证。

（7）对凭证的类别，辅助核算项目进行修改录入，然后保存，系统自动显示“已生成”红色字样。

（8）到总账系统，通过填制凭证可查到薪资管理系统中生产的凭证。

七、工资数据输出

工资业务处理完成后，相关工资报表数据将同时生成。系统提供了多种形式的报表来反映薪资管理的结果。报表格式是工资项目按照一定的格式设定的，如果对报表提供的固定格式不满意，系统提供修改报表和新建报表的功能。

（一）我的账表

“我的账表”主要功能是对工资系统中所有的报表进行管理，有工资表和工资分析表两种报表类型。如果系统提供的报表不能满足企业的需要，企业还可以启用自定义报表功能，新增账表夹和设置自定义报表。

（二）工资表的查询

工资表用于本月工资的发放和统计，本功能主要完成查询和打印各种工资表的的工作。工资表包括以下一些由系统提供的原始表：工资卡、工资发放条、部门工资汇总表、部门条件汇总表、工资发放签名表、人员类别汇总表、条件统计（明细）表，工资变动汇总（明细）表。

在工资系统中，选择“统计分析”列表中的“工资表”，打开“工资表”对话框，选择要查看的工资表，单击“查看”按钮，进入查询条件设置界面（如图7-15所示），输入相应的条件后单击“确定”按钮即可得到相应的查询结果。

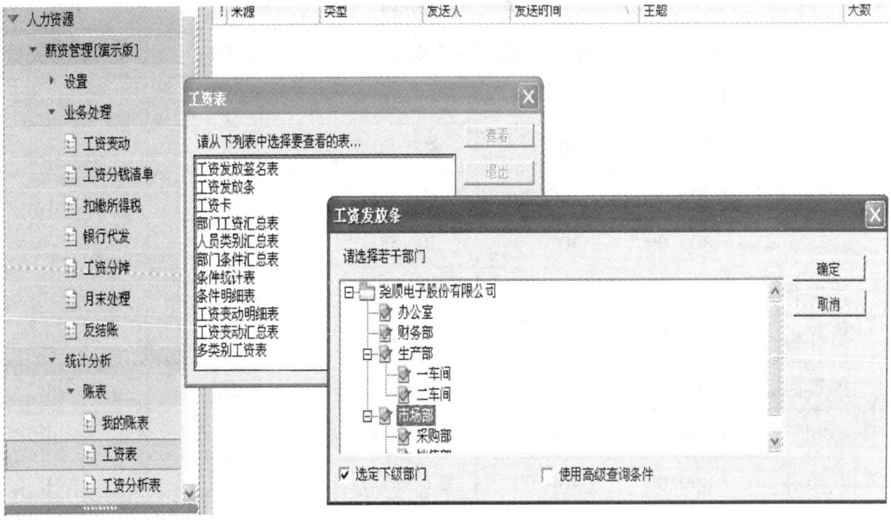

图 7-15　工资表查看对话框

（三）工资分析表的查询

工资分析表是以工资数据为基础，对部门、人员类别的工资数据进行分析和比较，产生各种分析表，供决策人员使用。工资分析表包括工资增长分析表、按月分类统计表、部门分类统计表、工资项目分析表、员工工资汇总表、按项目分类统计表、员工工资项目统计表、分部门各月工资构成分析表、部门工资项目构成分析表。

（四）凭证查询

薪资管理系统传输到总账系统的凭证，在总账系统中只能进行凭证的查询、审核和记账等操作，但不能修改或删除。如果需修改或删除，可通过工资系统中的“统计分析”下的“凭证查询”功能来删除和冲销。

【实务案例】

尧顺电子股份有限公司 2020 年 9 月份薪资业务如下：

46. 9 月 30 日，处理在职人员薪资，如表 7-1 所示，并进行工资分摊。一车间工人工资是为生产落地台灯发生的，二车间工人工资是为生产卧室台灯发生的。本公司五险一金比例如下：

养老保险缴费比例：单位 20%（全部划入统筹基金），个人 8%（全部划入个人账户）；

医疗保险缴费比例：单位 8%，个人 2%+3 元；

失业保险缴费比例：单位 0.8%，个人 1%；

工伤保险缴费比例：单位 1%，个人不用缴；

生育保险缴费比例：单位 1%，个人不用缴；

住房公积金缴费比例：单位和个人都是 12%。

表 7-1　　　　在职人员薪资　　　　单位：元

序号	姓名	基本工资	岗位工资	奖金	病假天数	事假天数
1	林越	9 200.00	500.00	800.00		
2	张红	8 000.00	400.00	800.00	1	
3	刘勇	7 200.00	200.00	800.00		
4	王晓	6 800.00	400.00	800.00	2	
5	董小辉	7 000.00	300.00	800.00		
6	吴红梅	6 600.00	400.00	800.00		2
7	孙贵武	8 200.00	500.00	2 000.00		1
8	刘朋	8 000.00	400.00	2 000.00		1
9	欧阳春	7 800.00	400.00	2 000.00		1
10	赵巍	8 000.00	500.00	800.00		1
11	张明玉	6 700.00	300.00	800.00		
12	吴宇	7 200.00	400.00	800.00		3

【操作步骤】

第一步：在企业应用平台中，执行“业务工作→人力资源→薪资管理→业务处理→工资变动”指令，进入工资变动处理界面，依据表 7-1 输入相关信息后再汇总、计算。

第二步：在薪资管理系统中，执行“业务处理→扣缴所得税”指令，查阅个人所得税申报表。

第三步：在薪资管理系统中，执行“业务处理→工资分摊”指令，对工资及五险一金费用等进行分摊设置，并进行分摊和制单处理。

第四步：到总账系统中查询工资及五险一金费用计提的会计凭证。

第五步：结转代缴的个人承担的住房公积金和各项社保费用。

第六步：结转代缴的代扣个人所得税费。

第七步：缴纳住房公积金和各项社保费用。

第八步：发放工资。

第九步：上缴个人所得税费。

第八章　固定资产业务处理

第一节　固定资产管理概述

一、固定资产管理系统的任务

固定资产是企业的劳动手段，也是企业赖以生产经营的主要资产。它的管理和核算是企业经营管理和会计核算的一个重要组成部分，是改善企业经营管理的一个重要方面。由于固定资产在企业总资产中所占比重很大，所以数据结构规律性强，核算方法也比较规范。

（一）固定资产管理系统的特点

固定资产管理系统与其他系统相比有三个明显的特点：

（1）数据存储量大。在一般企业中，固定资产不仅价值高，而且数量较多，同时反映每一项资产的信息项目也比较多，根据管理的需要为每项固定资产建立卡片，所以数据存储量大。

（2）日常输入数据少。固定资产管理系统投入运行之后，一般只有在固定资产发生购入以及内部调动等情况下需要输入新数据。除此之外，需要输入的数据一般很少。这对于固定资产管理系统来说，减少了出错的可能性。

（3）输出数据多。在固定资产管理系统中，系统日常输出的数据比日常输入的数据要多。由于使用的目的不同，往往同一项固定资产数据要反映在不同的账表上。在手工方式上，不仅编制这种账表的工作量很大，而且受手工条件的限制，容易出现数据不一致的差错。采用计算机进行处理后，不但输出的速度可以提高，而且可以避免出现数据不一致的现象。

（二）固定资产管理系统的任务

固定资产管理系统的任务是：完成企业固定资产日常业务的核算和管理，生成固定资产卡片，按月反映固定资产的增加、减少、原值变化及其他变动，并输出相应的增减变动明细账，保证固定资产的安全完整并充分发挥其效能，同时按月自动计提折旧，生成折旧分配凭证，输出一些相关的报表和账簿。

二、固定资产管理系统数据处理流程

固定资产管理系统中资产的增加、减少以及原值和累计折旧的调整、折旧计提都要将有关数据通过记账凭证的形式传输到总账系统，同时通过对账保持固定资产账目与总账的平衡，并可以查询凭证。固定资产管理系统为成本管理系统提供折旧费用数据。UFO 报表系统可以通过使用相应的函数从固定资产系统中提取分析数据。

（一）固定资产手工业务流程

固定资产手工业务流程如图 8-1 所示。

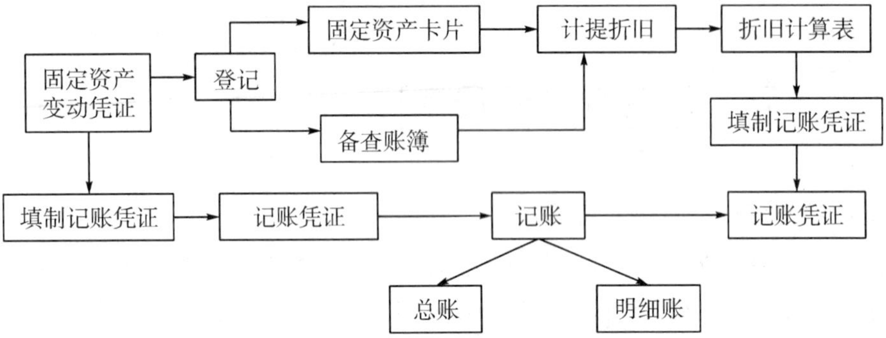

图 8-1　固定资产手工业务流程图

（二）固定资产管理系统数据流程

固定资产管理系统数据流程如图 8-2 所示。

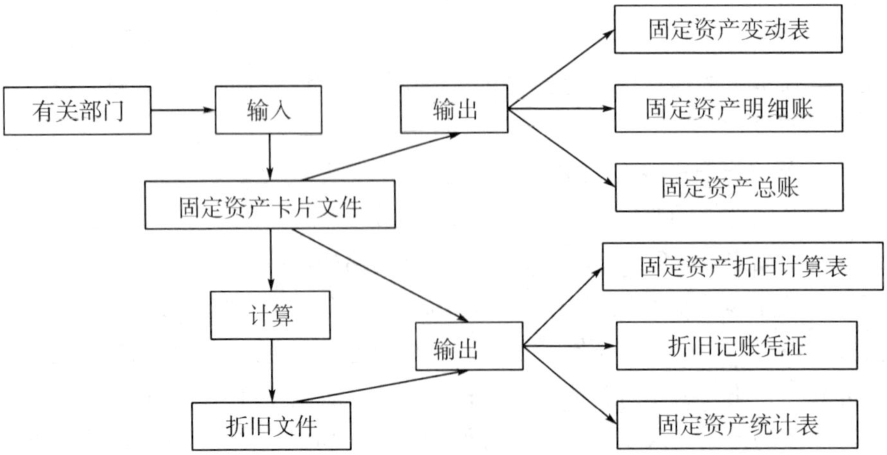

图 8-2　固定资产管理系统数据流程图

三、固定资产管理系统基本功能简介

固定资产管理系统基本功能如图 8-3 所示。

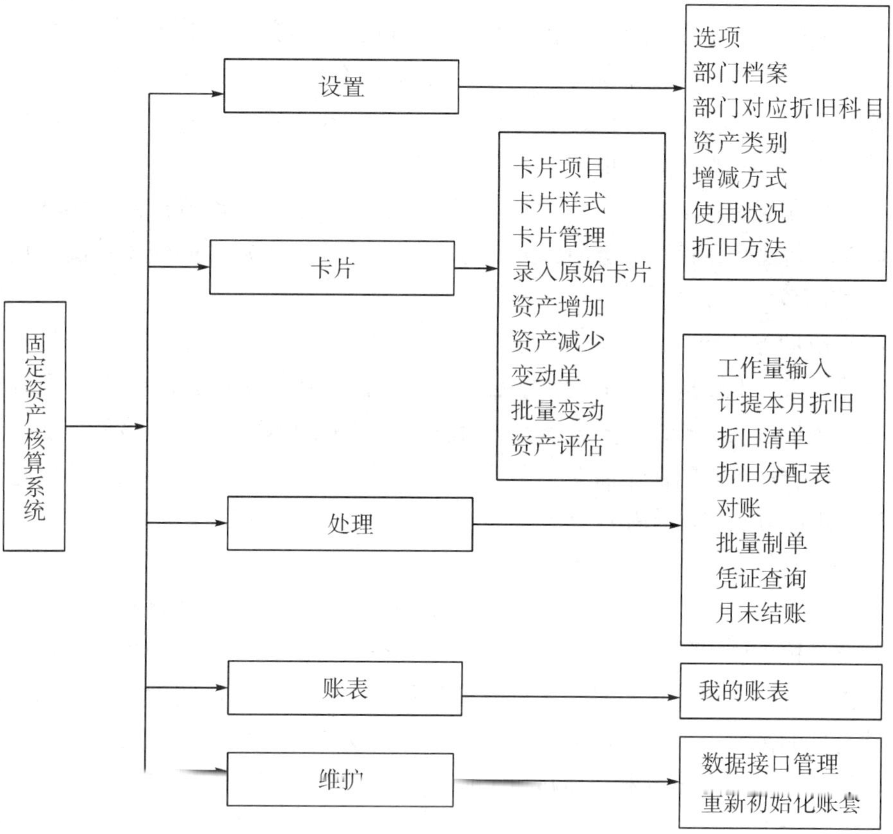

图 8-3　固定资产管理系统基本功能图

（一）设置

（1）选项：包括在账套初始化中设置的参数和其他一些在账套运行中使用的参数或判断。

（2）部门档案：主要用于设置企业各个职能部门的信息。部门是指某使用单位下辖的具有分别进行财务核算或业务管理要求的单元体，不一定是实际中的部门机构，按照已经定义好的部门编码级次原则输入部门编号及其信息。部门档案包含部门编码、名称、负责人、部门属性等信息。

（3）部门对应折旧科目：固定资产计提折旧后必须把折旧归入成本或费用，根据不同使用者的具体情况按部门或按类别归集。当按部门归集折旧费用时，某一部门所属的固定资产折旧费用将归集到一个比较固定的科目，所以部门对应折旧科目设置就是给部门选择一个折旧科目。录入卡片时，该科目自动显示在卡片中，不必一个一个输入，可提高工作效率。在生成部门折旧分配表时，每一部门按折旧科目汇总，生成记账凭证。在使用本功能前，必须已建立好部门档案，可在基础设置中进行设置，也可在本系统的“部门档案”中完成。

（4）资产类别：固定资产的种类繁多，规格不一，要强化固定资产管理，及时准确做好固定资产核算，必须建立科学的固定资产分类体系，为核算和统计管理提供依据。企业可根据自身的特点和管理要求，确定一个较为合理的资产分类方法。

（5）增减方式：包括增加方式和减少方式两类。增加的方式主要有直接购入、投资者投入、捐赠、盘盈、在建工程转入、融资租入；减少的方式主要有出售、盘亏、投资转出、捐赠转出、报废、毁损、融资租出等。

（6）使用状况：从固定资产核算和管理的角度，需要明确资产的使用状况，一方面可以正确地计算和计提折旧；另一方面便于统计固定资产的使用情况，提高资产的利用效率。

（7）折旧方法定义：折旧方法设置是系统自动计算折旧的基础。系统给出了常用的五种方法：不提折旧、平均年限法、工作量法、年数总和法、双倍余额递减法。这五种方法是系统设置的折旧方法，只能选用，不能删除和修改。另外，如果这五种方法不能满足企业的使用需要，系统提供了折旧方法的自定义功能，可以定义自己合适的折旧方法的名称和计算公式。

（二）卡片

（1）卡片项目：指固定资产卡片上显示的用来记录固定资产资料的栏目，如原值、资产名称、使用年限、折旧方法等卡片最基本的项目。用友 ERP-U8 固定资产系统提供了一些常用卡片必需的项目，称为系统项目；如果这些项目不能满足对资产特殊管理的需要，可以通过卡片项目定义来定义需要的项目，定义的项目称为自定义项目。这两部分构成卡片项目目录。

（2）卡片样式：指卡片的显示格式，包括格式（表格线、对齐形式、字体大小、字形等）、所包含的项目和项目的位置等。由于不同的企业使用的卡片样式可能不同，即使是同一企业内部对不同的资产也会因为管理的内容和侧重点而使用不同样式的卡片，所以本系统提供卡片样式自定义功能，充分体现了用友 ERP-U8 产品的灵活性。

（3）卡片管理：指对固定资产系统中所有卡片进行综合管理的功能操作。通过卡片管理可完成卡片修改、卡片删除、卡片打印。

（4）录入原始卡片：原始卡片是指卡片记录的资产开始使用日期的月份大于其录入系统的月份，即已使用过并已计提折旧的固定资产卡片。在使用固定资产系统进行核算前，必须将原始卡片资料录入系统，保持历史资料的连续性。原始卡片的录入不限制在第一个期间结账前，任何时候都可以录入原始卡片。

（5）资产增加：即新增加固定资产卡片，在系统日常使用过程中，可能会购进或通过其他方式增加企业资产，该部分资产通过“资产增加”操作录入系统。只有当固定资产开始使用日期的会计期间=录入会计期间时，才能通过“资产增加”录入。

（6）资产减少：资产在使用过程中，总会由于各种原因，如毁损、出售、盘亏等，退出企业，该部分操作称为“资产减少”。本系统提供资产减少的批量操作，同时为清理一批资产提供方便。

（7）变动单：包括原值增加、原值减少、部门转移、使用状况变动、折旧方法调整，使用年限调整，工作总量调整、净残值（率）调整。

（8）批量变动：需批量变动的资产输入变动内容及变动原因后，可以将需变动的资产成批生成变动单。

（9）资产评估：随着市场经济的发展，企业在经营活动中，根据业务需要或国家要求需要对部分资产或全部资产进行评估和重估，其中固定资产评估是资产评估的重要部分。本系统资产评估主要完成的功能是：将评估机构的评估数据手工录入或定义公式录入到系统；根据国家要求手工录入评估结果或根据定义的评估公式生成评估结果。本系统资产评估功能提供可评估的资产内容包括原值、累计折旧、净值、使用年限、工作总量、净残值率。

（三）处理

（1）工作量输入：当账套内的资产有使用工作量法计提折旧的时候，每月计提折旧前必须录入资产当月的工作量，本功能提供当月工作量的录入和以前期间工作量信息的查看。

（2）计提本月折旧：执行此功能后，系统将自动计提各个资产当期的折旧额，并将当期的折旧额自动累加到累计折旧项目。

（3）折旧清单：折旧清单显示所有应计提折旧的资产所计提折旧数额的列表，单期的折旧清单中列示了资产名称、计提原值、月折旧率、单位折旧、月工作量、月折旧额等信息。全年的折旧清单中同时列出了各资产在12个计提期间中月折旧额、本年累计折旧等信息。

（4）折旧分配表：是编制记账凭证、把计提折旧额分配到成本和费用的依据。什么时候生成折旧分配凭证，要根据在初始化或选项中选择的折旧分配汇总周期确定，如果选定的是一个月，则每期计提折旧后自动生成折旧分配表；如果选定的是3个月，则只有到3的倍数的期间，即第3、6、9、12期间计提折旧后才自动生成折旧分配凭证。折旧分配表有部门折旧分配表和类别折旧分配表两种类型，但只能选择一个制作记账凭证。

（5）对账：系统在运行过程中，应保证本系统管理的固定资产的价值和账务系统中固定资产科目的数值相等。而两个系统的资产价值是否相等，通过执行本系统提供的对账功能实现，对账操作不限制执行的时间，任何时候均可进行对账。系统在执行月末结账时自动对账一次，给出对账结果，并根据初始化或选项中的判断确定账户不平的情况下是否允许结账。只有系统初始化或选项中选择了与账务对账，本功能才可操作。

（6）批量制单：在完成任何一笔需制单的业务的同时，可以通过单击“制单”按钮制作记账凭证并传输到账务系统，也可以在当时不制单（选项中制单时间的设置必须为“不立即制单”），而在某一时间（比如月底）利用本系统的“批量制单”功能完成制单工作。批量制单可同时将一批需制单业务连续制作凭证传输到账务系统，避免了多次制单的繁琐。凡是业务发生当时没有制单的，该业务自动排列在批量制单表中，表中列示应制单而没有制单的业务发生的日期、类型、原始单据号，缺省借贷方科目和金额以及制单选择标志。

（四）账表

在固定资产管理过程中，需要及时掌握资产的统计、汇总和其他各方面的信息。本系统根据企业日常操作和管理的需要，自动提供这些信息，以报表的形式提供给财务人员和资产管理人员。本系统提供的报表分为五类：分析表、减值准备表、统计表、账簿、折旧表。另外，如果所提供的报表不能满足要求，系统提供自定义报表功能，可以根据需要定义报表。

（1）分析表包含部门构成分析表、使用状况分析表、价值结构分析表、类别构成分析表。

（2）减值准备表包括减值准备总账、减值准备余额表、减值准备明细账。

（3）统计表包括评估汇总表、评估变动表、固定资产统计表、逾龄资产统计表、盘盈盘亏报告表、役龄资产统计表、固定资产原值一览表、固定资产变动情况表、固定资产到期提示表、采购资产统计表。

（4）账簿包括固定资产总账、单个固定资产明细账、固定资产登记簿、部门类别明细账。

（5）折旧表包括部门折旧计提汇总表、固定资产折旧清单表、固定资产折旧计算明细表、固定资产及累计折旧表。

（五）维护

（1）数据接口管理：具有卡片导入功能，可以将已有的固定资产管理系统的资产卡片自动写入到本系统中，这样可以减少手工录入卡片的工作量。

（2）重新初始化账套：系统在运行过程中发现账错误很多或太乱，无法或不想通过“反结账”纠错，这种情况可以通过“重新初始化账套”将该账套的内容全部清空，然后从系统初始化开始重新建立账套。

四、固定资产管理系统接口

本系统与用友其他产品的接口主要涉及的是总账系统。本系统资产增加（录入新卡片）、资产减少、卡片修改（涉及原值或累计折旧时）、资产评估（涉及原值或累计折旧变化时）、原值变动、累计折旧调整、计提减值准备调整、转回减值准备调整、折旧分配、增值税调整都要将有关数据通过记账凭证的形式传输到总账系统，同时通过对账保持固定资产账目的平衡。系统之间的接口关系如图 8-4 所示。

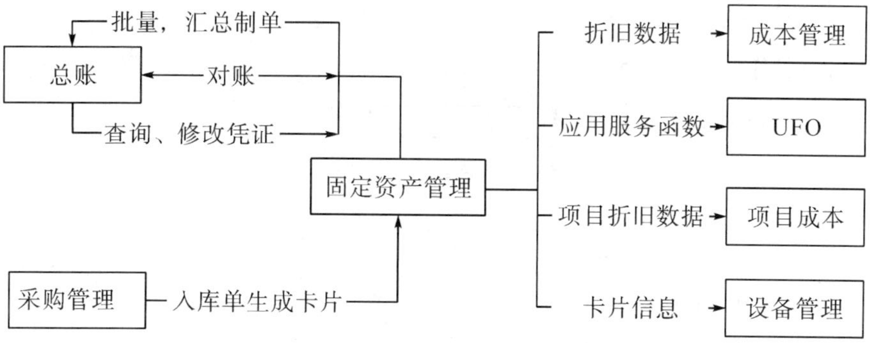

图 8-4 固定资产管理系统与其他系统接口关系图

五、固定资产管理系统基本操作流程

（一）新用户操作流程

新用户操作流程如图 8-5 所示。

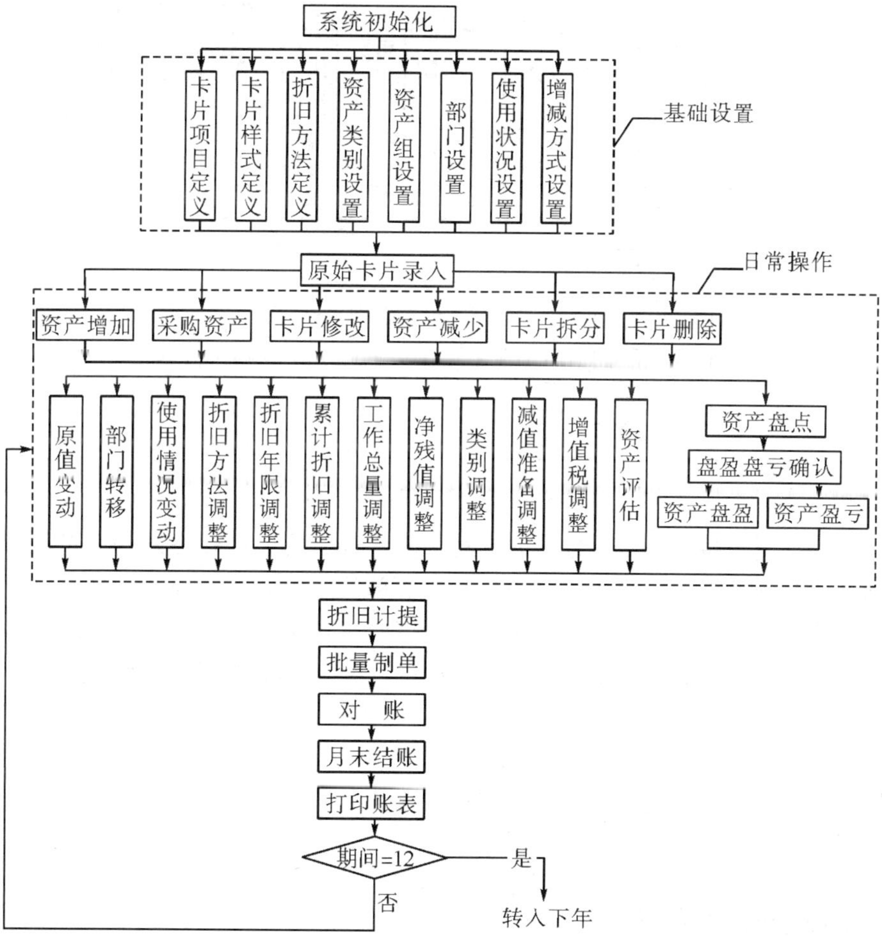

图 8-5 新用户操作流程图

（二）老用户操作流程

老用户操作流程如图 8-6 所示。

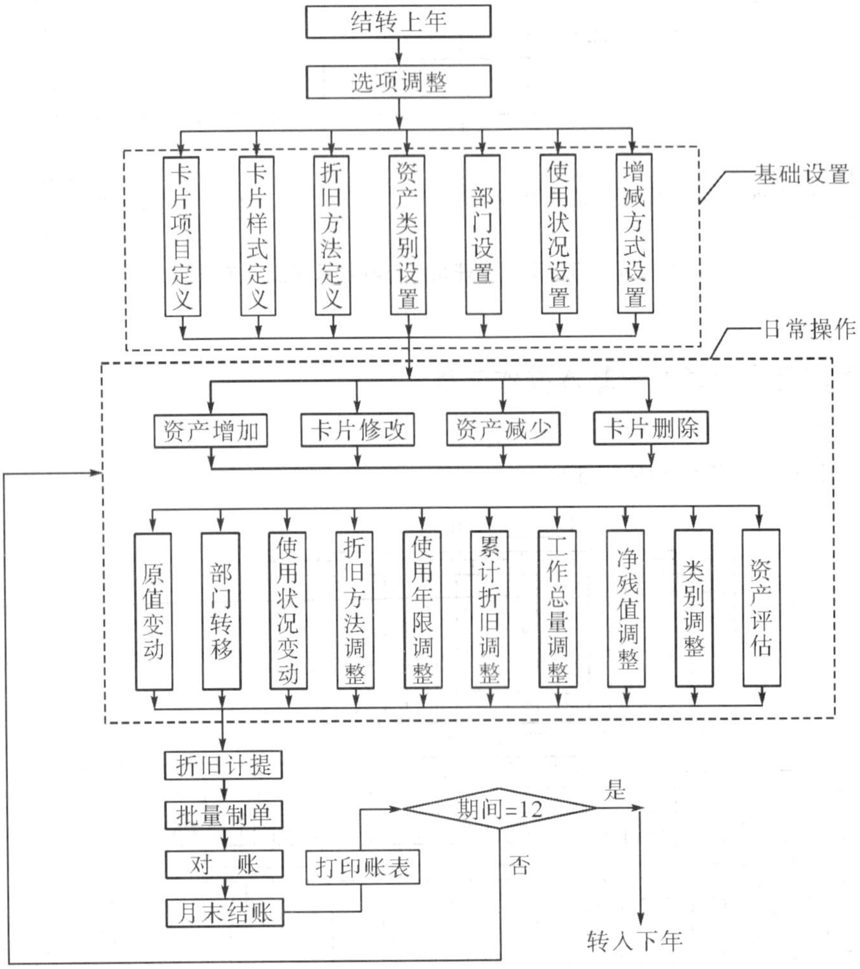

图 8-6　老用户操作流程图

在企业会计制度中，不同性质的企业，固定资产的会计处理方法不同。固定资产管理系统提供企业单位应用方案和行政事业单位应用方案两种选择。行政事业单位应用方案与企业单位应用方案的差别在于行政事业单位整个账套不提折旧。从操作流程来看，所有与折旧有关的操作环节在行政事业单位操作流程中均不体现。

第二节　固定资产业务处理

一、固定资产增加核算

资产增加即新增加固定资产卡片，在系统日常使用过程中，可能会购进或通过其他方式增加企业资产，该部分资产通过“资产增加”操作录入系统。当固定资产开始使用日期的会计期间等于录入会计期间时，才能通过“资产增加”录入。新增固定资产卡片第一个月不提折旧，折旧额为空或零。

【实务案例】

47. 2020 年 9 月 28 日，购入电脑 1 台，单位售价 4 000 元，价税合计 4 680 元，进项税额可以抵扣，预计使用 5 年，以转账支票（票号：003398）方式支付，已交付采购部使用。由固定资产模块生成 1 张凭证并传递到总账系统。

【操作步骤】

第一步，在企业应用平台中，执行“业务工作→财务会计→固定资产→卡片→资产增加”指令，进入固定资产增加界面，单击“增加”按钮，输入相关信息后再保存，并审核固定资产卡片。

第二步，在固定资产系统中，执行“处理→批量制单”指令，选择制单的卡片后，在“制单设置”中补充相关信息后单击“凭证”按钮进行制单。在凭证界面补填“进项税”科目及金额后保存凭证，并到总账系统中查阅凭证。

二、采购资产

采购资产是指根据入库单中的存货结转生成的固定资产卡片。在采购管理系统存在业务类型是由于录入固定资产采购的入库单时，其数据可以直接传递到固定资产系统的“采购资产”功能点，可以选择入库单结转生成卡片。

在固定资产系统中，执行“卡片→采购资产”指令，进入后分订单、入库单上下列表显示。选择一条订单记录，入库单列表自动显示与订单号、存货编号相对应的入库单记录。单击“增加”按钮进入采购资产分配设置界面，设置资产类别、开始使用日期、存货数量、抵扣增值税。在采购资产分配设置中通过快捷键“CTRL+ALT+G”激活修改状态就可以对采购订单的单价进行修改。单击“确定”按钮进入资产卡片界面，补充资产信息并保存。

可结转生成固定资产卡片的入库单须满足：①业务类型为固定资产采购；②必有订单；③结转生成卡片的存货已经全部结算。与选中订单对应的入库单必须一次结转完毕，不允许分次结转。采购资产卡片不在固定资产制单，在应付管理系统制单。

三、固定资产折旧处理

自动计提折旧是固定资产系统的主要功能之一。系统每期计提折旧一次，根据录入系统的资料自动计算每项资产的折旧，并自动生成折旧分配表；然后制作记账凭证，将本期的折旧费用自动登账。

（一）折旧计提和分配的基本原则

若选项中的“新增资产当月计提折旧”选项被选中，则本月计提新增资产的折旧；反之，本月不计提新增资产的折旧，下月计提。系统提供的直线法计算折旧是以净值作为计提原值，以剩余使用年限作为计提年限计算折旧。

本系统影响折旧计算的因素包括原值变动、累计折旧调整、净残值（率）调整、折旧方法调整、使用年限调整、使用状况调整、工作总量调整、减值准备期初、计提减值准备调整、转回减值准备调整。

本系统发生与折旧计算有关的变动后，以前修改的月折旧额或单位折旧的继承值无效。如加速折旧法在变动生效的当期以净值为计提原值，以剩余使用年限为计提年限计算折旧。

当发生原值调整，若变动单中的“本变动单当期生效”选项被选中，则该变动单本月计提的折旧额按变化后的值计算折旧；反之，本月计提的折旧额不变，下月按变化后的值计算折旧。

当发生累计折旧调整，若选项中的“累计折旧调整当期生效”选项被选中，则本月计提的折旧额按变化后的值计算折旧；反之，本月计提的折旧额不变，下月按变化后的值计算折旧。

当发生净残值（率）调整时，若选项中的“净残值（率）调整当期生效”选项被选中，则本月计提的折旧额按变化后的值计算折旧；反之，本月计提的折旧额不变，下月按变化后的值计算折旧。

折旧方法调整、使用年限调整、工作总量调整、减值准备期初当月按调整后的值计算折旧。

使用状况调整、计提减值准备调整、转回减值准备调整，本月计提的折旧额不变，下月按变化后的值计算折旧。

本系统各种变动后计算折旧采用未来适用法，不自动调整以前的累计折旧，采用追溯调整法的企业只能手工调整累计折旧。

折旧分配：部门转移和类别调整当月计提的折旧分配，分配到变动后的部门和类别。

报表统计：将当月折旧和计提原值汇总到变动后的部门和类别。

如果选项中“当月初使用月份=使用年限×12-1 时是否将折旧提足”的判断结果是“是”，则除工作量法外，本月月折旧额=净值-净残值，并且不能手工修改；如果选项中“当月初使用月份=使用年限×12-1 时是否将折旧提足”的判断结果是“否”，则该月不提足，并且可手工修改，但如果以后各月按照公式计算的月折旧率或折旧额是负数时，认为公式无效，令月折旧率=0，月折旧额=净值-净残值。

【实务案例】

48. 9 月 30 日，按部门计提本月累计折旧。

【操作步骤】

第一步，在固定资产系统中，执行“处理→计提本月折旧”指令计提本月折旧。

第二步，执行“处理→折旧分配表”指令调出分配清单后，单击“凭证”按钮进行制单，补填“累计折旧”科目后保存。

本系统在一个期间内可以多次计提折旧，每次计提折旧后，只是将计提的折旧累加到月初的累计折旧，不会重复累计。如果上次计提折旧已制单把数据传递到账务系统，则必须删除该凭证才能重新计提折旧。计提折旧后又对账套进行了影响折旧计算或分配的操作，必须重新计提折旧，否则系统不允许结账。如果自定义的折旧方法月折旧率或月折旧额出现负数，自动中止计提。

（二）计提折旧凭证制作

在固定资产系统中，执行“处理→折旧分配表”指令，可进入折旧分配表界面（如图 8-7 所示）。录入折旧科目后，单击工具栏“凭证”按钮进入联查凭证界面，选择凭证类别，修改金额，也可修改任何科目和增加科目，最后保存即可。

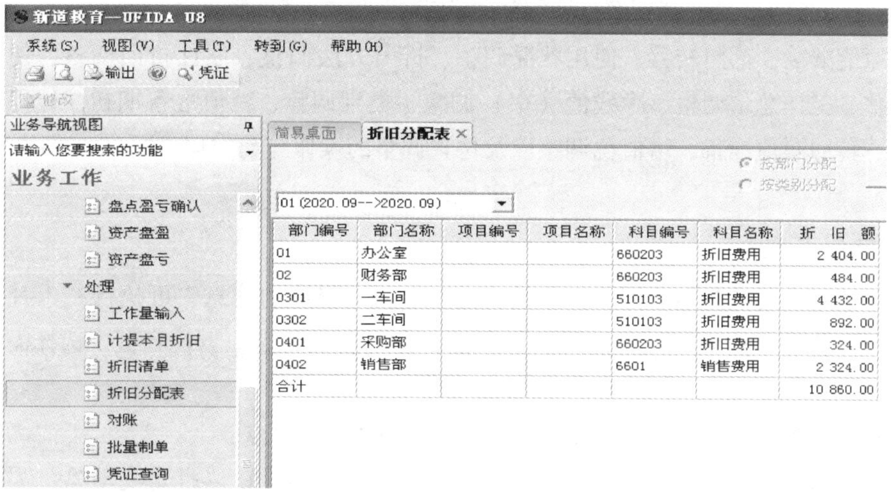

图 8-7　折旧分配表界面

四、固定资产变动核算

资产在使用过程中，除发生下列情况外，价值不得任意变动：①根据国家规定对固定资产重新估价；②增加补充设备或改良设备；③将固定资产的一部分拆除；④根据实际价值调整原来的暂估价值；⑤发现原记固定资产价值有误的；⑥本系统原值发生变动通过“原值变动”功能实现。原值变动包括原值增加和原值减少两部分。如执行“卡片→原值增加”指令，可进入固定资产变动单——原值增加界面，如图 8-8 所示。

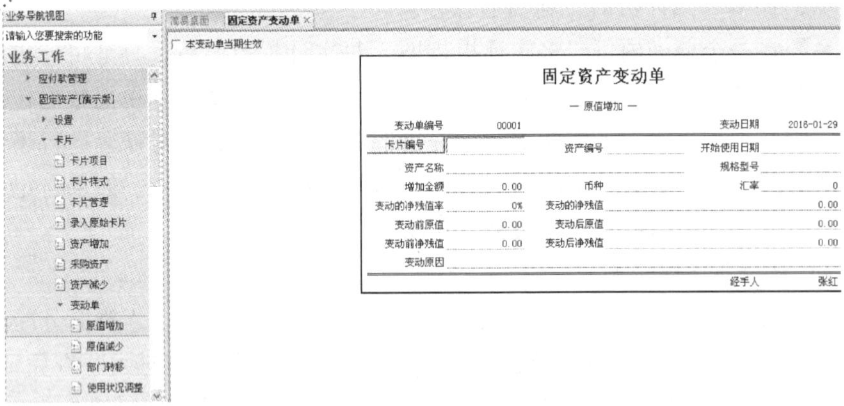

图 8-8 固定资产变动单——原值增加界面

原值减少、部门转移、使用状况调整、折旧方法调整、累计折旧调整、使用年限调整、工作总量调整、净残值（率）调整、类别调整、减值准备期初、计提减值准备、转回减值准备、增值税调整以及位置调整的操作与前类似。

五、批量变动

因政策变更或其他原因需要批量变动一些固定资产的信息，可执行“卡片→批量变动”指令，进入“批量变动单”界面，在“变动类型”下拉列框中选择需变动的类型。

选择批量变动的资产有手工选择和条件选择两种方法。

手工选择：如果需批量变动的资产没有共同点，则可在“批量变动单”界面内直接输入卡片编号或资产编号，也可使用参照按钮，将资产一个一个地增加到批量变动表内进行变动。

条件选择：指通过一些查询条件，将符合该条件集合的资产挑选出来进行变动。如果要变动的资产有共同之处，可以通过条件选择的方式选择资产，而不用一个资产一个资产地增加。单击“条件筛选”按钮，则屏幕显示条件筛选界面。在该界面中输入筛选条件集合后，单击“确定”按钮，则批量变动表中自动列示按条件筛选出的资产。

生成变动单：输入变动内容及变动原因后，单击右键选择“保存”菜单，可将需变动的资产生成变动单。

填充数据：可以对以下数据项统一填充变动后的数据，具体包括变动原因、原值增加调整单中的增加金额、原值减少调整单中的减少金额、部门转移调整单中的变动后部门和新存放地点、使用状况调整单中的变动后使用状况、折旧方法调整单中的变动后折旧方法、使用年限调整单中的使用年限、工作总量调整单中的变动后工作总量、净残值（率）调整单中的净残值率、计提减值准备调整单中的减值准备金额、转回减值准备调整单中的转回减值准备和变动后累计折旧、期初减值准备调整单中的期初减值准备金额。先将焦点定位于可填充列，在“填充数据”后输入要统一变动的内容，单击“填充数据”按钮即可。

六、资产评估

随着市场经济的发展，企业在经营活动中，根据业务需要或国家要求需要对部分资产或全部资产进行评估和重估，其中固定资产评估是资产评估的重要组成部分。

进行资产评估时包括以下三个步骤：

第一步，选择要评估的项目。进行资产评估时，每次要评估的内容可能不一样，可以根据需要从系统给定的可评估项目中选择。在资产评估管理界面中单击“增加”按钮，进入“评估资产选择”窗口，在左侧的“可评估项目”列表中选择要评估的项目。用友 ERP 系统中的原值、累计折旧和净值三个中只能选两个，另一个通过公式“原值-累计折旧=净值”推算得到。

第二步，选择要评估的资产。每次要评估的资产也可能不同，可以选择以手工选择方式，或以条件选择方式，挑选出要评估的资产。

第三步，制作资产评估单。选择评估项目和评估资产后，必须录入评估后的数据或通过自定义公式生成评估后的数据，系统才能生成评估单。评估单显示评估资产所评估的项目在评估前和评估后的数据。填完评估单后，单击“保存”按钮。卡片上的数据根据评估单改变。

当评估变动表中评估后的原值和累计折旧的合计数与评估前的数据不同时，单击“凭证”按钮，通过记账凭证将变动数据传输到总账系统。

如何定义公式生成评估数据：选择要定义公式的区域，选中后该区域背景是蓝色（所选的区域只能是评估后数据区域，并且选中的只能是一列）；单击“计算公式”按钮，屏幕显示定义公式界面。双击评估项目将该项目添加到公式中，同时使用键盘输入计算符和数字，定义出评估公式。单击“确定”按钮，则选中的区域的数据是按公式计算出的数据。

七、资产盘点

企业要定期对固定资产进行清查，至少每年清查一次，清查通过盘点实现。本系统将固定资产盘点简称为资产盘点，是指在对固定资产进行实地清查后，将清查的实物数据录入固定资产系统与账面数据进行比对，并由系统自动生成盘点结果清单的过程。

（一）资产盘点

资产盘点包括以下三个步骤：

第一步，选择要盘点的范围。进行资产盘点时，每次要进行盘点的范围可能不同，可以根据需要从系统给定盘点范围中选择。在资产盘点管理界面中单击“增加”按钮，进入“新增盘点单-数据录入”窗口，单击“范围”按钮，进入“资产盘点”窗口，选择实际盘点的发生日期，再选中要进行盘点的方式及对应该方式的明细分类。

第二步，进行项目设置。每次盘点的侧重点不同，要录入的盘点数据与要核对的数据也不尽相同，系统提供相关卡片项目供选择，单击工具栏“栏目”按钮可将其调出。

核对项目：生成盘点结果清单时要与系统内卡片进行核对的项目。

录入项目：实际盘点数据需要录入的项目。

核对项目与录入项目的供选项目完全一致，均为系统内相关卡片项目。选中核对项目则相应地录入项目自动选中，若单独选中录入项目，对应核对项目可以不选。

第三步，录入盘点数据并生成盘点结果清单。根据所选盘点范围以及项目设置，录入盘点数据，生成盘点结果清单供企业对比分析。

录入数据：单击“增行”，系统新增一行，录入对应各项目的实际盘点数据。

生成盘点结果清单，单击“核对”按钮，系统将根据当前盘点单中的数据同系统内盘点日期的卡片数据相比较生成结果清单，可以查看固定资产是与实际相符还是出现了盘盈盘亏，也可以选中“过滤掉相符情况”单独查看盘盈及盘亏的资产清单。

保存盘点单，要将本次录入的盘点单保存在系统内以供查询，单击工具栏上的“保存”按钮。

（二）盘点盈亏确认

企业进行资产的盘点之后，要对盘盈盘亏结果进行审核。盘点记录审核，先选择需要审核的盘点单，对需要审核的盘盈或盘亏记录进行审核，选择“同意”或“不同意”，录入处理意见。

盘点记录批量处理，批量填充意见，在需要审核记录的“选择”栏打上“Y”标记；在“批量填充”后的文字录入框中输入处理意见；单击“批量填充”按钮，可将意见填入所选行记录作为处理意见。批量审核方法同前。盘点单关闭，所有的审核同意记录都进行了盘盈或盘亏处理后，该盘点单自动关闭。不需要再进行盘盈或盘亏资产操作的盘点单，可以手工关闭。已关闭的盘点单不能进行后续盘盈或盘亏资产操作。已进行盘盈或盘亏资产操作的记录，系统自动标记为已处理。

（三）资产盘盈

资产盘盈处理，执行“卡片→资产盘盈”指令，可进入资产盘盈处理界面，选择需要进行盘盈处理的盘点单，录入待盘盈资产的开始使用日期及资产类别，单击“盘盈资产”按钮进入所选记录的资产卡片补充资产信息并保存。盘盈资产的操作是增加资产卡片的操作，要求先录入开始使用日期及资产类别才能进行资产增加。

盘点记录批量盘盈，在需要盘盈记录的“选择”栏打上“Y”标记，在“日期”和“资产类别”中录入相应信息；单击“批量填充”按钮将开始使用日期及资产类别填入所选记录的对应栏目；单击“盘盈资产”按钮对所选记录的资产逐张补充资产信息并保存。

（四）资产盘亏

资产盘亏处理，执行“卡片→资产盘亏”指令，可进入资产盘亏处理界面，选择需要处理的盘点单，在需要审核记录的“选择”栏打上“Y”标记，再选择需要进行盘亏处理的盘点单，单击“盘亏资产”按钮进入“资产减少”选项对所选记录的资产进行减少处理。盘亏资产将进行资产减少操作，应先计提折旧后才可以进行。

八、固定资产减少核算

资产在使用过程中，总会由于各种原因，如毁损、出售、盘亏等，退出企业，该部分操作称为“资产减少”。因此，固定资产系统提供资产减少的功能，以满足该操作。本系统提供资产减少的批量操作，为同时清理一批资产提供方便。

【实务案例】

49. 9 月 30 日，本公司以卧室台灯 100 个、公允价值为 35 000 元和不需用的一辆大众迈腾小汽车和一辆货车对广东东莞家具公司进行长期股权投资，取得广东东莞家具公司 30% 的份额，能够对广东东莞家具公司实施重大影响，其大众迈腾小汽车原值为 240 000 元，已提折旧 1 920 元；货车原值为 230 000 元，已提折旧1 840 元，二者的公允价值均为其账面净值。东莞家具公司所有者权益公允价值为 200 万元。

【操作步骤】

第一步，由于可实施重大影响，所以采用权益法。

第二步，投资总成本为=35 000+（240 000−1 920）+（230 000−1 840）=501 240 元。

第三步，按比例应享有的份额=2 000 000×30%=600 000 元。

第四步，计入当期损益营业外收入=600 000−501 240=98 760 元。

第五步，对卧室台灯的出库处理步骤同前 31 题。

第六步，在固定资产系统中，执行“卡片→资产减少”指令后增加要减少的两辆车，补充相关信息后，按“确定”按钮进行保存。

第七步，执行“处理→批量制单”指令，补填科目保存后单击“凭证”按钮进行制单。

第八步，在应收系统中，填制收款单，审核收款单，生成收款凭证如下：

借：长期股权投资——成本	600 000	
贷：应收账款——广东东莞家具公司		35 000
固定资产清理		466 240
资产处置损益		98 760

撤销已减少资产：资产减少的恢复是一个纠错的功能，当月减少的资产可以通过本功能恢复使用。通过资产减少的资产只有在减少的当月可以恢复。从卡片管理

界面中，选择“已减少的资产”，选中要恢复的资产，单击“恢复减少”按钮即可。如果资产减少操作已制作凭证，必须删除凭证后才能恢复。

九、报表

在固定资产管理过程中，需要及时掌握资产的统计、汇总和其他各方面的信息。用友固定资产系统可以根据日常业务处理情况，自动提供这些信息，以报表的形式提供给财务人员和资产管理人员。本系统提供的报表分为五类：账簿、折旧表、汇总表、分析表、减值准备表。另外，如果所提供的报表不能满足要求，系统提供自定义报表功能，企业可以根据需要定义符合自己要求的报表。

（1）账簿包括固定资产总账、单个固定资产明细账、固定资产登记簿和部门类别明细账。

（2）分析表包括部门构成分析表、使用状况分析表、价值结构分析表和类别构成分析表。

（3）统计表包括评估汇总表、评估变动表、固定资产统计表、逾龄资产统计表、盘盈盘亏报告表、役龄资产统计表、固定资产原值一览表、固定资产变动情况表、固定资产到期提示表和采购资产统计表。

（4）折旧表包括部门折旧计提汇总表、固定资产折旧清单表、固定资产折旧计算明细表、固定资产及累计折旧表。

（5）减值准备表包括减值准备总账、减值准备余额表和减值准备明细账。

第九章 期末业务处理

期末会计事项处理是指会计人员在每个会计期末都需要完成的一些特定的会计工作，如银行对账、自动转账、对账、结账及年末处理。与日常业务相比，数量不多，但业务种类繁杂且时间紧迫。在手工会计工作中，每到会计期末，会计人员的工作就非常繁忙。而在计算机环境下，由于各会计期间的许多期末业务具有较强的规律性，且方法很少改变，如费用计提、分摊的方法，销售成本的结转和期间损益的结转等，由计算机来处理这些有规律的业务，不但减少了会计人员的工作量，也可以加强财务核算的规范性。

第一节 银行对账

一、银行对账的意义和流程

（一）银行对账的意义

为了准确掌握银行存款的实际余额，了解实际可以动用的货币资金数额，防止记账发生差错，企业应按期根据银行提供的对账单核对账目，并编制银行存款余额调节表。银行对账是企业出纳人员的最基本工作之一。一般来说，企业的结算业务大部分要通过银行进行结算，但企业的银行账和银行对账单之间由于银行与企业间单据传递的时间差造成了未达账项。系统中的银行对账可快速核对企业银行存款日记账记录与开户银行提供的银行对账单记录，找出所有的未达账项，并通过编制余额调节表使得调节后的银行存款日记账余额与调节后的银行对账单余额相符，保证银行存款的安全、完整。

（二）银行对账流程

计算机方式下的银行对账流程图，如图 9-1 所示。

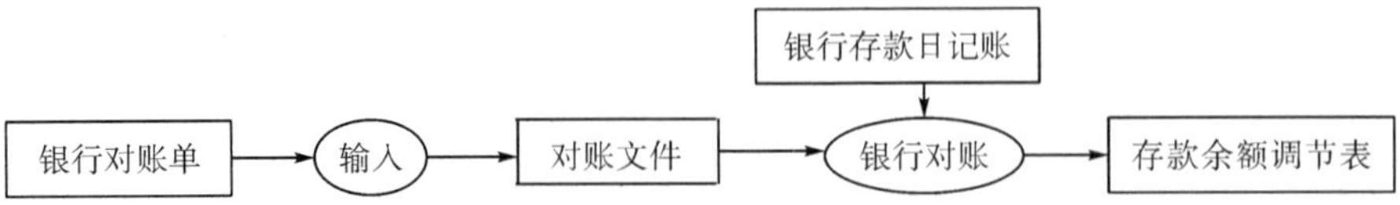

图 9-1　银行对账流程图

二、期初未达账项录入

为保证银行对账工作的顺利进行，使用银行对账功能进行对账之前，必须在对账月初先将日记账、银行对账单未达账项输入到系统中。

具体的操作步骤如下：

第一步，在总账系统中，执行“出纳→银行对账→银行对账期初录入”指令，可进入“银行科目选择”对话框，如图 9-2 所示。

第二步，在“科目”下拉列表框中选择相应的银行科目并单击“确定”按钮，即可进入银行对账期初余额录入界面，如图 9-3 所示。

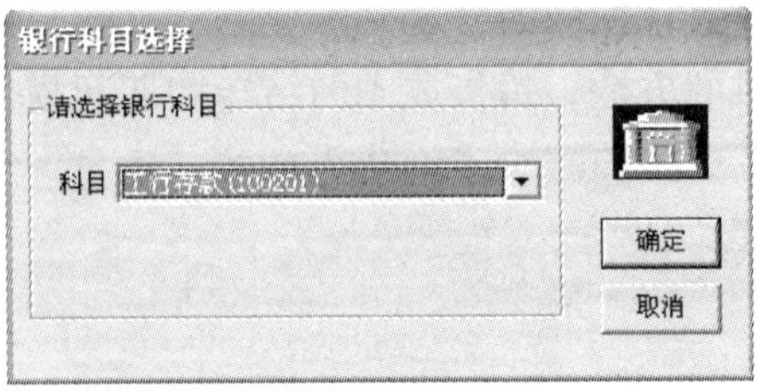

图 9-2　“银行科目选择”对话框

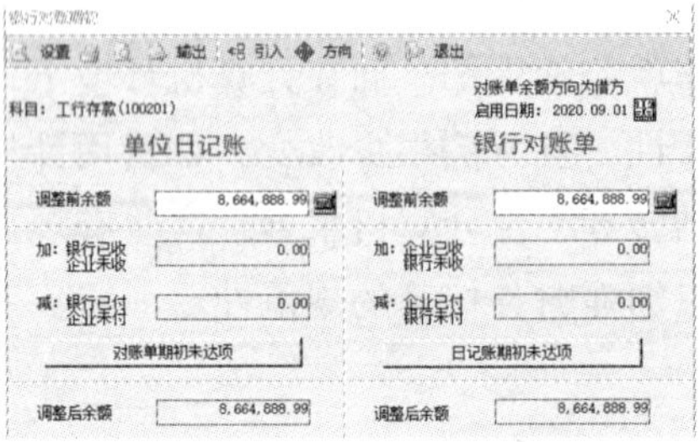

图 9-3　银行对账期初余额录入界面

第三步，在该窗口中根据需求，选择“启用日期”，并填制“调整前余额”（也可以运用系统默认的内容）。选择完毕之后，单击“对账单期初未达账”按钮即可进入银行方期初未达账项界面，如图 9-4 所示。单击工具栏上的“增加”按钮，逐条录入银行方期初未达账项，即可录入启用日期前尚未进行两清勾对的银行对账单，然后退出。

第四步，在图 9-3 中单击“日记账单期初未达项”按钮，可录入期初未进行两清勾对的单位日记账。

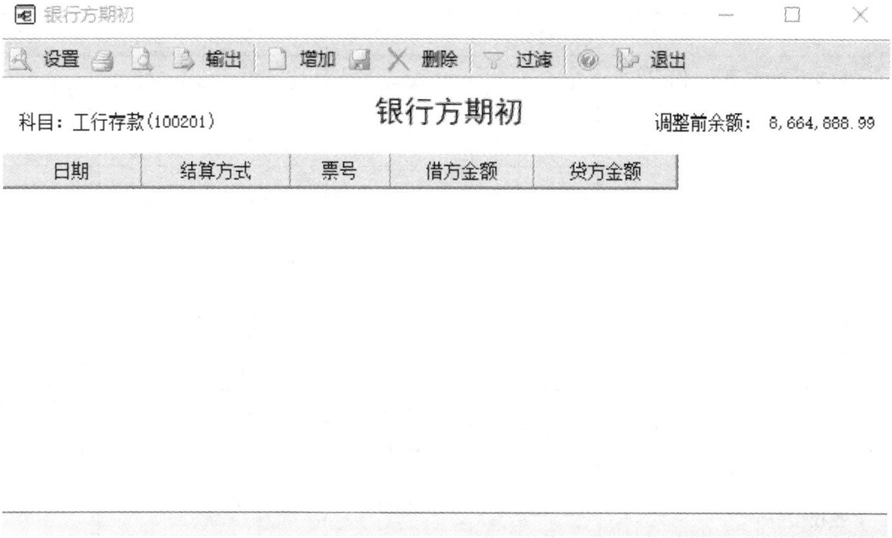

图 9-4　银行方期初未达账项界面

【实务案例】

尧顺电子股份有限公司银行日记账和银行账期初余额均为 8 664 888.99 元。

三、银行对账单录入

要实现计算机自动对账，在每月月末未对账前，须将银行开出的银行对账单输入计算机。

银行对账单是银行定期发送给单位存款用户用于核对银行存款账项的账单，它是月末各单位进行银行对账的主要依据。

（一）手工录入银行对账单

手工录入银行对账单是指在指定账户（银行科目），手工逐条录入本账户下的银行对账单。如企业在多家银行开户，对账单应与其对应账号所对应的银行存款下的末级科目一致。

【实务案例】

尧顺电子股份有限公司 2020 年 9 月工商银行对账单如表 9-1 所示。

表 9-1　　尧顺电子股份有限公司 2020 年 9 月工商银行对账单　　单位：元

月	摘要	结算方式	收入	支出	方向	余额
	期初余额（与企业期初相同）		0.00	0.00	借	8 664 888.99
09	借入专用款	其他	600 000.00	0.00	借	9 264 888.99
09	发行债券	其他	1 266 600.00	0.00	借	10 531 488.99

表9-1(续)

月	摘要	结算方式	收入	支出	方向	余额
09	签发转账支票办理存出投资款	转账支票	0. 00	50 000. 00	借	10 481 488. 99
09	上交上月增值税	转账支票	0. 00	43 680. 00	借	10 437 808. 99
09	预付货款	转账支票-003386	0. 00	6 000. 00	借	10 431 808. 99
09	支付广告费	转账支票-003388	0. 00	10 000. 00	借	10 421 808. 99
09	银行代发上月工资	其他	0. 00	76 000. 00	借	10 345 808. 90
09	直接购入资产.		0. 00	4 680. 00	借	10 341 128. 99
09	闲置借款收益	其他	41. 67	0. 00	借	10 341 170. 66
09	购入专利权	现金支票	0. 00	300 000. 00	借	10 041 170. 66
09	对济南纪元公司进行长期股权投资	其他	0. 00	4 000 000. 00	借	6 041 170. 66
09	偿还利息	其他	0. 00	502 500. 00	借	5 538 670. 66
09	支付利息	其他	0. 00	20 000. 00	借	5 518 670. 66
09	收到勤力公司前欠货款	转账支票	175 500. 00		借	5 694 170. 66
09	支付前欠天目公司的货款	网银转账		78 975. 00	借	5 615 195. 66

【操作步骤】

在总账系统中，执行“出纳→银行对账→银行对账单”指令，进入“银行科目选择”对话框，选择相应的科目：工行存款，指定月份：01。然后单击“确定”按钮，打开银行对账单录入界面，单击工具栏上的“增加”按钮，即可出现一个空白行，如图 9-5 所示，逐条录入银行对账单信息后保存。

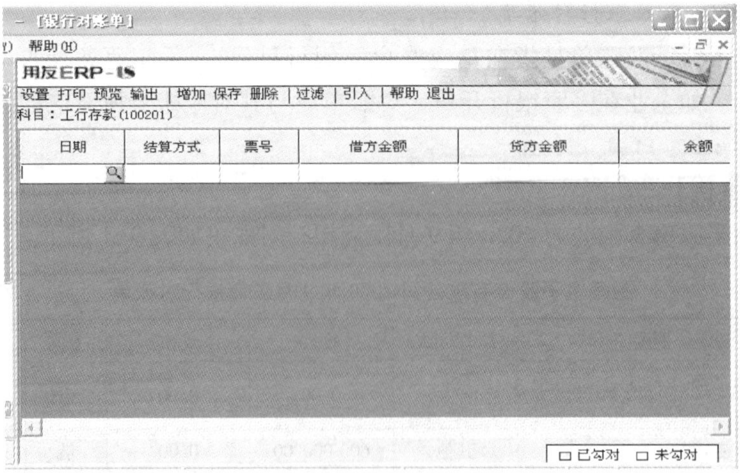

图 9-5 银行对账单录入界面

（二）引入银行对账单

银行对账单除手工录入外，还可直接引入从银行账务系统导出的对账单。

（1）在“银行对账单”录入界面中，单击工具栏上的“引入”按钮，打开“银行对账单引入接口管理”对话框，如图 9-6 所示。

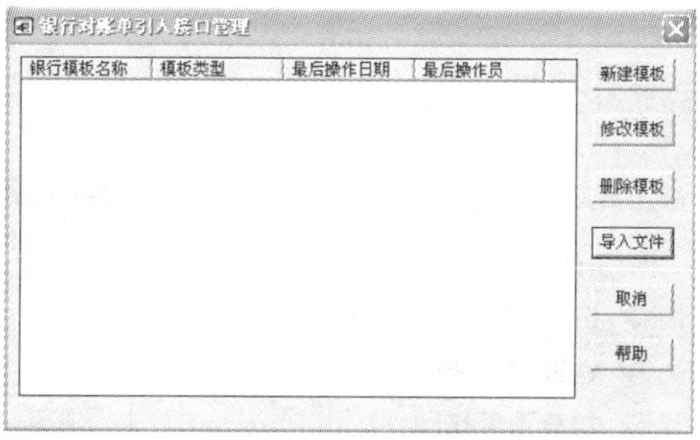

图 9-6　“银行对账单引入接口管理”对话框

（2）单击“新建模板”按钮，弹出“选择文件中包含的字段”对话框，如图 9-7所示。

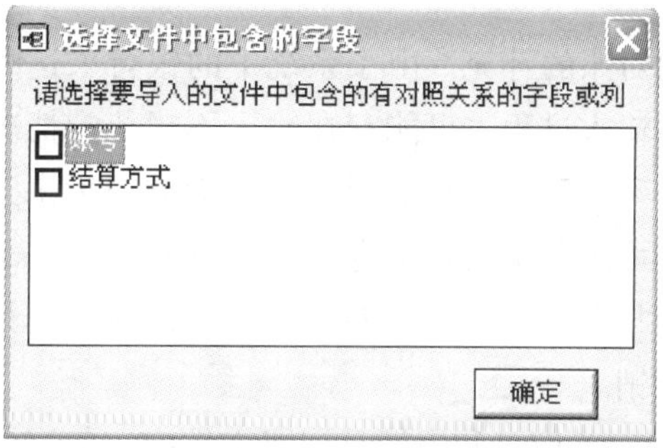

图 9-7　“选择文件中包含的字段”对话框

（3）从模板中可以看到，没有需要的格式，可单击“确定”按钮进行后续操作，弹出“模板制作向导”对话框，根据向导的提示输入相应内容。

四、对账处理

在期初未达账项及银行对账单输入后，可进行对账处理，即将系统中的银行日记账与输入的银行对账单进行核对，以检查二者是否相符。银行对账有自动对账和手动对账两种形式。

（一）自动对账

自动对账是计算机根据对账依据将银行日记账与银行对账单进行自动核对、勾销，对于已核对上的银行业务，系统将自动在银行存款日记账和银行对账单双方写上两清标志，并视为已达账项，对于在两清栏未写上两清符号的记录，系统则视其为未达账项。对账依据通常是“结算方式+结算号+方向+金额”或“方向+金额”。

在总账系统中，执行“出纳→银行对账→银行对账”指令，进入“银行科目选择”对话框选择需对账的科目后，即可打开“银行对账”界面，单击工具栏上的“对账”按钮即可打开“自动对账”对话框，如图 9-8 所示。输入截止日期并选择对账的相应条件和相差天数（必须是小于 30 的数字）后，单击“确定”按钮即可显示自动对账的结果。

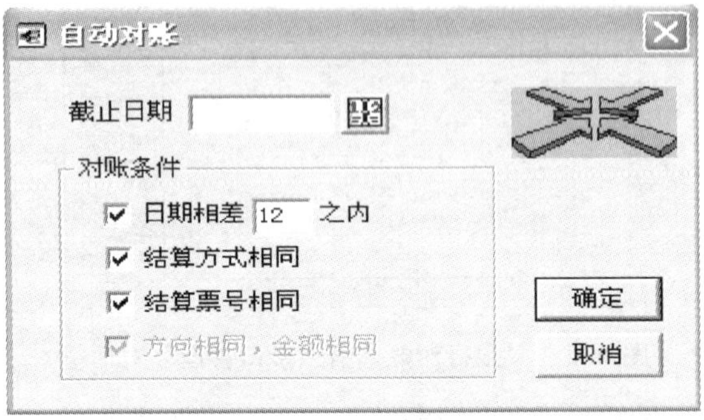

图 9-8 “自动对账”对话框

（二）手工对账

手工对账是对自动对账的补充。由于系统中的银行未达账项是通过凭证处理自动形成的，其间有人工输入过程，可能存在输入不规范的情况。使用完自动对账以后，有可能还有一些特殊的已达账没有对出来，而被视为未达账项。所以，为了保证对账的彻底和正确，可用手工对账来进行调整勾销。

以下四种情况中，只有第一种情况能自动核销已对账的记录，后三种情况均需通过手工对账来强制核销。

（1）对账单文件中一条记录和银行日记账文件中一条记录完全相同。

（2）对账单文件中一条记录和银行日记账文件中多条记录完全相同。

（3）对账单文件中多条记录和银行日记账文件中一条记录完全相同。

（4）对账单文件中多条记录和银行日记账文件中多条记录完全相同。

通常执行手工对账功能时，系统首先要求使用者选好银行科目，其次屏幕被分成两部分：一部分是单位日记账业务数据，另一部分是银行对账单业务数据。使用者可通过目测分析，将单位日记账和银行对账单上的已达业务，按操作提示进行核销。在自动对账窗口，对于一些应勾对而未勾对上的账项，可分别双击“两清”栏，直接进行手工调整。

对账完毕，单击“检查”按钮，进行对账平衡情况检查。

五、输出余额调节表

余额调节表是月末证实银行日记账与银行实有存款账实相符的主要账表，编制和输出银行存款余额调节表是月末银行对账工作的成果体现。在对银行账进行两清勾对后，计算机自动整理汇总未达账和已达账，生成“银行存款余额调节表”，以检查对账是否正确。该余额调节表为截至对账截止日期的余额调节表，若无对账截止日期，则为最新余额调节表。

在总账系统窗口中，执行“出纳→银行对账→余额调节表查询”指令，打开“银行存款余额调节表”窗口，从中选择一个银行科目，单击工具栏上的“查看”按钮，或是双击所选的银行科目，即可显示该银行账户的银行存款余额调节表，单击工具栏上的“详细”按钮可查看到更详细的余额表。

六、查询对账单或日记账勾对情况

对账单或日记账勾对情况查询，主要用于查询单位日记账和银行对账单的对账结果。它是对余额调节表的补充，可进一步了解对账后对账单上勾对的明细情况（包括已达账项和未达账项），从而进一步查询对账结果。

如果银行存款余额调节表显示账面余额不平，可以从以下几个方面查找原因：

（1）查看“单位日记账期初未达项”及“银行对账单期初未达项”是否录入正确，如果不正确则进行相应调整。

（2）银行对账单录入是否正确，如果不正确则进行相应调整。

（3）银行对账中勾对是否正确，如果不正确则进行相应调整。

七、删除已达账

删除已达账是指在单位日记账和银行对账单的对账结果检查无误后，可通过核销银行账来删除已达账。

由于单位日记账的已达账项数据和银行对账单数据是辅助数据，正确对账后，已达账项数据已无保留价值，因此，通过对银行存款余额调节表和对账明细情况的查询，确信对账正确后，可删除单位日记账已达账项和银行对账单已达账项。

第二节　总账系统内部自动转账

在会计业务中存在一些凭证，它们每月或每年有规律地重复出现。如每月计提短期借款利息、分摊无形资产、结转收入类和费用类账户余额，年底结转本年利润等。这类凭证的摘要、借贷方科目、金额的来源或计算方法基本不变。如果要编制此类凭证，每月都将做许多重复工作，而且所取金额必须待记账后才能查阅，稍有不慎，就会出现遗漏或错误。使用总账系统中的自动转账功能可以提高这项工作的效率。

一、期末转账的特点

转账分为外部转账和内部转账。外部转账是指将其他业务核算子系统生成的凭证转入总账系统中；内部转账是指在总账系统内部把某个或某几个会计科目中的余额或本期发生额结转到一个或多个会计科目中。本节阐述的是总账系统内部自动转账。一般期末转账具有以下特点：

（1）期末转账业务大多在各个会计期的期末进行。

（2）期末转账业务大多是会计部门自己填制的凭证，但又不同于日常核算，不必附有反映该业务的原始凭证，它的摘要、借贷方科目固定不变，金额的来源或计算方法也基本不变。

（3）期末转账业务大多数要从账簿中提取数据。这就要求在处理期末转账业务前必须先将其他经济业务全部登记入账。

（4）有些期末转账业务必须依据另一些期末转账业务产生的数据。这就要求期末转账需要根据业务的特点分批按步骤进行处理。

实现自动转账包括转账定义和转账生成两部分。

二、自动转账数据流程

在账务处理过程中，将凭证的摘要、会计科目、借贷方向、金额的计算公式预先存入计算机中，系统根据预先定义的金额来源计算方法从账簿中取数，自动产生记账凭证，并完成相应的结转任务。每笔转账业务每月一般只需进行一次。自动转账数据流程如图 9-9 所示。

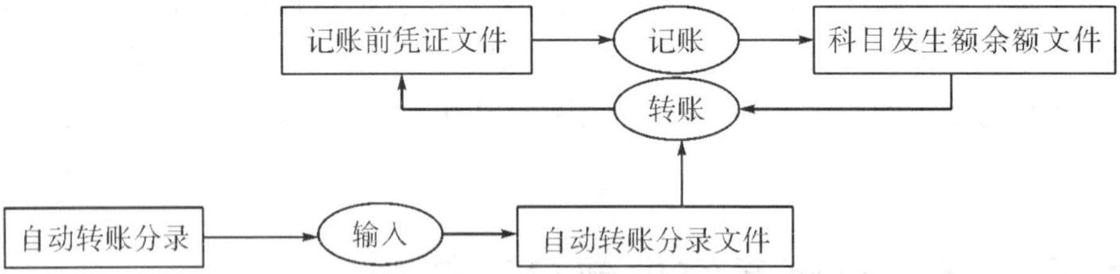

图 9-9　自动转账数据流程图

三、自动转账工作过程

一般地，把凭证的摘要、会计科目、借贷方向及金额的计算公式称为自动转账分录，而由自动转账分录所填制的记账凭证则称为机制凭证。

自动转账分录分为两类：第一类为独立自动转账分录，表示其金额的大小与本月发生的任何经济业务无关；第二类为相关自动转账分录，表示其金额的大小与本月发生的业务有关。

（一）设置自动转账分录

设置自动转账分录就是将凭证的摘要、会计科目、借贷方向以及金额计算方法存入计算机中的过程，包括增加、删除、修改分录或对自动转账分录进行查询打印。如何设计金额的计算公式是设置自动转账分录的关键。

在电算化方式下的自动转账主要包括自定义转账设置、对应结转设置、销售成本结转设置、汇兑损益结转设置和期间损益结转设置。

1. 自定义转账设置

由于各个企业情况不同，各种计算方法也不尽相同，特别是对各类成本费用分摊结转方式的差异，必然会造成各个企业这类转账的不同。在电算化方式下，为实现在各个企业的通用，使用者可以自行定义自动转账凭证。自定义转账可以完成的转账业务有：

（1）“费用分配”的结转，如工资分配等；

（2）“费用分摊”的结转，如制造费用、长期待摊费用、无形资产等；

（3）“税金计算”的结转，如增值税、城建税、教育费附加、所得税等；

（4）“提取各项费用”的结转，如提取福利费、提取借款利息等；

（5）“部门核算”的结转；

（6）“个人核算”的结转；

（7）“客户核算”的结转；

（8）“供应商核算”的结转。

如果使用应收款、应付款管理系统，则在总账管理系统中，不能按客户、供应商辅助项进行结转，只能按科目总数进行结转。

【实务案例】

尧顺电子股份有限公司期末自定义转账业务如下：

2020 年 9 月 30 日，“制造费用”在卧室台灯和落地台灯中按 1∶1 的比例分配；计提短期借款本月应付的利息，短期借款用于满足流动资金的需要，年利率为 12%。

【操作步骤】

第一步，在总账系统中，执行“期末→转账定义→自定义转账”指令，进入自定义转账设置界面，如图 9-10 所示。

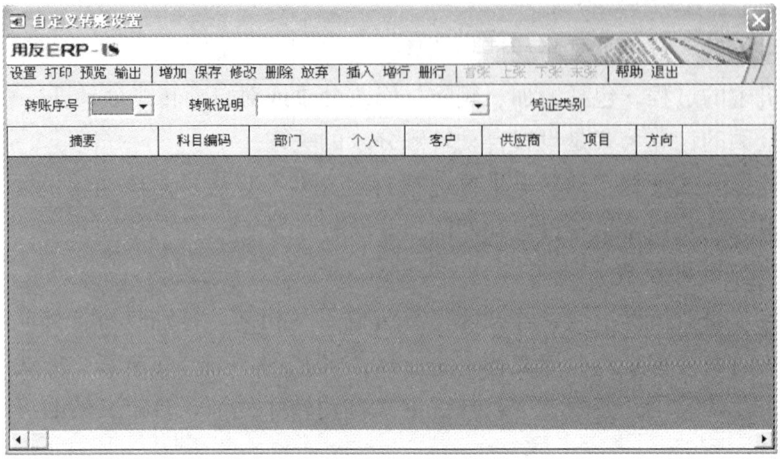

图 9-10　自定义转账设置界面（一）

第二步，单击“增加”按钮即可弹出“转账目录”对话框，如图 9-11 所示。

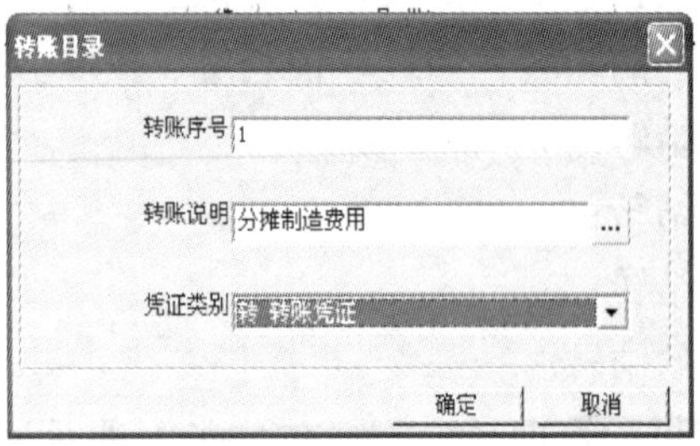

图 9-11　“转账目录”对话框

第三步，输入转账序号：“1”，转账说明：“分配制造费用”，凭证类别：“转账凭证”。单击“确定”按钮，即可进入到新增加的自定义转账设置界面，如图9-12所示。

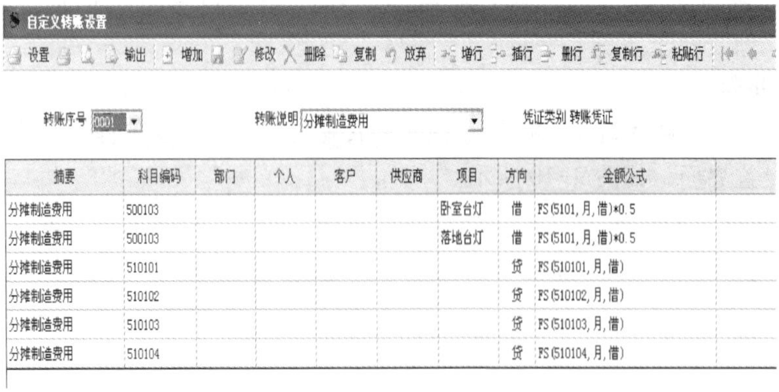

图 9-12　自定义转账设置界面（二）

第四步，在第一行的科目编码栏内输入“500103”，项目栏选择“卧室台灯”，方向栏选择“借”，然后双击金额公式栏，单击“参照”按钮，进入“公式向导”对话框，如图 9-13 所示。在公式的“公式名称”中选择“借方发生额”，然后单击“下一步”按钮，可进入另一个“公式向导”对话框中，如图 9-14 所示。

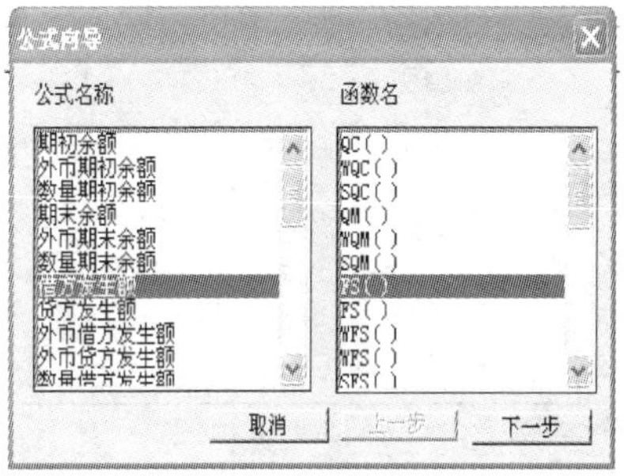

图 9-13　“公式向导（名称）”对话框

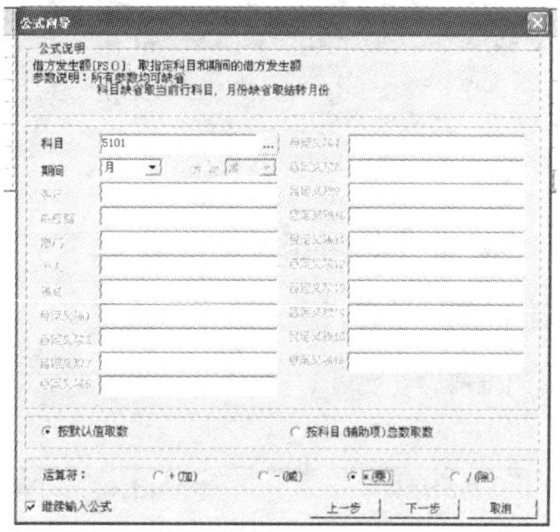

图 9-14　“公式向导（公式说明）”对话框

第五步，在“公式向导（公式说明）”对话框中输入科目“5101”，勾选“继续输入公式”，运算符为“＊”；然后单击“下一步”按钮，可进入“公式向导”对话框，如图 9-15 所示。在公式的“公式名称”中选择“常数”，单击“下一步”按钮，可进入“公式常数设置”对话框（如图 9-16 所示），输入“0. 5”；然后单击“完成”按钮，所选公式已经在“自定义转账设置”界面中第一行显现出来，如图 9-12 所示。

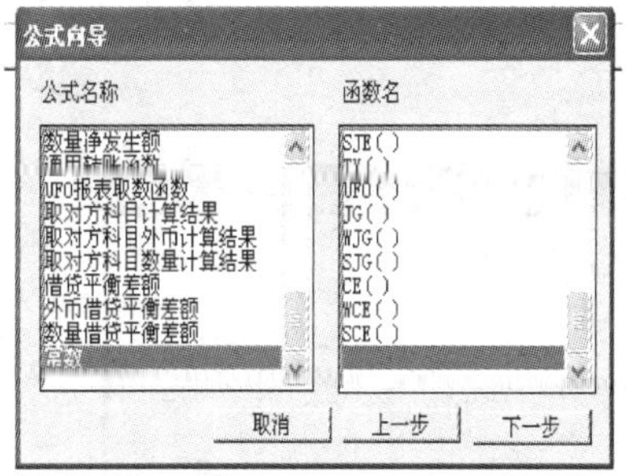

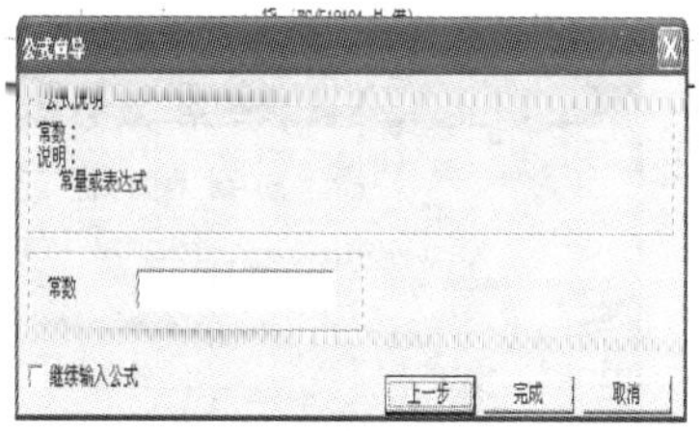

图 9-15　“公式向导（名称）”对话框

图 9-16　“公式常数设置”对话框

图 9-12 中制造费用分配设置的第二、三、四、五和六行定义方式与上相似。

2. 对应结转设置

如果要对两个科目进行一一对应结转，称为对应结转。对应结转不仅可进行两个科目一对一结转，还提供科目的一对多结转功能。对应结转的科目可为上级科目，但其下级科目的科目结构必须一致（相同明细科目）。如果有辅助核算，则两个科目的辅助账类也必须一一对应。该功能只结转期末余额，若结转发生额，需在自定义结转中设置。

在总账系统中，执行“期末→转账定义→对应结转”指令，进入对应结转设置界面，如图 9-17 所示；输入需要对应结转的编号、凭证类别、摘要、转出科目编码、转出科目名称和转出辅助项。单击工具栏上的“增行”按钮，在空行中输入需要转入科目的编码、名称、辅助项和结转系数。单击工具栏上的“保存”按钮，即可保存该转账凭证的设置。

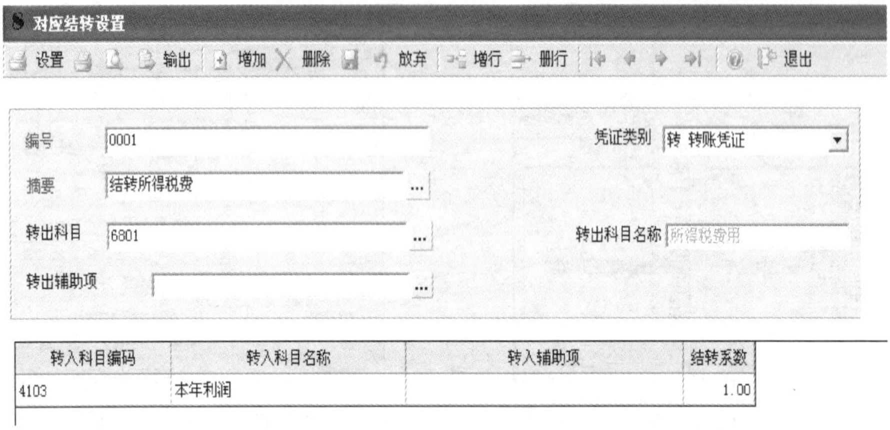

图 9-17 “对应结转设置”界面

3. 销售成本结转设置

销售成本结转设置主要用来辅助没有启用供应链管理系统的企业完成销售成本的计算和结转，有两种方法——全月平均法和售价法。本书综合案例不需结转。

全月平均法：在总账系统中，执行“期末→转账定义→销售成本结转”指令，进入销售成本结转设置界面，如图 9-18 所示。

售价法一般用在商业企业，其设置与前类似。

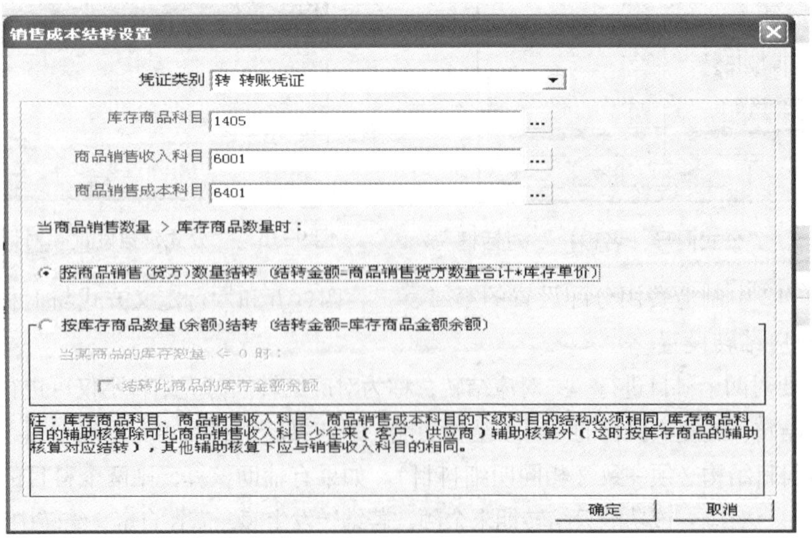

图 9-18 “销售成本结转设置”界面

4. 汇兑损益结转设置

汇兑损益结转设置用于期末自动计算外币账户的汇兑损益，并在转账生成中自动生成汇兑损益转账凭证。汇兑损益只处理外汇存款账户、外币现金账户、外币结算的各项债权、债务，不包括所有者权益类账户、成本类账户和损益类账户。

为了保证汇兑损益计算正确，在填制某月的汇兑损益凭证时，必须先将本月的所有未记账凭证先记账。

汇兑损益入账科目不能是辅助账科目或有数量外币核算的科目。

若启用了应收款、应付款管理系统，则计算汇兑损益的外币科目不能是带客户或供应商往来核算的科目。

5. 期间损益结转设置

期间损益结转设置用于在一个会计期间终止时，将损益类科目的余额结转到本年利润科目中，从而及时反映企业利润的盈亏情况。期间损益结转主要是对管理费用、销售费用、财务费用、销售收入、营业外收支等科目的结转。

损益科目结转中将列出所有的损益科目。如果希望某损益科目参与期间损益的结转，则应在该科目所在行的本年利润科目栏填写本年利润科目代码，若为空，则将不结转此损益科目的余额。

（二）生成自动转账凭证

转账定义完成后，每月月末只需执行转账生成功能即可快速生成转账凭证，在此生成的转账凭证将自动追加到未记账凭证中去，通过审核、记账后才能真正完成结转工作。

自动转账分录只能在某些相关的经济业务入账后使用，否则计算金额时就会发生差错。因此，在生成转账凭证之前，必须将以前的经济业务全部登记入账，方可采用已定义的转账分录格式生成机制凭证，通常一个独立自动转账分录每月只使用一次。因此，期末自动转账业务必须按照合理的先后次序逐一生成机制凭证，在产生机制凭证时，自动转账分录中的摘要、借贷标志、会计科目直接作为凭证的内容存入凭证临时文件；同时，计算机根据金额计算公式自动计算结果存入机制凭证的金额栏。

1. 生成自定义转账凭证

本书综合案例第一步只自动结转分摊制造费用和计提短期借款利息，在期间损益结转完后，再通过此处的自定义转账生成计提所得税凭证。具体步骤如下：

执行“期末→转账生成”指令，进入“转账生成”对话框，单击“自定义转账”按钮，在“是否结转”栏目双击本次需要生成的自定义凭证：分摊制造费用和计提短期借款利息，“是否结转”栏目出现“Y”，如图 9-19 所示。单击“确定”按钮即可自动生成凭证，如图 9-20 所示。单击“保存”按钮，该凭证上就会显示“已生成”字样，即已自动将当前凭证追加到未记账凭证中。

2. 生成汇兑损益凭证

汇兑损益的结转凭证方法与自定义的基本一样，但系统是按照已记账凭证数据进行计算，并根据计算结果进行结转汇兑损益的，所以要在生成汇兑损益结转凭证之前，对未记账凭证进行一次记账工作，然后才能进行结转。汇兑损益结转分为两步：

第一步，在企业应用平台中，执行“基础设置→基础档案→财务→外币设置”指令，打开“外币设置”对话框，单击“调整汇率”的空白栏，输入美元期末汇率6.58，然后单击“退出”按钮，如图9-21所示。

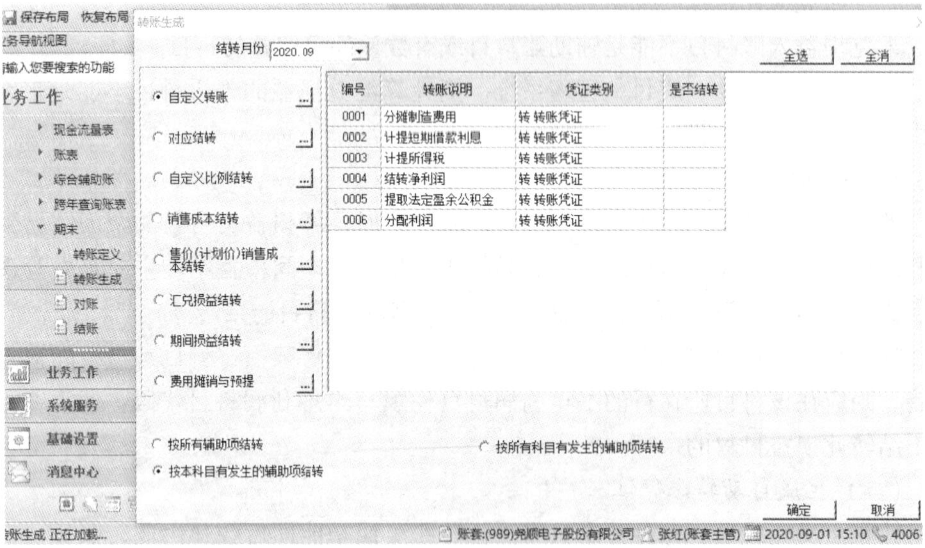

图9-19　“转账生成”对话框

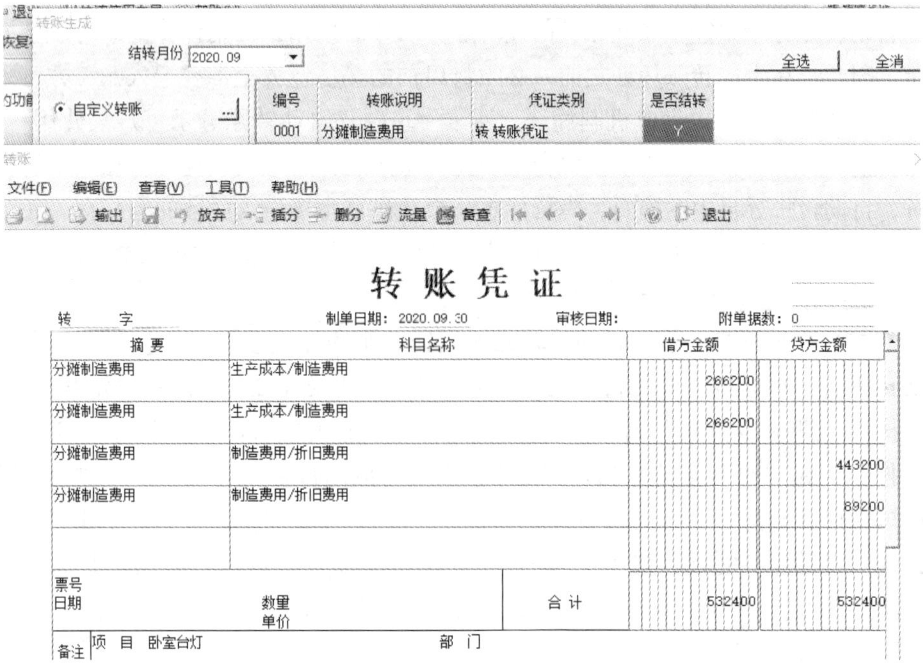

图9-20　生成自定义转账凭证界面

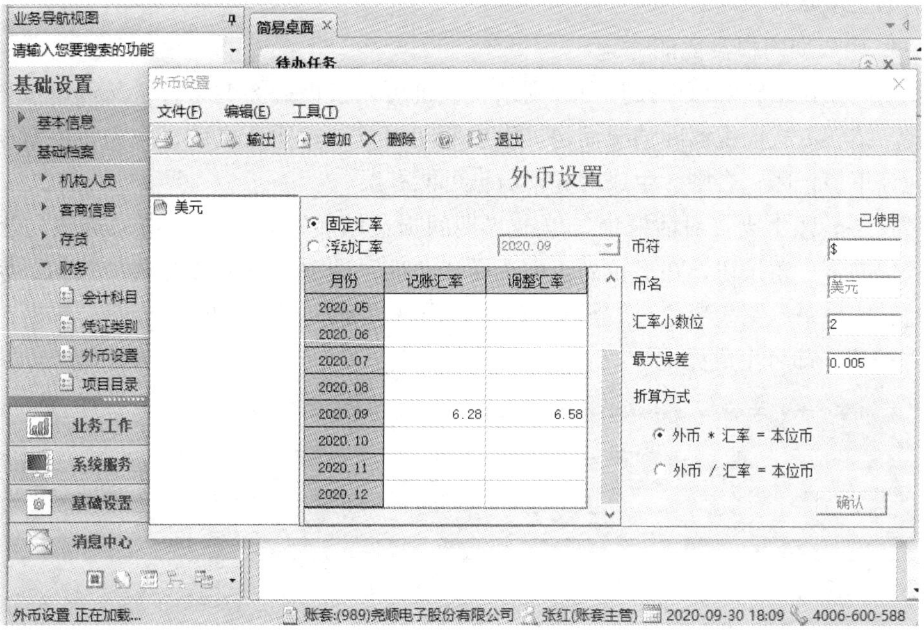

图 9-21　“外币设置”对话框

第二步，在总账系统中，执行“期末→转账生成”指令，弹出“转账生成”对话框，在该对话框中选择“汇兑损益结转”按钮，选择外币币种：美元，双击“是否结转”栏，如图 9-22 所示。单击“确定”按钮进入“汇兑损益试算表”对话框，在该对话框中拖动滚动条可以查看系统生成的汇兑损益数据，查看完毕之后，单击“确定”按钮即可自动生成转账凭证。

图 9-22　“转账生成”（汇兑损益结转）对话框选择结转

对应结转和销售成本结转的转账凭证生成的方法和步骤与汇兑损益结转凭证生

成的第二步基本相同。

3. 生成期间损益凭证

期间损益结转既可以按科目分别结转，也可以按损益类型结转，又可以按全部结转，结转方式应视实际情况而定。生成期间损益结转凭证之前，应先将所有未记账凭证审核记账；否则，生成的凭证数据可能有误。

在“转账生成”对话框中，单击“期间损益结转”按钮，单击“类型”下拉列表框的下三角按钮，在下拉列表中选择“全部”选项。单击“全选”按钮，期间损益转账分录一览表变色，“是否结转”栏出现“√”，如图 9-23 所示，单击“确定”按钮，即可生成凭证。

图 9-23 “转账生成”（期间损益结转）对话框

4. 计提所得税

在总账系统中，对期间损益凭证进行审核并记账，再在自定义转账设置中定义计提所得税，本单位所得税为 25%。

在“转账生成”对话框中，双击计提所得税后的“是否结转”栏（如图 9-24 所示），单击“确定”按钮可生成凭证（如图 9-25 所示），单击“保存”按钮即可保存，并对该凭证进行审核和记账。

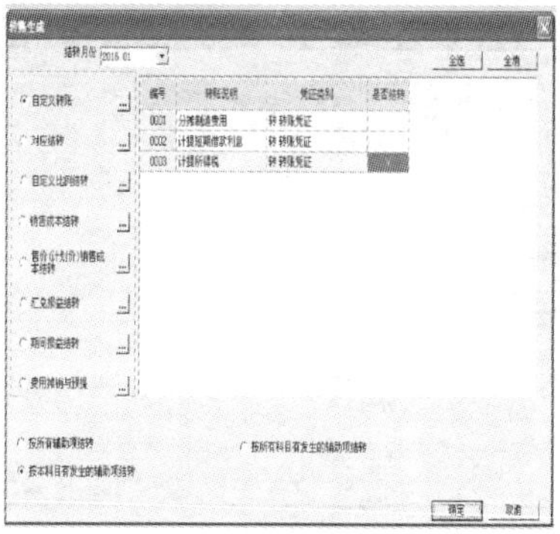

图 9-24　“转账生成”对话框

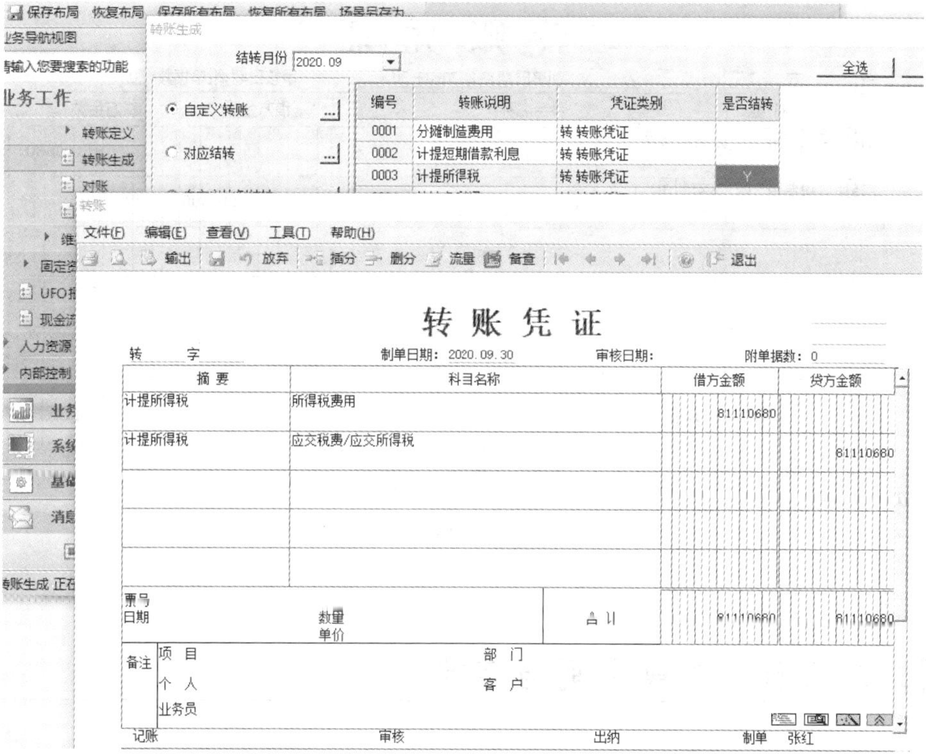

图 9-25　自定义转账生成所得税凭证界面

5. 结转所得税与未分配利润

第一步，结转所得税。在“转账生成”对话框中，选择“对应结转”后双击结转所得税行，此行就会立即变颜色（如图 9-26 所示），单击“确定”按钮可生成自定义结转所得税凭证（如图 9-27 所示），单击“保存”按钮。

第二步，结转未分配利润。在对结转所得税凭证记账后，再结转未分配利润，其步骤与前相同。

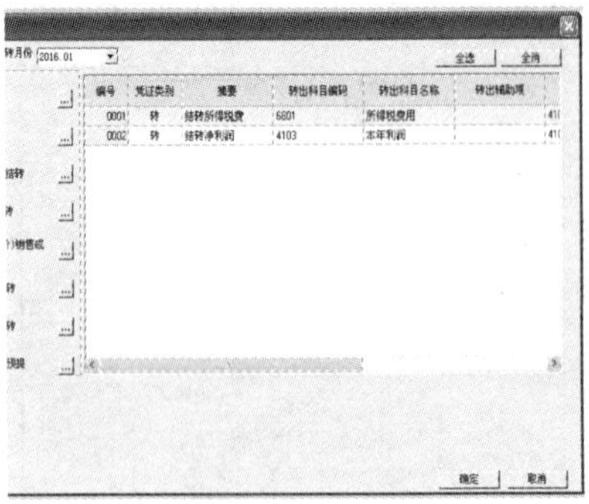

图 9-26　“转账生成-对应结转”对话框

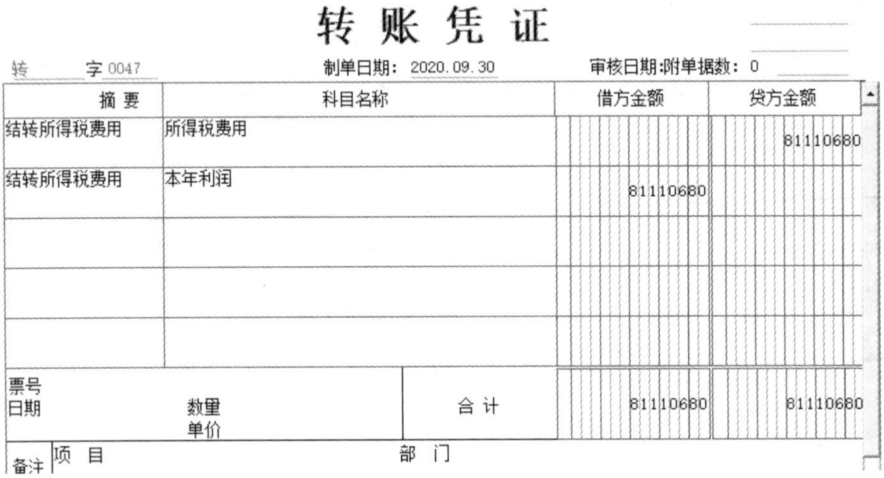

图 9-27　自定义结转所得税凭证界面

第三节　试算平衡与结账

一、试算平衡与对账

试算平衡就是将系统中所设置的所有科目的期末余额按会计平衡公式“借方余额=贷方余额”进行平衡检验，并输出科目余额表及是否平衡信息。

对账是对各个账簿数据进行核对，以便检查各个对应记账数据是否正确和账簿是否平衡。它主要是通过核对总账与明细账、总账与辅助账、财务账与业务账数据来完成账账核对。

一般实行计算机记账后，只要记账凭证输入正确，计算机自动记账后各种账簿都应是正确、平衡的，但由于非法操作、计算机病毒、其他原因，有时可能会造成某些数据被破坏，因此，许多财务软件为在期末结账前进一步确保账证相符和账账相符，仍然保留了控制系统进行自动试算平衡与自动对账的功能。为了保证账证相符和账账相符，应经常进行对账，至少一个月一次。一般应在每月月底结账前，通过调用试算平衡和对账功能，再一次进行正确性检验。

如果使用了应收/应付管理系统，则在总账管理系统中不能对往来客户账、供应商往来账进行对账。当对账出现错误或记账有误时，系统允许“恢复记账前状态”，进行检查、修改，直到对账正确。

在总账系统中，执行“期末→对账”指令，进入“对账”窗口，双击要进行对账月份的“是否对账”栏，或是选中要对账的月份，然后单击“选择”图标按钮，在“是否对账”栏内即出现一个“Y”标志，再单击“试算”按钮，可调出其试算平衡表（如图9-28所示），单击“对账”按钮，系统将自动核对相关账目（如图9-29所示）。

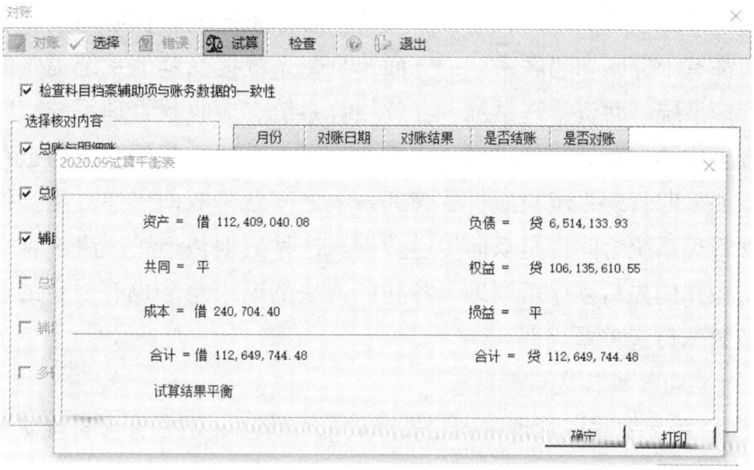

图 9-28　“试算”窗口

图 9-29　“对账”窗口

二、结账

在手工账务处理中，每个会计期末都需要进行结账处理，结账实际上就是计算和结转各账簿的本期发生额和期末余额，并终止本期账务处理的工作。在计算机账务系统中，也有这一过程，以符合会计制度的要求。

然而，计算机账务处理与手工账务处理的结账有些不同，使用计算机进行结账与手工相比更加简单，计算机账务系统在每次记账时实际上已经结出各科目的余额和发生额。结账主要是对结账月份日常处理的限制，表明该月的数据已经处理完毕，不能再输入当期凭证，也不能再在当期进行各账户的记账工作，可以说是在账务系统中画上了一个句号。

当各功能模块集成使用时，它们不再是独立的，而是相互联系、相互依赖的，并共同完成会计的核算、控制和监督。其中，总账系统处于核心地位，它与其他功能模块之间都有十分密切的联系。一方面，总账系统接受其他系统提供的数据，如固定资产管理系统、薪资管理系统、存货核算系统、应收款管理系统、应付款管理系统都要将生成的记账凭证传递到总账系统；另一方面，其他系统间也存在相互传递的关系，如采购管理系统与应付款管理系统之间就是双向传递数据，销售管理系统与应收款管理系统之间也是双向传递数据。这种数据传递顺序决定着它们之间的控制关系、操作的先后顺序。同理，各功能模块的期末结账也有一定的顺序，其结账顺序与其数据传递关系相似。

（一）对单向数据传递系统结账

企业 ERP 系统中薪资管理、固定资产、采购管理、销售管理系统属单向数据传递系统，它们之间没有直接的数据传递关系，所以它们可以在相关业务处理完毕后，同时进行月末结账处理，且不分先后顺序。

1. 薪资管理

薪资管理期末结转是将当月的工资数据经过处理后结转至下月。每月工资数据处理完毕后均要进行月末结转。其操作步骤如下：①在薪资管理系统中，执行“业务处理→月末处理”指令，单击“确定”按钮；②当询问“继续月末处理吗?”时，单击“是”按钮；③当询问“是否选择清零项?”时，根据实情，单击“是”或“否”按钮；④单击“确定”按钮，完成月末结账。

2. 固定资产

固定资产系统生成凭证后，自动传递至总账系统，在总账系统中经出纳签字、审核凭证后，进行记账。当总账记账完毕，固定资产系统才可以进行对账，对账平衡，开始月末结账。其操作步骤如下：①在固定资产系统中，执行“处理→月末结账”指令，单击“开始结账”按钮；②系统会提示与账务对账结果（只有系统初始化或选项中选择了与账务对账，才能进行对账操作），如图 9-30 所示，单击“确定”按钮，完成结账。

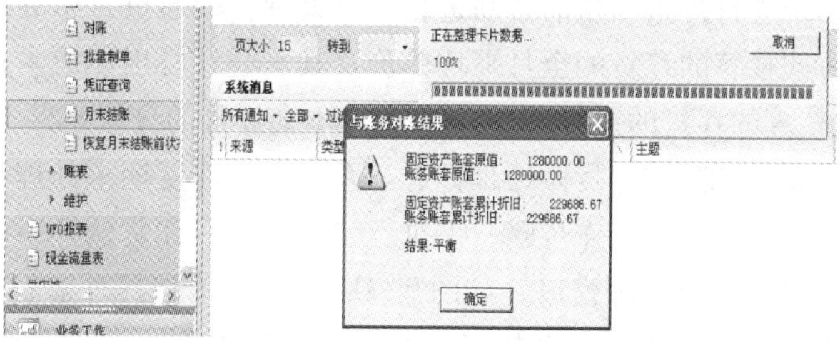

图 9-30　系统提示与账务对账结果窗口

3. 采购管理

采购管理系统月末结账是逐月将单据数据封存，并将当月的采购数据计入有关账表中。月末结账后，该月的单据将不能修改、删除。该月未输入的单据只能视为下个月单据处理。其操作步骤：执行“供应链→采购管理→月末结账”指令，单击“结账”按钮，并关闭所有采购订单。

4. 销售管理

销售管理系统月末结账是将当月的单据数据封存，结账后不允许再对该会计期的销售单据进行增加、修改、删除处理。操作步骤：执行“供应链→采购管理→月末结账”指令，单击“结账”按钮，并关闭所有销售订单。值得注意的是：没有期初记账，将不允许月末结账；不允许跨月结账，只能从未结账的第一个月逐月结账；上月未结账，本月单据可以正常操作，不影响日常业务的处理，但本月不能结账。

（二）对双向数据传递系统结账

企业 ERP 系统中库存管理系统、存货核算系统、应收款管理系统、应付款管理系统（模块）属双向数据传递系统，即它们既要接受其他子系统数据的传入，经处理后，又要传递给另外的子系统。

1. 库存管理系统

由于库存管理系统接受采购管理和销售管理的数据后，再将入库数据传递给存货核算系统，因此，库存管理系统必须在采购管理、销售管理系统结账后，才能进行结账。

库存管理系统月末结账只能每月进行一次。结账前应检查本月工作是否全部完成，只有在本月所有工作全部完成的前提下，才能进行月末结账，否则会遗漏某些业务。月末结账时，系统首先开始进行合法性检查，若检查通过，系统会立即进行结账操作；否则，会提示不能结账的原因。结账后本月不能再填制单据。其操作步骤：执行“供应链→库存管理→月末结账”指令，单击“结账”按钮。

2. 存货核算系统

存货核算系统主要通过对存货的增加、减少与结存的核算，从而计算存货成本。存货核算系统接受采购管理系统、销售管理系统和库存管理系统数据处理后，再传递到总账系统，其月末结账必须在采购、销售和库存管理系统结账后才能进行。

存货核算系统进行月末结账前必须进行月末处理，即通过月末处理完成：①计算按全月平均方式核算的存货的全月平均单价及其本会计月出库成本；②计算按计划价/售价方式核算的存货的差异率/差价率及其本会计月的分摊差异/差价；③对已完成日常业务的仓库/部门/存货做处理标志。系统提供恢复期末处理功能，但是在总账结账后将不可恢复。其操作步骤：①执行“供应链→存货核算→业务核算→期末处理”指令，进入月末处理窗口（如图 9-31 所示）；②选择月末需要处理的仓库或存货后，单击“处理”按钮；③执行“月末结账”指令，选择需要结账的月份，单击“确定”按钮，可完成月末结转工作。取消月末结账需在次月才能进行。

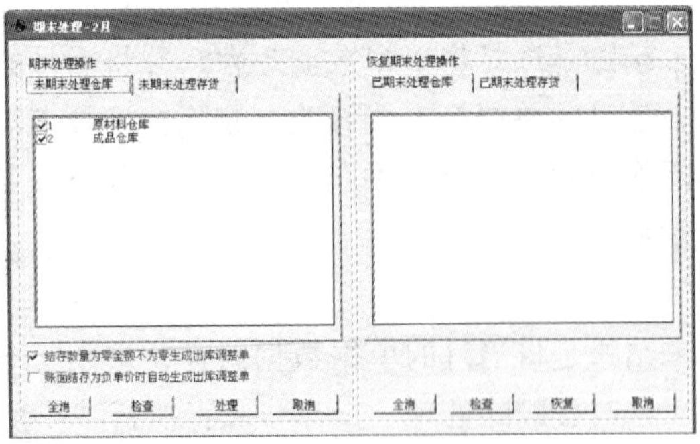

图 9-31　月末处理窗口

3. 应收款管理系统

应收款管理系统主要用于接受销售管理系统传递的发票等数据来核算和管理客户往来款项，并将处理的会计凭证传递到总账系统中。当确认应收款管理系统的当月业务全部处理完毕，销售管理系统月末已结转后，可选择执行月末结账功能。其操作步骤：①执行“应收款管理→期末处理→月末结账”指令，打开“月末处理”对话框，选择要结账的月份；②单击“下一步”按钮，即可显示出月末结账的检查结果；③如果要查看处理类型的详细情况，则可双击要查看的类型，打开“月末处理详细”对话框；④在进行相应的查看之后，单击“完成”按钮，即可开始结账操作。

4. 应付款管理系统

应付款管理系统主要接受采购管理系统传递的发票等数据来对企业的应付款项进行综合管理，并将处理的会计凭证传递到总账系统中。当确认应付款管理系统的当月业务全部处理完毕，采购管理系统已结账，可选择执行月末结账功能。其操作步骤：执行“应付款管理→期末处理→月末结账”指令，打开“月末处理”对话框，选择要结账的月份；其余步骤同应收款管理的月末结账。

（三）对总账系统结账

在除总账系统外的各个系统月末均结账后，可对总账系统进行月末结账操作。

总账系统要集中对本月所有经济业务填制或生成的记账凭证（不论是本系统的还是其他系统传递过来的）进行处理。总账系统的期末结账意味着每月月末计算和结转各账簿的本期发生额和期末余额，并终止本月的账务处理工作。所以，总账系统的月末结账操作自然就排在了最后。和前述一样，结账只能每月进行一次，若本月有未记账凭证，则月末不能结账；其他系统未全部结账时，月末不能结账；上月未结账时本月不能结账；若总账与明细账对账不平，则本月不能结账。

其操作步骤：①执行“总账→期末→结账”指令；②选择“结账月份”后单击“下一步”按钮；③按照提示，执行“对账→下一步→结账”指令；④系统显示结账标志“Y”。

在以上各系统中，除了有月末结账功能外，还伴随有“取消结账”功能。它又称为“反结账”，是系统提供的一个纠错功能。如果由于某种原因，在结账后发现结账前的操作有误，而结账后不能修改结账前的数据，则可使用此功能恢复到结账前状态去修改错误。

第十章　报表编制

第一节　财务报表管理系统概述

财务报表管理系统是财务信息系统中的一个独立的子系统，它为企业内部各管理部门及外部相关部门提供综合反映企业一定时期财务状况、经营成果和现金流量的会计信息。

一、财务报表管理系统的任务

财务报表按照报送对象不同分为对外报送报表和对内报送报表。对外报送报表主要包括资产负债表、损益表、现金流量表等。对内报送报表主要包括成本分析表、费用明细表等。

财务报表管理系统既可编制对外报表，又可编制各种各样的内部报表。它的主要任务是设计报表格式、编制报表取数公式，对报表进行审核、汇总、生成各种分析图，并按预定格式输出各种财务报表。其中，对外报送报表格式和编制方法相对固定，而对内报送报表格式和编制方法会因管理需要而经常变化。

二、财务报表管理系统的数据处理流程

编制财务报表是每个会计期末最重要的工作之一，从一定意义上说编制完财务报表是一个会计期间工作完成的标志。

在报表管理系统中，财务报表的数据来源一般有会计账簿、会计凭证、其他报

表、其他业务子系统以及人工直接输入等。

报表管理系统的处理流程：利用事先定义的报表公式从账簿、凭证和其他报表等文件中采集数据，经过分析、计算、填列在表格中，再生成报表数据输出，如图 10-1 所示。

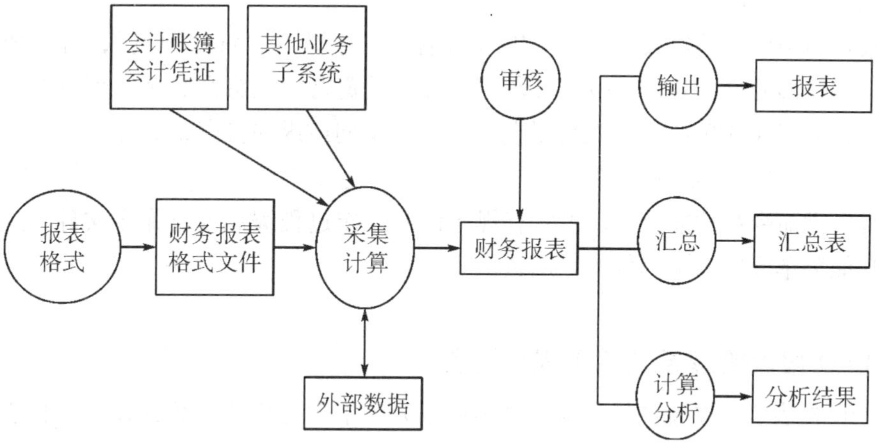

图 10-1　报表处理流程

三、UFO 报表管理系统的基本功能

用友 UFO 报表管理系统具有文件管理功能、格式管理功能、数据处理功能、图形功能、打印功能和二次开发功能。

（一）文件管理功能

UFO 提供了创建新文件、打开已有的文件、保存文件、备份文件的文件管理功能，并且能够进行不同文件格式的转换。UFO 的文件可以转换为 ACCESS 文件、MS EXCEL文件、LOTUS1-2-3 文件、文本文件、DBASE 文件。上述文件格式的文件也可转换为 UFO 文件。

（二）格式管理功能

UFO 提供了丰富的格式设计功能。如设计表的尺寸、画表格线（包括斜线）、调整行高列宽、设置字体和颜色等，可以制作符合各种要求的报表，并且内置了 11 种套用格式和 17 个行业的标准财务报表模板。

（三）数据处理功能

UFO 以固定的格式管理大量不同的表页。它能将多达 99 999 张具有相同格式的报表资料统一在一个报表文件中进行管理，并且在每张表页之间建立有机的联系。UFO 提供了排序、审核、舍位平衡、汇总功能；提供了绝对单元公式和相对单元公式，可以方便、迅速地定义计算公式；提供了种类丰富的函数，可以直接从账务系统中提取账务数据，生成财务报表。

（四）图形功能

UFO 提供了很强的图形分析功能，可以很方便地进行图形数据组织，制作包括直方图、立体图、圆饼图、折线图等 10 种图式的分析图形；可以编辑图形的位置、大小、标题、字体、颜色等，并打印输出图形。

（五）打印功能

报表和图形以及插入对象都可以打印输出，并提供“打印预览”，可以随时观看报表或图形的打印效果。报表打印时，可以设置财务表头和表尾，可以打印格式或数据，可以在 0.3~3 倍之间缩放打印，可以横向或纵向打印，等等。

（六）二次开发功能

提供批命令和功能菜单，可将有规律性的操作过程编制成批命令文件，进一步利用功能菜单开发出本单位的专用系统。

四、UFO 报表管理系统基本操作流程

UFO 报表管理系统的操作流程基本可以分为报表的格式和公式设置，报表的数据处理和报表输出，如图 10-2 所示。

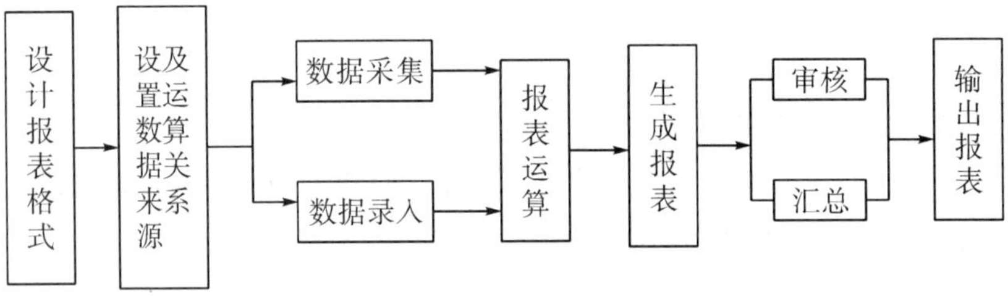

图 10-2　UFO 报表管理系统操作流程

五、财务报表结构与基本术语

按照报表结构的复杂性，可将报表分为简单表和复合表两类。简单表是规定的二维表，由若干行和列组成；复合表是简单表的某种组合。大多数财务报表如资产负债表、损益表、现金流量表等都是简单表。

（一）报表结构

简单表的格式一般由 4 个基本要素组成：标题、表头、表体和表尾。

1. 标题

标题用来描述报表的名称。报表的标题可能不止一行，有时会有副标题、修饰线等内容。

2. 表头

表头用来描述报表的编制单位名称、日期等辅助信息和报表栏目。特别是报表的表头栏目名称，是表头的最主要内容，它决定报表的纵向结构、报表的列数以及

每一列的宽度。有的报表表头栏目比较简单，只有一层，而有的报表表头栏目却比较复杂，需分若干层次。

3. 表体

表体是报表的核心，决定报表的横向组成。它是报表数据的表现区域，是报表的主体。表体在纵向上由若干行组成，这些行称为表行；在横向上，每个表行又由若干个栏目构成，这些栏目称为表列。

4. 表尾

表尾指表体以下进行辅助说明的部分以及编制人、审核人等内容。

（二）基本术语

1. 格式状态和数据状态

UFO 将含有数据的报表分为两部分来处理，即报表格式设计工作与报表数据处理工作。报表格式设计工作和报表数据处理工作是在不同的状态下进行的。实现状态切换的是一个特别重要的按钮——“格式/数据”按钮，单击这个按钮可以在格式状态和数据状态之间切换。

（1）格式状态。

在格式状态下设计报表的格式，如表尺寸、行高列宽、单元属性、组合单元等。报表的单元公式（计算公式）、审核公式、舍位平衡公式也在格式状态下定义。

在格式状态下所做的操作对本报表所有的表页都发生作用。在格式状态下不能进行数据的录入、计算等操作。在格式状态下，报表的数据全部被隐藏了。

（2）数据状态。

在数据状态下处理报表的数据，如输入数据、增加或删除表页、审核、舍位平衡、做图形、汇总等。在数据状态下不能从根本上修改报表的格式。

在数据状态下，报表显示全部内容，包括格式和数据。

2. 单元、单元属性及组合单元

（1）单元。

单元是组成报表的最小单位，单元名称由所在行、列标识。行号用数字 1～9 999表示，列标用字母 A-IU 表示。如 D22 表示第 4 列第 22 行的那个单元。

（2）单元属性。

单元属性包括单元类型、对齐方式、字体颜色等。单元类型包括数值单元、字符单元和表样单元。

①数值单元。数值单元是报表存储数据的单元。在数据状态下（格式/数据按钮显示为“数据”时），数字单元可以直接输入数据或由单元中存放的单元公式运算生成数据。建立一个新表时，所有单元的类型缺省为数值类型。数值单元的数字可以参与数据的加减运算。

②字符单元。字符单元也是报表存储数据的单元，也在数据状态下（格式/数据按钮显示为“数据”时）输入。字符单元的内容可以是汉字、字母、数字及各种

键盘可输入的符号组成的一串字符，一个单元中最多可输入63个字符或31个汉字。字符单元的内容也可由单元公式生成。字符单元的数字不能参与数据的加减运算。

③表样单元。表样单元是报表的格式，是定义一个没有数据的空表所需的所有文字、符号或数字。一旦单元被定义为表样，那么在其中输入的内容对所有表页都有效。

表样在格式状态下（格式/数据按钮显示为“格式”时）输入和修改，在数据状态下（格式/数据按钮显示为“数据”时）不允许修改。

（3）组合单元。

组合单元由相邻的两个或更多的单元组成，这些单元必须是同一种单元类型（表样、数值、字符），UFO在处理报表时将组合单元视为一个单元。

可以组合同一行相邻的几个单元，也可以组合同一列相邻的几个单元，还可以把一个多行多列的平面区域设为一个组合单元。

组合单元的名称可以用组成组合单元的区域中任何一个单元的名称来表示。如把B2到B3定义为一个组合单元，这个组合单元可以用“B2”“B3”或“B2:B3”来表示。

3. 区域、固定区和可变区

（1）区域。

区域由一张表页上的一组单元组成，自起点单元至终点单元是一个完整的长方形矩阵。在UFO中，区域是二维的，最大的区域是一个二维表的所有单元（整个表页），最小的区域是一个单元。

（2）固定区。

固定区是指组成一个区域的行数和列数的数量是固定的数目。一旦设定好以后，在固定区域内其单元总数是不变的。

（3）可变区。

可变区是指屏幕显示一个区域的行数或列数是不固定的数字，可变区的最大行数或最大列数是在格式设计中设定的。

4. 关键字

一个报表的各个表页代表着不同的经济含义，如主管单位把其100个下属单位的损益表组成一个报表文件，每个单位的损益表占一张表页。为了在这100张表页中迅速找到特定的单位，就有必要给每张表页设置一个标记，如把单位名称设为标记。这个标记就是关键字。

关键字是游离于单元之外的特殊数据单元，可以唯一标识一个表页，用于区别并选择表页，为多维操作起“关键字”的作用。

UFO共提供了以下六种关键字，关键字的显示位置在格式状态下设置，关键字的值则在数据状态下录入，每个报表可以定义多个关键字。

单位名称：字符型（最大30个字符），该报表表页编制单位的名称。

单位编号：字符型（最大 10 个字符），为该报表表页编制单位的编号。

年：数字型（1904—2100），该报表表页反映的年度。

季：数字型（1~4），该报表表页反映的季度。

月：数字型（1~12），该报表表页反映的月份。

日：数字型（1~31），该报表表页反映的日期。

第二节　创建财务报表及报表公式设置

财务报表系统的基础设置一般包括创建新的财务报表、报表格式设计、报表公式定义等。

在格式状态下设计报表的表样，如表尺寸、行高和列宽、单元属性、组合单元、关键字、可变区等；在格式状态下定义报表的公式，如单元公式、审核公式、舍位平衡公式等。在格式状态下所做的操作对本报表所有的表页都有效，该状态不能进行数据的录入、计算等操作。

在数据状态下处理报表数据，如输入数据、增加或删除表页、审核、舍位平衡、图形操作、汇总报表等。

一、创建新表

用友 UFO 报表管理系统创建一张新报表的步骤：

第一步，创建报表文件。在 UFO 报表系统中，执行“文件→新建”指令，将自动创建一个空的报表文件，文件名显示在标题栏中，为“report1”。

第二步，设置表尺寸。执行“格式→表尺寸”指令，调出表尺寸设置对话框，如图 10-3 所示。

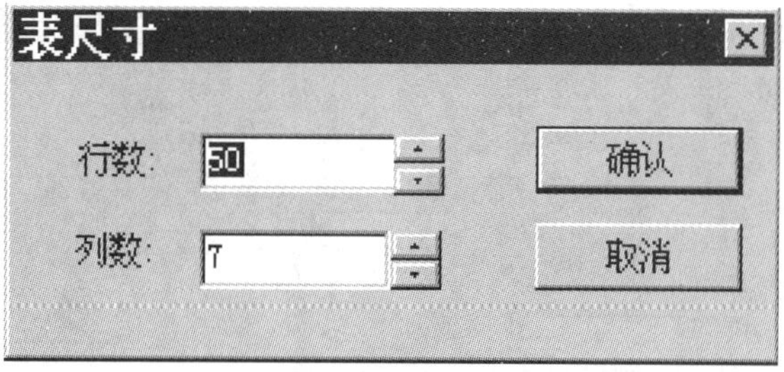

图 10-3　设置表尺寸窗口

在“行数”框中输入“8”，在“列数”框中输入“7”，单击“确认”按钮。

第三步，画表格线。选取一个区域，如 A3:F7 区域，执行“格式→区域画线”指令，调出区域画线对话框，如图 10-4 所示。在对话框中选择画线类型，单击

“确认”按钮。

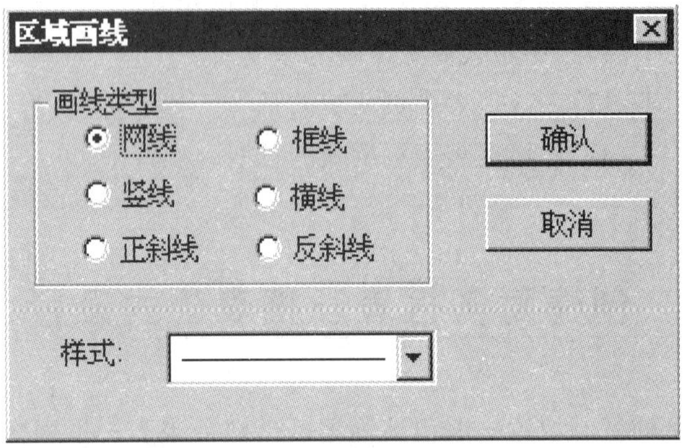

图 10-4 设置区域画线窗口

第四步，设置组合单元。按需要选取一定区域，如 A1:C1 区域，执行“格式→组合单元”指令，调出组合单元设置对话框，在对话框中选择组合方式，如图 10-5 所示。

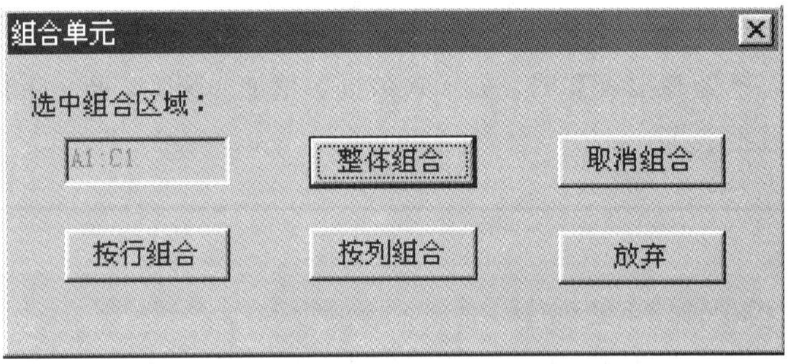

图 10-5 设置组合单元窗口

第五步，设置单元属性。选取需要设置属性的区域，如 B5:F7 区域，再执行“格式→单元属性”指令，调出单元属性对话框，如图 10-6 所示。再按需求进行设置。

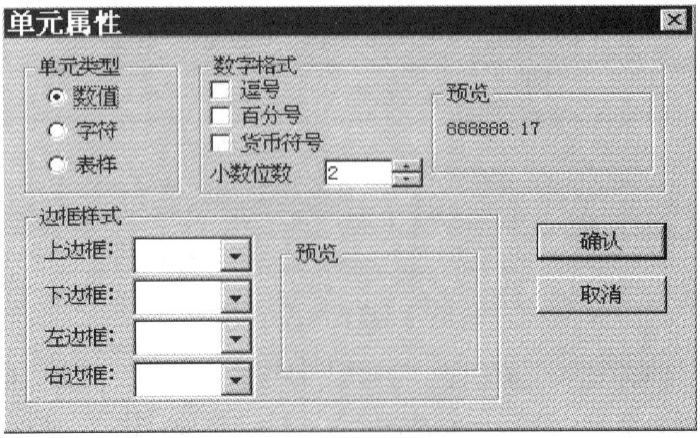

图 10-6 设置单元属性窗口

第六步，设置单元风格。选取一定的区域，如组合单元 A1：C1，再执行“格式→单元风格”指令，调出单元风格设置对话框，如图 10-7 所示。

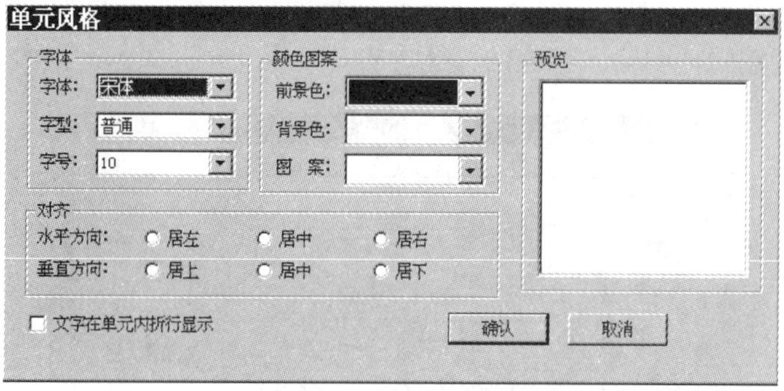

图 10-7　设置单元风格窗口

如在“字号”框中选“16”，在“背景色”框中选黄色，在“对齐”中选水平方向“居中”和垂直方向“居中”。

第七步，输入表样文字。在格式状态下录入表样文字。

第八步，设置关键字。选取相应的单元，执行“格式→关键字→设置”指令，调出设置关键字对话框（如图 10-8 所示）。选择相应内容后，在对话框中单击“确认”按钮。

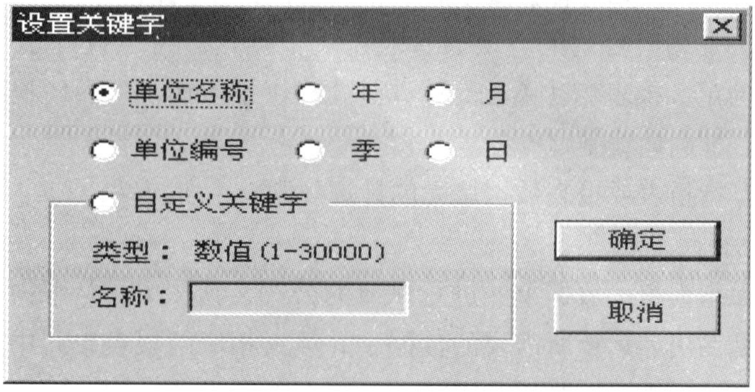

图 10-8　设置关键字窗口

第九步，定义单元公式。选取相应单元，按“=”弹出下面的对话框，如图 10-9所示。

图 10-9　定义单元公式窗口

在编辑框中输入“F5+B6”后，在对话框中单击“确认”按钮，也可通过函数向导定义取数公式。

第十步，录入关键字的值。单击屏幕左下角的“格式/数据”按钮，进入数据状态。执行“数据→关键字→录入”指令，调出录入关键字对话框（如图10-10所示），在变亮的编辑框中输入相应的具体内容。

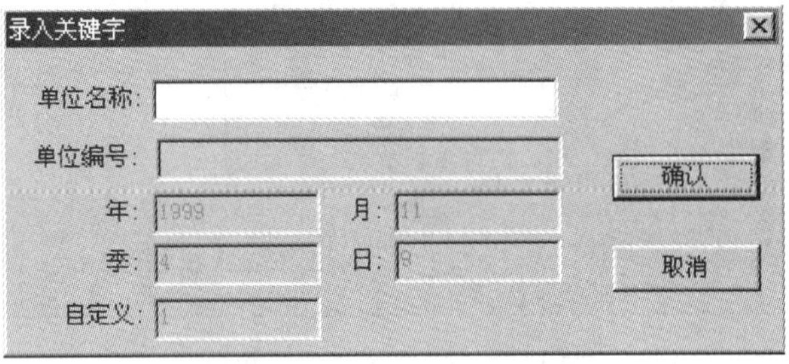

图10-10 录入关键字窗口

第十一步，录入数据。在数据状态下录入报表各栏目相应的数据。录入数据的过程中，可以看到单元公式自动显示运算结果。

第十二步，保存报表文件。

二、报表公式设计

财务报表的变动单元内容会随编制单位和时间的不同而不同，但其获取数据的来源和计算方法是相对稳定的。报表管理系统依据这一特点设计了“定义计算公式”的功能，为定义报表变动单元的计算公式提供了条件，从而使报表管理系统能够自动、及时、准确地编制财务报表。

报表公式是指报表或报表数据单元的计算规则，主要包括：

（一）单元公式

单元公式是指为报表数据单元进行赋值的公式，其作用是从账簿、凭证、本表或其他报表等处调用、运算所需要的数据，并填入相应的报表单元中。它可以将数据单元赋值为数值，也可以赋值为字符。

单元公式一般由目标单元、运算符、函数和运算符序列组成。例如：

C5=期初余额（“1001”，月）+期初余额（“1002”，月）

其中，目标单元是指用行号、列号表示的，用于放置运算结果的单元；运算符序列是指采集数据并进行运算处理的次序。报表系统提供了一整套从各种数据文件（包括机内凭证、账簿和报表，也包括机内其他数据来源）采集数据的函数。企业可以根据实际情况，合理地调用不同的相关函数。

常用的报表数据一般是来源于总账系统或报表系统本身，取自于报表的数据又可以分为从本表取数和从其他报表的表页取数。

1. 账务取数公式

账务取数是财务报表数据的主要来源，账务取数函数架起了报表系统和总账等其他系统之间进行数据传递的桥梁。账务取数函数（也称为账务取数公式或数据传递公式），它的使用可以实现报表系统从账簿、凭证中采集各种会计数据生成报表，实现账表一体化。

账务取数公式是报表系统中使用最为频繁的一类公式。此类公式中的函数表达式最为复杂，公式中往往要使用多种取数函数，每个函数中还要说明如科目编码、会计期间、发生额或余额、方向、账套号等参数。

基本格式：

函数名（“科目编码”，会计期间，“方向”“账套号”“会计年度”“编码 1”“编码 2”）

例如，函数 QC（“1001”“全年”“借”，001，2007）表示提取账务系统中 001 账套 2007 年的 1001 科目的年初借方余额。

“编码 1”和“编码 2”与该科目核算账类有关，可以取科目的辅助账，如职员编码、项目编码等，如无辅助核算则省略。

用友 UFO 报表系统主要账务取数函数如表 10-1 所示。

表 10-1　　主要账务取数函数表

函数名	金额式	数量式	外币式
期初额函数	QC( )	SQC( )	WQC( )
期末额函数	QM( )	SQM( )	WQM( )
发生额函数	FS( )	SFS( )	WFS( )
累计发生额函数	LFS( )	SLFS( )	WLFS( )
条件发生额函数	TFS( )	STFS( )	WTFS( )
对方科目发生额函数	DFS( )	SDFS( )	WDFS( )
净额函数	JE( )	SJE( )	WJE( )
汇率函数	HL( )	SHL( )	WHL( )
现金流量项目金额	XJLL( )		

2. 本表页内部统计公式

本表页内部统计公式用于在本表页内的指定区域内做出诸如求和、求平均值、计数、求最大值、求最小值、求统计方差等统计结果的运算。主要实现本表页中相关数据的计算、统计功能。应用时，要按要求的统计量选择公式的函数名和统计区域。用友 UFO 报表系统主要本表页统计公式如表 10-2 所示。

表 10-2　　主要本表页统计公式表

函数名	函数	函数名	函数
求和	PTOTAL( )	最大值	PMAX( )
平均值	PAVG( )	最小值	PMIN( )
计算	PCOUNT( )	方差	PVAR( )
		偏方差	PSTD( )

例如：用 PTOTAL（B5:F9）表示求区域 B5~F9 单元的总和；用 PAVG（B5:F9）表示求区域 B5~F9 单元的平均值；用 PMAX（B5:F9）表示求区域 B5~F9 单元的最大值等。

3. 本表他页取数公式

一张报表可以由多个表页组成，并且表页之间具有极其密切的联系。如一个报表中不同的表页可能代表同一单位但不同会计期间的同一报表。因此，一个表页中的数据可能取自上一会计期间表页的数据。

编辑此类公式应注意报表处理软件中的表页选择函数名及参数格式，特别是如何描述历史上的会计期间。

对于取自于本表其他表页的数据可以利用某个关键字作为表页定位的依据或者直接以页标号作为定位依据，指定取某张表页的数据。

可以使用 SELECT( ) 函数从表其他表页取数。

例如：C1 单元取自于第二张表页的 C2 单元数据。表示为 C1=C2@2。

C1 单元取自于上个月的 C2 单元的数据。表示为 C1=SELECT（C2，月@=月+1）。

月@=月+1 为上个月的表示法，通过月+1 表示数据取自关键字为本月的上一个月的表页。例如，本月关键字为 8 月，月+1 所表示的含义为取关键字为 7 月份的表页的单元格的数值。

select( ) 函数最常用在“损益表”中，求累计值。

例如：D=C+SELECT(D，年@=年 and 月@=月+1)

表示：累计数=本月数+同年上月累计数

4. 报表之间取数公式

报表之间取数公式即他表取数公式，用于从另一报表某期间某页中某个或某些单元中采集数据。

在进行报表与报表之间的取数时，不仅要考虑数据取自哪一张表的哪个单元，还要考虑数据来源于哪一页。

例如，某年 1 月份的“资产负债表”中的未分配利润，需要取“利润分配表”中同一个月份的未分配利润数据，如果“利润分配表”中存在其他月份的数据，而不是 1 月份的数据，则“资产负债表”就不应取其他月份的数据。表间计算公式一定会保证这一点。

编辑表间计算公式与同一报表内各表页间的计算公式类似，主要区别在于把本表表名换为它表表名。

对于取自于其他报表的数据可以用“‘报表名［.REP］’——单元”格式指定要取数的某张报表的单元。

例如：令当前表所有表页 C5 的值等于表“Y”第 1 页中 C10 的值与表“Y”第 2 页中 C2 的值的和。表示为：C5＝“Y”－>C10@ 1+“Y”－>C2@ 2。

（二）单元公式的设置

为了方便而又准确的编制财务报表，系统提供了手工设置和引导设置两种方式。在引导设置状态下，根据对各目标单元填列数据的要求，通过逐项设置函数及运算符，即可自动生成所需要的单元公式。

手工设置的操作步骤：先选定需要定义公式的单元；执行“数据→编辑公式→单元公式”指令，打开“定义公式”对话框；在“定义公式”对话框内，直接输入计算公式后，单击“确认”按钮。

注意：单元公式在输入时，凡是涉及数学符号的均须在英文半角状态下输入。

引导设置的操作步骤：选定被定义单元 D6，即货币资金的期末数；单击编辑框的“fx”按钮，打开“定义公式”对话框；单击“函数向导”按钮，进入“函数向导”对话框，如图 10-11 所示。

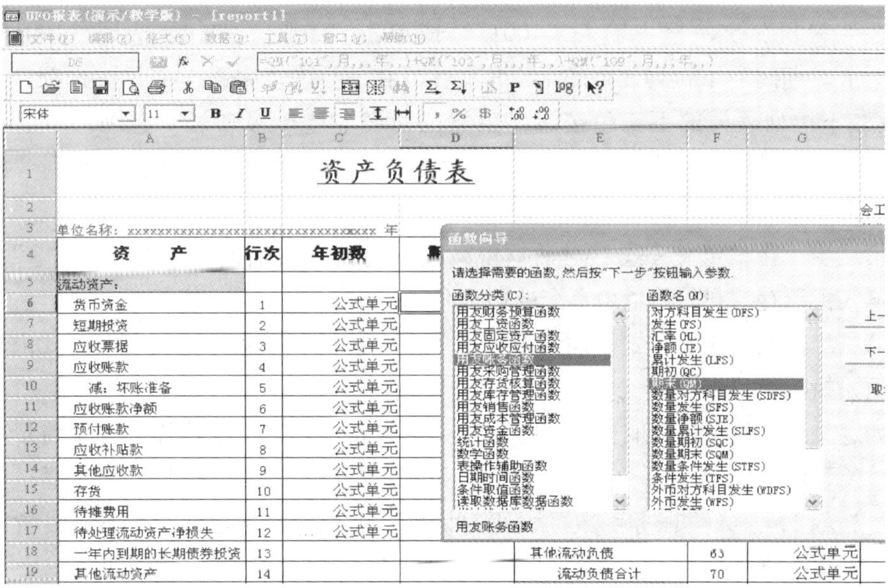

图 10-11　函数向导对话框

在“函数分类”列表框中选择“用友账务函数”选项；如定义资产负债表的期末数/期初数取数公式时，在“函数名”列表框中选择“期末（QM）/期初（QC）”选项；如定义损益表的本月数取数公式时，在“函数名”列表框中选择

"发生（FS）"选项；单击"下一步"按钮，进入"账务函数"对话框；单击"参照"按钮，进入"账务函数"参数设置对话框，如图 10-12 所示。

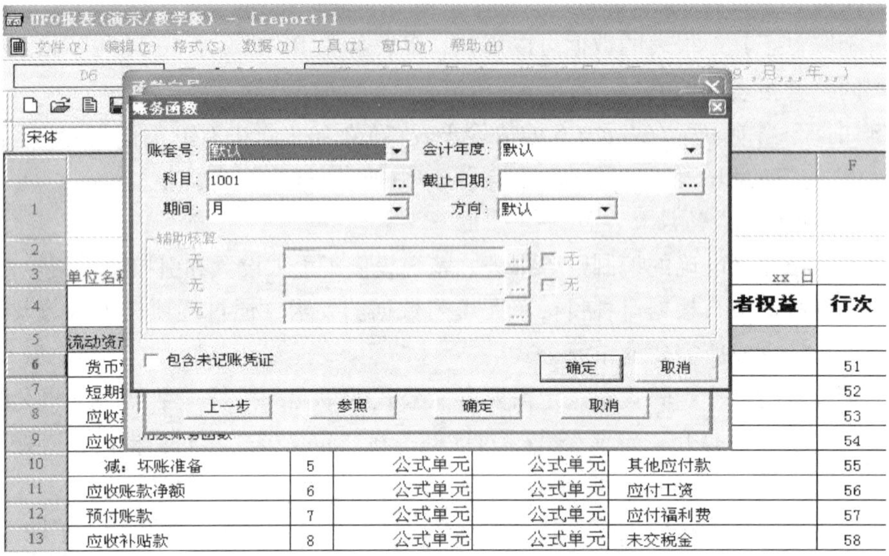

图 10-12　账务函数参数设置对话框

第一步，单击"账套号"下拉列表框的下三角按钮，在下拉列表中选择对应的账套号；单击"会计年度"下拉列表框的下三角按钮，在下拉列表框中选择对应年份；在"科目"文本框中输入"1001"，或单击"参照"按钮，选择"1001"科目；单击"期间"下拉列表框的下三角按钮，在下拉列表中选择"月"选项；单击"方向"下拉列表框的下三角按钮，在下拉列表中选择"默认"选项；单击"确认"按钮，返回到"用友账务函数"对话框；单击"确定"按钮，返回到"定义公式"对话框。

第二步，在"定义公式"对话框中，接着前面参照输入的公式输入"+"后，继续输入银行存款和其他货币资金的期末余额。

第三步，在"定义公式"对话框中，单击"确认"按钮。如被定义公式内容只有一项，执行第一步和第三步即可。

如定义现金流量表的取数公式时，在"函数名"列表框中选择"现金流量项目金额（XJLL）"选项；单击"下一步"按钮，进入"账务函数"对话框；单击"参照"按钮，进入"账务函数"设置对话框，即现金流量取数函数参数设置对话框，如图 10-13 所示。

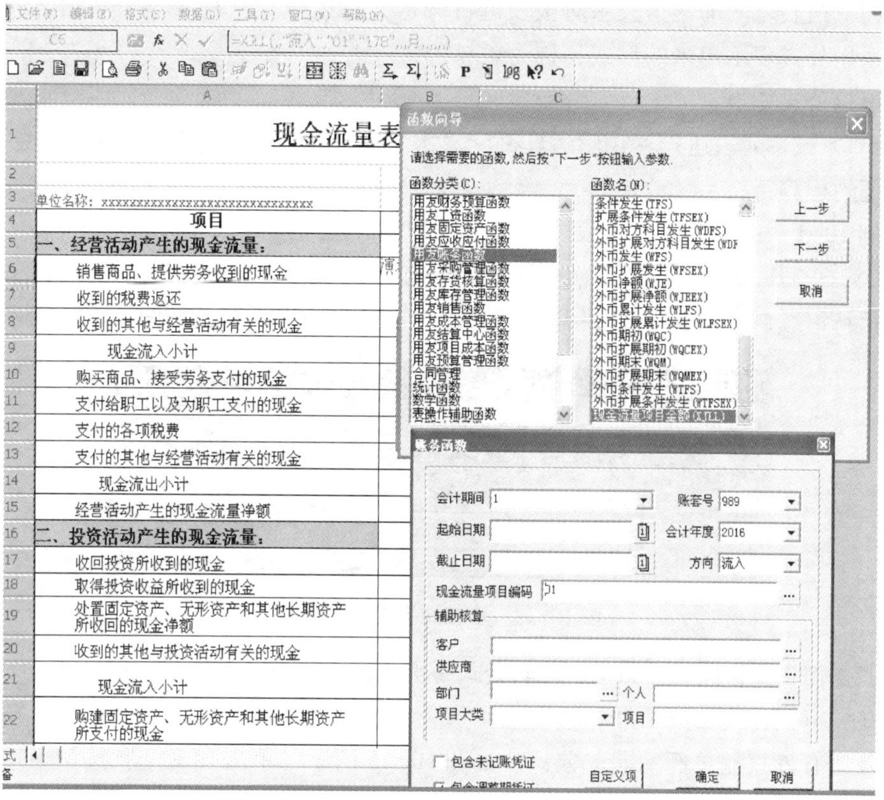

图 10-13　现金流量取数函数参数设置对话框

在现金流量取数函数参数设置对话框中，指定会计期间、账套号、会计年度和方向，单击“参照”按钮，选择现金流量项目编码，单击“确认”按钮，返回到“用友账务函数”对话框；单击“确定”按钮，返回到“定义公式”对话框。在“定义公式”对话框中，单击“确认”按钮保存所定义的公式。

（三）审核公式的设置

报表中的各个数据之间一般都存在某种钩稽关系。利用这种钩稽关系可以定义审核公式，可以进一步检验报表编制的结果是否正确。审核公式可以检验表页中数据的钩稽关系，也可以验证同表不同表页的钩稽关系，还可以验证不同报表之间的数据钩稽关系。

审核公式由验证关系公式和提示信息组成。定义报表审核公式，首先要分析报表中各单元之间的关系来确定审核关系，其次根据确定的审核关系定义审核公式。其中，审核关系必须确定正确，否则审核公式会起到相反的效果。即由于审核关系不正确导致一张数据正确的报表被审核为错误，而编制报表者又无法修改。

在经常使用的各类财务报表中的每个数据都有明确的经济含义，并且各个数据之间一般都有一定的钩稽关系。如在一个报表中，小计等于各分项之和；而合计又等于各个小计之和等。在实际工作中，为了确保报表数据的准确性，经常用这种报表之间或报表之内的钩稽关系对报表进行钩稽关系检查。这种将报表数据之间的钩稽关系用公式表示出来的形式，称为审核公式。

审核公式如下：

<算术或单元表达式><逻辑运算符><算术或单元表达式>［MESS“说明信息”］

逻辑运算符：=、>、<、>=、<=、<>

例 10-1：在“资产负债表”中定义以下审核公式：

D39=h39　mess“资产总额的期末数<>负债及所有者权益总额的期末数!”

执行审核后，如果 d39<>h39，则将出现审核错误提示框，如图 10-14 所示。

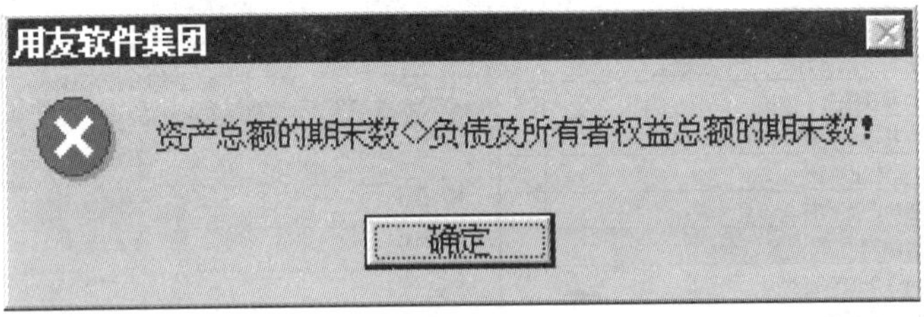

图 10-14　审核结果提示对话框

其操作步骤：执行“数据→编辑公式→审核公式”指令，打开“审核公式”对话框；在“审核公式”对话框中，输入“D39=H39　MESS”“资产总额的期末数<>负债及所有者权益总额的期末数!”，如图 10-15 所示，单击“确定”按钮。

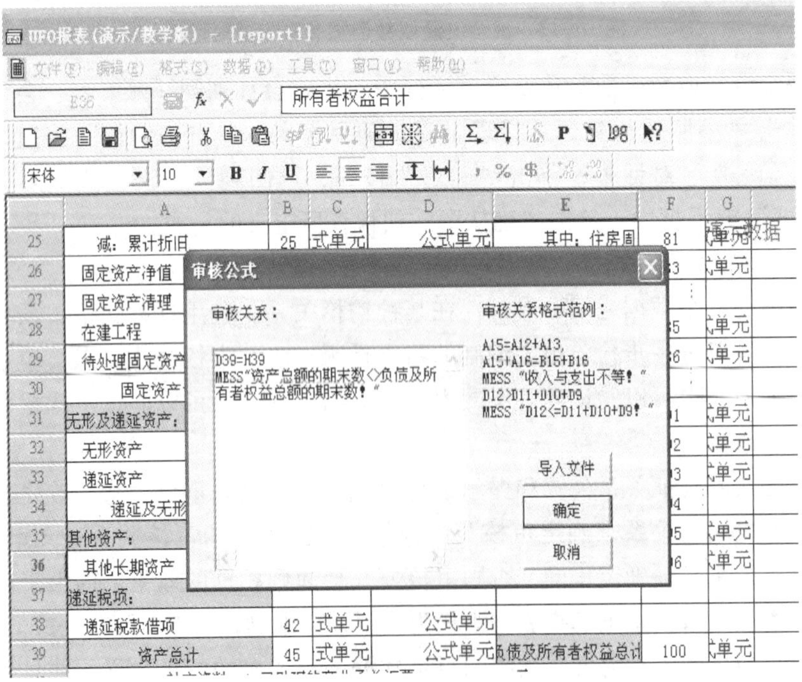

图 10-15　编辑审核公式窗口

（四）舍位平衡公式的设置

在报表汇总时，各个报表的数据计量单位有可能不统一。这时，需要将报表的数据进行位数转换，将报表的数据单位由个位转换为百位、千位或万位。如将“元”单位转换为“千元”或“万元”单位，这种操作称为进位操作。进位操作后，原来的平衡关系重新调整。使舍位后的数据符合指定的平衡公式，这种用于对报表数据进位及重新调整报表进位之后平衡关系的公式称为舍位平衡公式。

定义舍位平衡公式需要指明要舍位的表名、舍位范围以及舍位位数，并且必须输入平衡公式。

例 10-2：将数据由元进位为千元，定义报表的舍位平衡公式。

第一步，在报表格式设计状态下，执行“数据→编辑公式→舍位公式”指令，调出“舍位平衡公式”对话框，如图 10-16 所示。

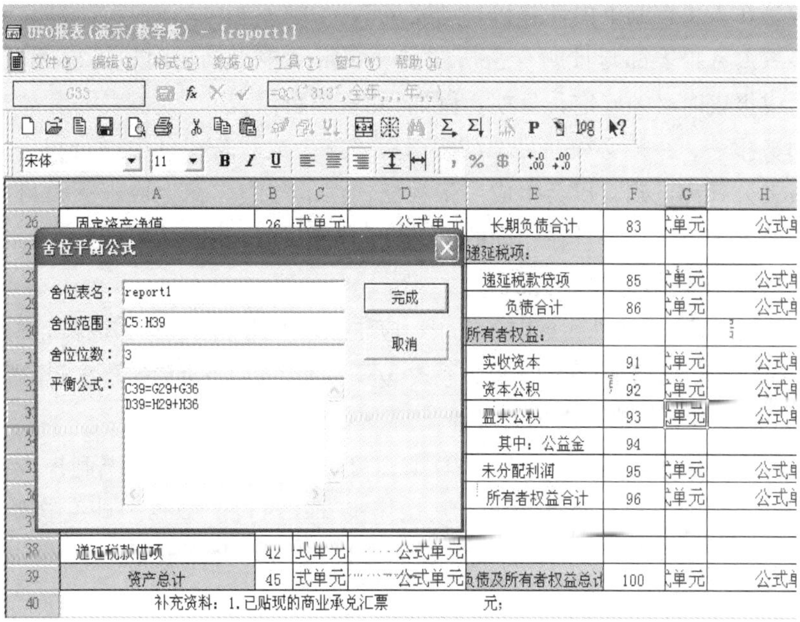

图 10-16　编辑舍位平衡公式

第二步，在“舍位平衡公式”对话框中输入舍位平衡公式，舍位平衡公式编辑完毕，检查无误后单击“完成”按钮，系统将保存舍位平衡公式。

第三节　财务报表数据处理

报表的数据包括报表单元的数值和字符，以及游离单元之外的关键字。数值单元只能接收数字，而字符单元既能接收数字又能接收字符。数值单元和字符单元可以由公式生成也可以由键盘输入。关键字的值则必须由键盘录入。

报表数据处理主要包括生成报表数据（即编制报表）、审核报表数据和舍位平衡操作等工作，数据处理工作必须在数据状态下进行。处理时计算机根据定义的单元公式、审核公式和舍位平衡公式自动进行数据采集、审核及舍位等操作。报表数据处理一般是针对某一特定表页进行的，因此在数据处理时还涉及表页的操作，如表页的增加、删除等。

一、生成报表

报表公式定义和数据来源的定义只说明了表和数据之间的关系，财务报表的生成就是根据各报表数据的生成方法，具体计算每个单元的数值并填入目标表的过程。通用报表软件使用一个通用的报表生成程序，对所有的报表进行一次操作，生成报表的过程是在人工控制下由计算机自动完成的。

大多数财务报表都与日期有密切联系。在定义报表结构时，可以无日期限制，但是在生成报表时必须确定其日期。例如，“资产负债表”“损益表”和“现金流量表”等财务报表，一般必须在月末结账以后才能生成。若在月中进行报表生成，即使所有报表公式都正确，也会生成一张数据错误的报表。在生成报表时可反复使用已经设置的报表公式，并且在相同的会计期间可以生成相同结果的报表，在不同的会计期间可以生成不同结果的报表。

采用通用报表处理方法生成财务报表，应注意以下几个问题：①报表与账簿之间的关系；②各财务报表之间存在的钩稽关系；③每一种报表内各类数据存在的钩稽关系。

（一）设置报表与账簿之间的关系

设置报表与账簿之间的关系简称为账套初始。账套初始是在编制报表之前，指定报表数据来源的账套和会计年度。其操作步骤：执行“数据→账套初始”指令，打开“账套及时间初始”对话框，输入相应的账套号和会计年度。

（二）增加、删除表页

增加表页既可以通过插入表页也可以通过追加表页来实现。

插入表页是在当前表页后插入一张空表页，追加表页是在最后一张表页后追加 N 张空表页。一张报表最多能管理 99 999 张表页。

1. 追加和插入表页

在数据状态下，执行“编辑→追加→表页”指令，可以在报表的最后增加新的表页；执行“编辑→插入→表页”指令，可以在当前表页的前面插入新的表页。

在报表中增加表页后，新增的表页将自动沿用在格式状态下设计的报表格式，直接在其中输入数据即可。

2. 删除表页

在数据状态下，执行“编辑→删除→表页”指令，调出“删除表页”对话框，如图 10–17 所示。如果在对话框中不输入内容，直接单击“确认”按钮，则删除当前表页。如果要删除指定表页号的表页，则在“删除表页”编辑框中输入要删除的表页号，表页号用数字 1~99 999 表示。可以同时删除多张表页，多个表页号之间用逗号“，”隔开。例如，输入“1，3，10”则删除第 1 页、第 3 页和第 10 页。如果要删除符合删除条件的表页，在“删除条件”编辑框中输入删除条件。

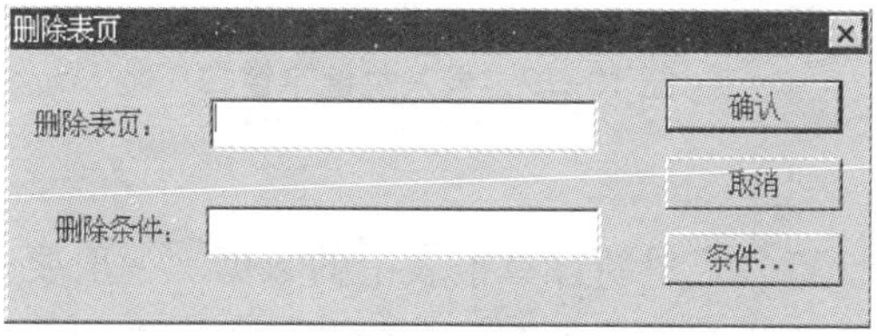

图 10–17　制定删除表页窗口

3. 交换表页

交换表页是将指定的任何表页中的全部数据进行交换。在数据状态下，执行“编辑→交换→表页”指令，调出交换表页对话框，如图 10–18 所示。

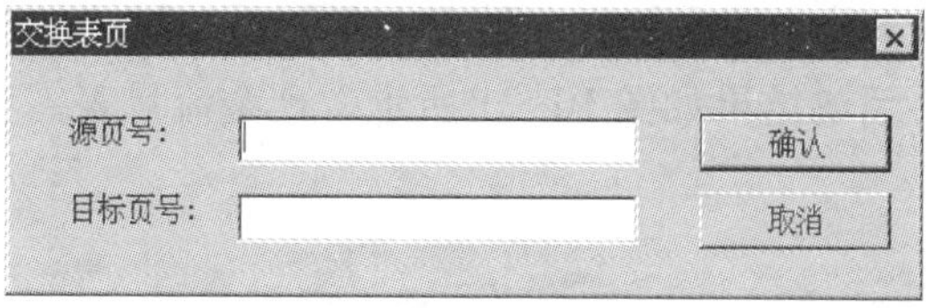

图 10–18　指定交换表页窗口

在“源表页号”和“目标表页号”编辑框中输入要互相交换位置的表页页号。可以一次交换多个表页，多个表页号用“，”隔开。

例如：要同时交换第 1 页和第 2 页，第 3 页和第 4 页，第 10 页和第 20 页，则在“源页号”编辑框中输入“1，3，10”；在“目标页号”编辑框中输入“2，4，20”。

（三）录入关键字

关键字可以唯一标识一个表页，关键字的值和表页中的数据是相关联的，所以要在数据状态下在每张表页上录入关键字的值。

设置关键字是为了在大量表页中找到特定的表页，因此每张表页上的关键字的值最好不要完全相同。如果有两张关键字的值完全相同的表页，则利用筛选条件和关联条件寻找表页时，只能找到第一张表页。

在数据状态下，执行“数据→关键字→录入”指令，调出关键字录入窗口（如图 10–19 所示），录入相应的关键字后，单击“确定”按钮。

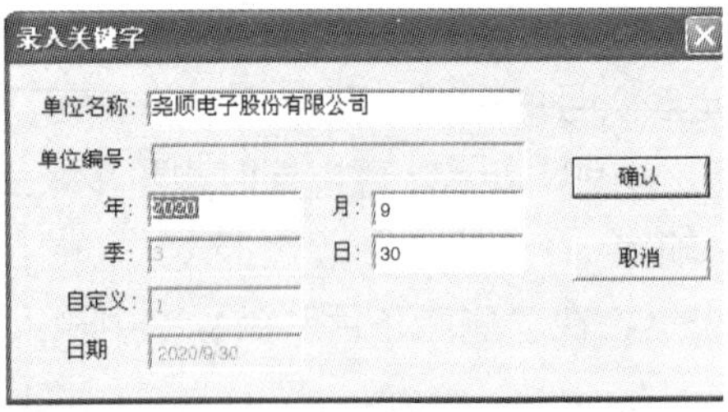

图 10-19 录入关键字窗口

（四）计算

表的计算是指按计算公式重新计算报表中的数据。一般要正确进行报表的编制，首先需要正确定义单元公式，其次需要正确完成账簿的记账，这样才能得到正确的报表数据。

在数据状态下，执行“数据→表页重算”指令，可以选择整表计算或表页重算。整表计算时是将该表的所有表页全部进行计算，而表页重算仅是指对具体某一页的数据进行计算。

尧顺电子有限股份公司的损益表“整表重算”后的结果如图 10-20 所示，资产负债表“整表重算”后的结果如图 10-21 所示，现金流量表“整表重算”后的结果如图 10-22 所示。

1	损 益 表			
2				会工02表
3	单位名称:	年	月	单位：元
5	项 目	行 次	本 月 数	本 年 累 计
6	一、营业收入	1	730,964.60	
7	减：营业成本	2	447,500.00	
8	税金及附加	3		
9	管理费用	4	139,331.20	
10	财务费用	5	-2,667,095.00	
11	销售费用	6	23,311.20	
12	资产减值损失	7		
13	加：投资收益	8	185,550.00	
14	公允价值变动损益	9	-3,000.00	
15	资产处置损益	10	263,560.00	
16	二、营业利润	11	3,234,027.20	
17	加：营业外收入	12	10,400.00	
18	减：营业外支出	13		
19	加:以前年度损益调整	14	3,000,000.00	
20	三、利润总额	15	6,244,427.20	
21	减：所得税费用	16	1,561,106.80	
22	四、净利润	17	4,683,320.40	
23	五、每股收益	18		
24	（一）基本每股收益	19		
25	（二）稀释每股收益	20		
26	一、全部税金（费） 元；二、工资总额 元；			
27	1. 流转环节税金(费) 元； 其中奖金实发 元。			
28	其中：增值税 元；		其中转正青年	人；
29	2. 所得环节税金（费） 元；		2. 临时职工	人；
30	3.其他税金（费） 元；		其中待业人员	人；
31			3. 退休补差职工	人。
32	单位负责人：	财务主管：		
33	复 核：	制 表：	报送日期：	

净利润（损益表）4683320.4=（资产负债表）（4495248.51-499258.99）+（3236492.04-2768160）+(218998.84-0)

净利润（损益表）=（资产负债表）（未分配利润期末-期初）+（盈余公积期末-期初）+（应付股利期末-期初）

图 10-20 损益表

资产负债表

会工01表

单位名称：　　　　2020 年　　　　9 月　　　　单位：元

4	资　　产	行次	年初数	期末数	负债及所有者权益	行次	年初数	期末数
5	流动资产：				流动负债：			
6	货币资金	1	14,670,803.66	73,514,391.53	短期借款	35	163,600.00	163,600.00
7	交易性金融资产	2	110,000.00	44,400.00	应付票据	36		
8	应收票据	3	84,240.00	84,240.00	应付账款	37	581,350.00	186,322.00
9	应收账款	4	167,480.00	758,470.00	预收账款	38		
10	预付账款	5		6,000.00	应付职工薪酬	39	76,000.00	315.00
11	应收利息	6			应交税费	40	51,280.00	1,603,255.42
12	应收股利	7		1,500,000.00	应付利息	41	58,850.00	60,486.00
13	其他应收款	8	演示数据　17,472.00		应付股利	42		218,998.84
14	存货	9	1,193,440.00	1,252,179.62	其他应付款	43	6,000.00	6,000.00
15	持有待售资产	10			持有待售负债	44		
16	一年内到期的非流动资产	11			一年内到期的非流动负债	45		
17	其他流动资产	12			其他流动负债	46		
18	流动资产合计	13	16,243,435.66	77,159,681.15	流动负债合计	47	937,080.00	2,238,977.26
19		14				48		
20	非流动资产	15			非流动负债：	49		
21	其他债权投资	16	15,300.00	44,000.00	长期借款	50	2,400,000.00	3,003,000.00
22	债权投资	17	224,400.00	214,400.00	应付债券	51	500,330.00	1,272,156.67
23	长期应收款	18			长期应付款	52		
24	长期股权投资	19	26,500,000.00	29,800,000.00	专项应付款	53		
25	投资性房地产	20			预计负债	54		
26	固定资产	21	1,523,413.33	1,050,313.33	递延收益	55		
27	在建工程	22	4,000,000.00	4,001,750.00	递延所得税负债	56		
28	工程物资	23			其他非流动负债	57		
29	固定资产清理	24			非流动负债合计	58	2,900,330.00	4,275,156.67
30	生产性生物资产	25			负债合计	59	3,837,410.00	6,514,133.93
31	油气资产	26				60		
32	无形资产	27	479,600.00	379,600.00	所有者权益：	61		
33	研发支出	28			实收资本（或股本）	62	38,003,000.00	94,523,000.00
34	商誉	29			资本公积	63	3,878,020.00	3,878,020.00
35	长期待摊费用	30			其他综合收益	64	300.00	2,850.00
36	递延所得税资产	31			盈余公积	65	2,768,160.00	3,236,492.04
37	其他非流动资产	32			未分配利润	66	499,258.99	4,495,248.51
38	非流动资产合计	33	32,742,713.33	35,490,063.33	所有者权益合计	67	45,148,738.99	106,135,610.55
39	资产总计	34	48,986,148.99	112,649,744.48	负债及所有者权益总计	68	48,986,148.99	112,649,744.48

图 10-21　资产负债表

现金流量表

会x03表

单位名称：2018级会计学3班　　2020 年　9 月　　单位：元

项目	行次	金额
一、经营活动产生的现金流量：		
销售商品、提供劳务收到的现金	1	
收到的税费返还	2	
收到的其他与经营活动有关的现金	3	400.00
现金流入小计	4	400.00
购买商品、接受劳务支付的现金	5	196,000.00
支付给职工以及为职工支付的现金	6	244,349.01
支付的各项税费	7	45,090.79
支付的其它与经营活动有关的现金	8	10,500.00
现金流出小计	9	495,939.80
经营活动产生的现金流量净额	10	-495,539.80
二、投资活动产生的现金流量：		
收回投资所收到的现金	11	241,700.00
取得投资收益所收到的现金	12	
处置固定资产、无形资产和其他长期资产所收回的现金净额	13	50,000.00
处置子公司及其他联营单位投资所收到的现金	14	2,989,000.00
收到的其他与投资活动有关的现金	15	50,000.00
现金流入小计	16	3,330,700.00
购建固定资产、无形资产和其他长期资产所支付的现金	17	304,680.00
投资所支付的现金	18	198,700.00
对子公司及其他联营单位投资所支付的现金	19	4,000,000.00
支付的其他与投资活动有关的现金	20	50,000.00
现金流出小计	21	4,553,380.00
投资活动产生的现金流量净额	22	-1,222,680.00
三、筹资活动产生的现金流量：		
吸收投资所收到的现金	23	56,520,000.00
向银行或金融机构借款所收到的现金	24	600,000.00
发行债券所收到的现金	25	1,266,600.00
收到的其他与筹资活动有关的现金	26	41.67
现金流入小计	27	58,386,641.67
偿还借款所支付的现金	28	
偿还到期债券所支付的现金	29	502,500.00
分配股利、利润或偿付利息所支付的现金	30	22,334.00
支付的其他与筹资活动有关的现金	31	
现金流出小计	32	524,834.00
筹资活动产生的现金流量净额	33	57,861,807.67
四、汇率变动对现金的影响额	34	2,700,000.00
五、现金及现金等价物净增加额	35	58,843,587.87

制表人：李湖　　会计主管：陈老师

单位负责人：杨萍　　审核人：蒋玲

第1页

账套:[011]金刚葫芦娃　操作员:李湖(账

图 10-22　现金流量表

二、审核报表

在数据处理状态中，当报表数据录入完毕或进行修改后，应对报表进行审核，以检查报表各项数据钩稽关系的准确性。

在实际应用中，主要报表中数据发生变化，都必须进行审核。通过审核不仅可以找出一张报表内部的问题，还可以找出不同报表文件中的问题。审核时，执行审核功能后，系统将按照审核公式逐条审核表内的关系。当报表数据不符合钩稽关系时，系统会提示错误信息，导致审核出现错误的原因有：单元公式出现语法等错误、审核公式本身错误、账套变量找不到或账套数据源错误等。出现错误提示时，应按提示信息修改相关内容后，重新计算，并再次进行审核，直到不出现任何错误信息，在屏幕底部的状态栏中出现“审核完全正确”提示信息，表示该报表各项钩稽关系正确。

进入数据处理状态，执行“数据→审核”指令，可实施报表的审核。

三、财务报表舍位操作

当报表编辑完毕，需要对报表进行舍位平衡操作时，可进入数据处理状态，执行“数据→舍位平衡”指令，系统按照所定义的舍位关系对指定区域的数据进行舍位，并按照平衡公式对舍位后的数据进行平衡调整，将舍位平衡后的数据存入指定的新表或他表中。

打开舍位平衡公式指定的舍位表，可以看到调整后的报表。

四、财务报表模板应用

设计一个报表，可以从头开始按部就班地操作，也可以利用 UFO 提供模板直接生成报表格式，省时省力。UFO 提供了 11 种报表格式和 17 个行业的标准财务报表模板，可以直接套用它，再进行一些小的改动即可，也可以直接套用用户自定义的模板。

（一）套用报表模板

当前报表套用报表模板后，原有内容将丢失。如果该报表模板与实际需要的报表格式或公式不完全一致，可以在此基础上稍做修改即可快速得到所需要的报表格式和公式。套用报表模板和套用格式需要在格式状态下进行。套用报表模板时，执行“格式→报表模板”指令，调出“报表模板”对话框，在对话框中选择行业和报表。

（二）定制报表模板

使用者也可以根据本单位的实际需要定制报表模板，并可将自定义的报表模板加入系统提供的模板库中，也可以对其进行修改、删除操作。

自定义模板的步骤：

第一步，在 UFO 中做出本单位的模板后，执行“格式→自定义模板”指令，调出“自定义模板”对话框；选定某行业或单位（如没有自定义报表模板所属行业或单位，可单击“增加”按钮增加相应的行业或单位后再选定某行业），单击“自定义模板”的“下一步”按钮，弹出对话框，如图 10-23 所示。

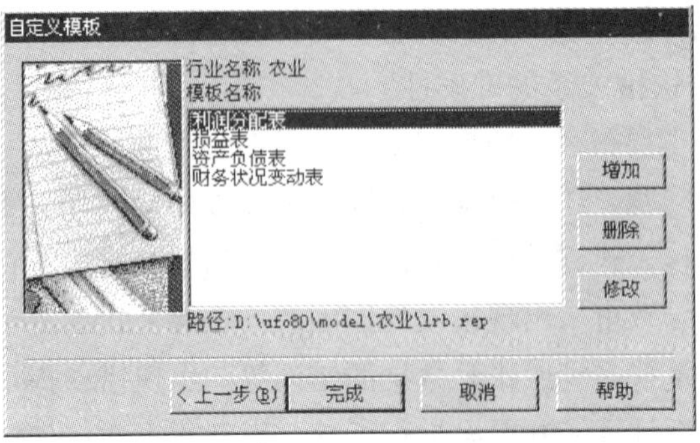

图 10-23　自定义模板窗口

第二步，单击“增加”按钮，弹出“添加模板”对话框，如图 10-24 所示。

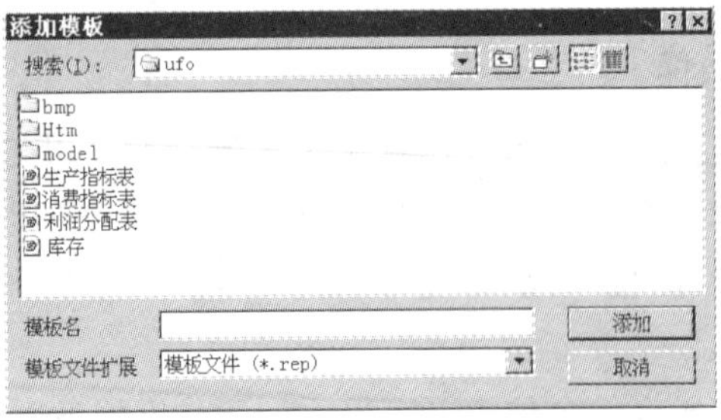

图 10-24　添加模板窗口

第三步，选定模板文件，单击“添加”按钮，将模板加入选定的行业模板列表中。该模板的全路径加到模板路径下。

在“模板名称”中可以任意修改模板名称，单击“浏览”按钮找到该报表的保存路径，并选取报表，单击“打开”按钮可将报表的全路径加到模板路径下。

第四步，单击“完成”按钮，自定义模板操作结束。

第四节　财务报表输出

报表输出形式一般有屏幕查询、网络传送、打印输出和磁盘输出等形式。输出报表数据时往往会涉及表页的相关操作，如表页排序、查找、透视等。

一、财务报表查询

报表查询是报表系统应用的一项重要工作。在报表系统中，可以对当前正在编制的报表予以查阅，也可以对历史的报表进行迅速有效的查询。在进行报表查询时，一般可以以整表的形式输出，也可以将多张表页的布局内容同时输出，后者这种输出方式叫作表页透视。

查找表页可以以某关键字或某单元为查找依据。执行“编辑→查找”指令，打开“查找”对话框；选择查找内容并输出相应的条件；单击“查找”按钮。

二、财务报表打印

打印输出方式是指将编制出来的报表以纸质的形式打印输出。打印输出是将报表进行保存、报送有关部门而不可缺少的一种报表输出方式。但在打印前必须在报表系统中做好打印机的有关设置，以及报表打印的格式设置，并确认打印机已经与主机正常连接。打印报表前可以在预览窗口预览。

此外，将各种报表以文件的形式输出到磁盘上也是一种常用的方式。此类输出对于下级向上级部门报送数据和进行数据汇总，是一种行之有效的方式。一般的报表系统都提供有不同文件格式的输出方式，以方便不同软件之间进行数据交换。

参考文献

[1] 陈英蓉. 制造业进销存及成本电算化实务 [M]. 成都：西南财经大学出版社，2015.

[2] 王新玲. 会计信息系统实验教程 [M]. 北京：清华大学出版社，2018.

[3] 熊玉红，蒋丽鸿. 财务会计实训 [M]. 大连：东北财经大学出版社，2018.

[4] 周卫红. 会计岗位综合实训 [M]. 大连：东北财经大学出版社，2018.